ものと人間の文化史 143

人魚

田辺 悟

法政大学出版局

木櫛と鏡を持つ21体の人魚をあしらったテーブル・センターピース（キャビア・スタンド）1914年，マッピンウェブ製，ロンドン（個人蔵）

澤田晴廣作「人魚」（1944年，高さ54㎝，個人蔵）本文162頁参照

現代アート「人魚の母子」
（高さ32㎝，アメリカ，個人蔵）

ドミニカ共和国（1991 年発行）
（首都はサント・ドミンゴ）

エジプト共和国
（1998 年発行）

カーボベルデ共和国
（大西洋上の島国で首都はプライア,
1975 年国連加盟）
（1990 年発行）

デンマーク王国
（1989 年発行）

モナコ公国（1980 年発行）
（アンデルセン生誕 175 年の記念切手）

ギリシア共和国
（1982 年発行）

人魚の切手（本文 150 頁参照）

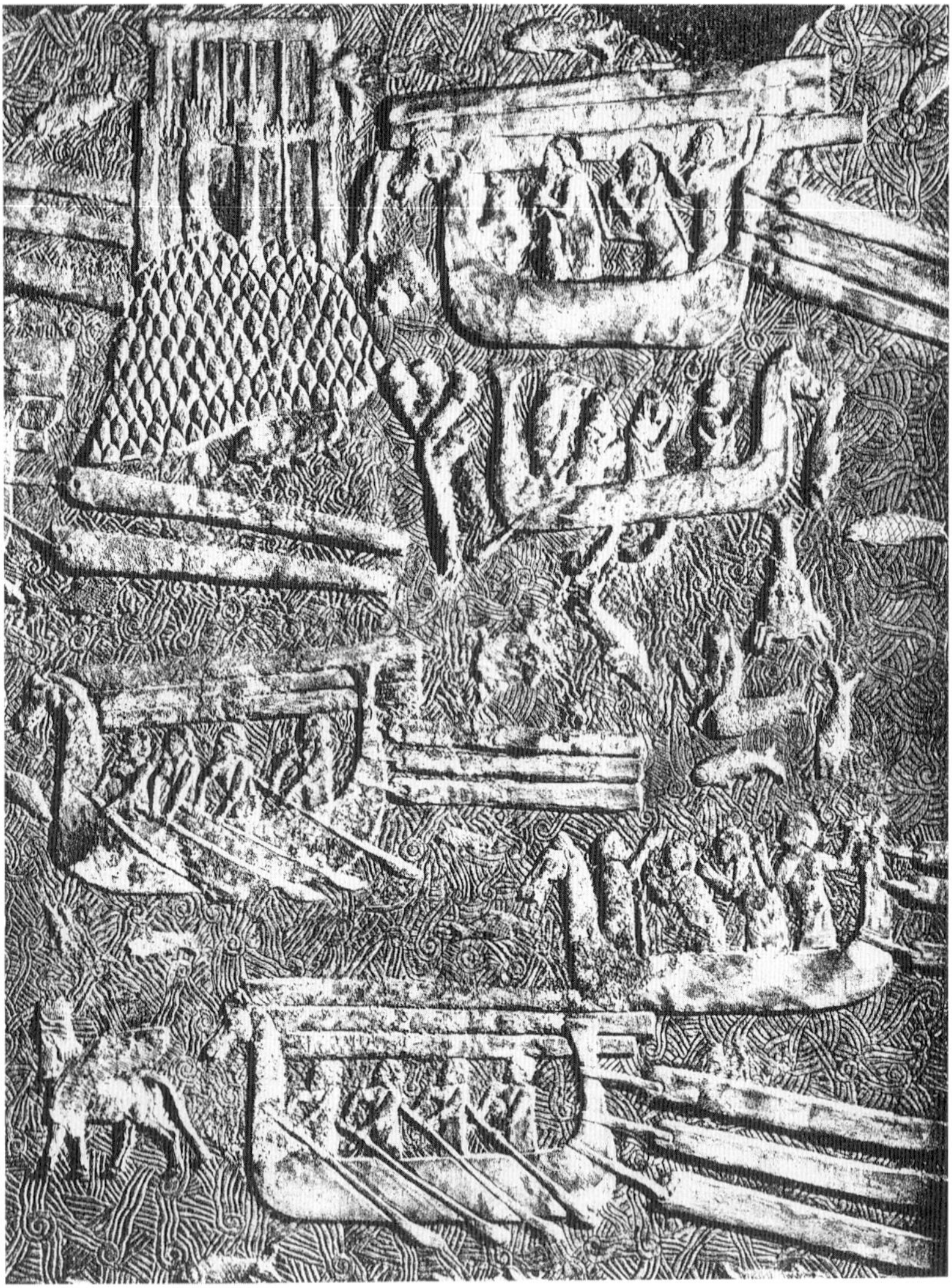

世界最古の人魚像　右側の中央部分に蟹や魚にまじって「人面魚身」の男の人魚像が見える
(1843年にメソポタミアのコルサバードでサルゴン2世の宮殿址より発見，紀元前8世紀)
Nineveh and Babylon, 1961所収.（ルーブル美術館蔵）本文7，14，160頁参照

目次

プロローグ――人魚の世界　1
人魚の誕生　4
男の人魚・女の人魚　6
河川・池沼湖に棲む人魚　8

第一部　ヒトと人魚――文学・歴史・民俗

第一章　人魚の生いたち――東西人魚誌　14
最古の半人半魚像　14
中国の人魚誌　17
日本の人魚誌――人魚以前のこと　21

神話の中の人魚たち　22
ギリシア神話の「サイレン」／ギリシア神話と人魚たち

第二章　古文献の中の人魚たち　30

中国の古文献の中の人魚――人魚の出土資料　30
日本の古文献の中の人魚　39
西洋の古文献の中の人魚　54

第三章　文芸作品の中の人魚たち　62

江戸文学の中の人魚たち　62
大正ロマン以降の人魚たち　68
宮武外骨の『スコブル』／水鳥爾保布と『人魚の嘆き』／竹久夢二の「人魚の歌」／蕗谷虹児の「真珠」／高畠華宵の「海の幻想」／川崎巨泉と『人魚の家』／長谷川潔と『砂の枕』／橘小夢と「人魚」／川合喜二郎の人魚／棟方志功と「人魚」／武井武雄の「人魚」

第四章　人魚伝説の諸相　79
八百比丘尼と人魚伝説　80
主な八百比丘尼等の人魚の伝承地一覧　84
別系統の各地の人魚伝説　90
伊勢の浦の人魚伝説（三重）／人魚の森（宮城）／磐城の人魚（福島）／アワイ浦の人魚（伊豆新島）／浜松の漁師と人魚（静岡）／釣り上げられた人魚と僧（田尻村）／人魚の話（三重）／佐伯の漁師と人魚（大分）／人魚の歌（沖縄・石垣島）
第五章　人魚塚と人魚伝説　108
新潟県上越市雁子浜の人魚伝説と「人魚塚」　108
滋賀県日野町小野の「人魚塚」論争　113
博多・龍宮寺の人魚塚　120

第六章　世界に伝わる人魚話　124
北欧の人魚話　125
スコットランドの人魚話　130
ミクロネシアの人魚話　132
ペルーの人魚伝説　140

第二部　モノと人魚——美術・工芸・文化

第七章　装飾・デザインと人魚　144
宝飾品の中の人魚　144
貨幣の中の人魚　148
郵便切手の中の人魚　150
人魚の看板（サインボード）　153
人魚の船首像（フィギュア・ヘッド）　157

第八章　芸術・文化の中の人魚　161
芸術作品の中の人魚たち　161
工芸作品の中の人魚たち　168
陶磁器・ガラス製品／七宝焼・籐工芸／海泡石の装飾とパイプ
日本の伝統工芸と人魚　174
人魚の根付／根付のコレクション／人魚の目貫
第九章　美術館の中の人魚　183
ルーブル美術館（フランス）　184
エルミタージュ美術館（ロシア）　186
メトロポリタン美術（博物）館（アメリカ）　188
マルク・シャガール美術館（フランス・ニース）　190
東京国立博物館・東洋館（東京・上野）　192
彫刻の森美術館（神奈川・箱根）　193

第十章　街角を飾る人魚　194
人魚と噴水　194
ロシア・海神ネプチューンの噴水（ピョートル宮殿）／ロンドンの噴水と人魚／ローマ・ナボーナ広場の人魚／パリ・コンコルド広場の人魚たち／インカ帝国の古都クスコを飾る人魚／フランクフルトの噴水と人魚像／ローテンブルグの人魚／ニュールンベルグの人魚／コペンハーゲンの「小さな人魚像」／トルコの古代遺跡と人魚／その他、各地の人魚像

第十一章　現存する人魚　218
わが国における人魚の見世物　218
ヨーロッパ・アメリカの人魚の見世物　224
人魚のミイラ　226
滋賀県蒲生町・願成寺のミイラ　231
新潟県鯨波のミイラ　234

和歌山県学文路・苅萱堂（仁徳寺）のミイラ　239
羽前・羽後の人魚のミイラ　244
静岡県富士宮市・天照教本社の社宝　249
滋賀県・観音正寺のミイラ　252
大分県別府・怪物館のミイラ　252
個人所有の「人魚のミイラ」　254

第三部　人魚百話

瓦版紙上の人魚　258
風刺画と人魚　264
人魚の持ち物　266
八百比丘尼の入定洞　269
子育てをする人魚　270

人魚とヒトとの交接　273
人魚を祀る神社　274
妙薬としての人魚と真珠　279
人魚出版物の受難　284
人魚を愛したシェークスピア　288
人魚を唄う歌　296
人魚映画・紙上鑑賞――銀幕を飾った人魚たち　301
キリスト教会と人魚像――二股の人魚　303
ヘミングウェイ・ホームの人魚　309
海底地名になった人魚――「人魚のハエ」　309
人魚出現の年代記　313
人魚出現年表――記録にみえる人魚　314
エピローグ――蘇る人魚たち　319

人魚の光と影　321
人魚のコレクション　323
人魚と書物（参考文献・引用文献）　325
あとがき　335

プロローグ――人魚の世界

「人魚」は一般的に、上半身が人身で下半身は魚の形をした想像上の動物であるとされてきた。わが国で、その姿を描いたとみられる最も古い図像が発見されたのはそれほど古いことではない。

人魚の「木札」が発掘されて話題をよんだのは平成一一年（一九九九年）のことである。同年五月二六日の『朝日新聞』によれば、人魚を描いた「木札」が発見されたのは秋田県井川町の中世の港町遺跡「洲崎遺跡」から。

秋田県埋蔵文化財センターが五月二五日に発表した内容によると、一三世紀後半ごろの絵とされるもの。木札は長さ八〇・六センチ、幅一四・五センチ、厚さ〇・五センチの杉材の板で、井戸跡から見つかった。墨書きで、僧侶の下に、二本の腕と二本の脚を持ち、人の顔をした魚が描かれている。脚には魚の尾鰭《おひれ》もみえる。そして、全身に鱗《うろこ》のような斑点がある。残念ながら男女の性別までは識別できないが、髪の毛は長くない。頭まで鱗のような斑点でおおわれている（写真参照）。

今のところ、人魚を描いた絵としては、これがわが国で最も古いものということになろう。

発掘された「人魚の木札」について、同センターは、「人魚の出現を凶兆《きょうちょう》と考え、祈願に使った可能性が高い、とみられる」とコメントしているが、人魚の出現は凶兆とも吉兆《きっちょう》ともされてきた。このようなコメントを発表した背景には、それなりの理由がある。

『北條《(条)》五代記』によれば、建保元年（一二一三年）の夏、「秋田浦」に人魚が出現したと記されており、その出現は「人に災《わざわい》をもたらす」とされているところから、そうならないように祈願したり、供養《くよう》したということなのであろう。

人魚の出現は、その後も凶兆と考える人が多かったようだが、瑞兆《ずいちょう》（吉兆）の事例がないわけではない。「博多龍宮寺の人魚塚」の事例などがそれである。（一二〇頁参照）。

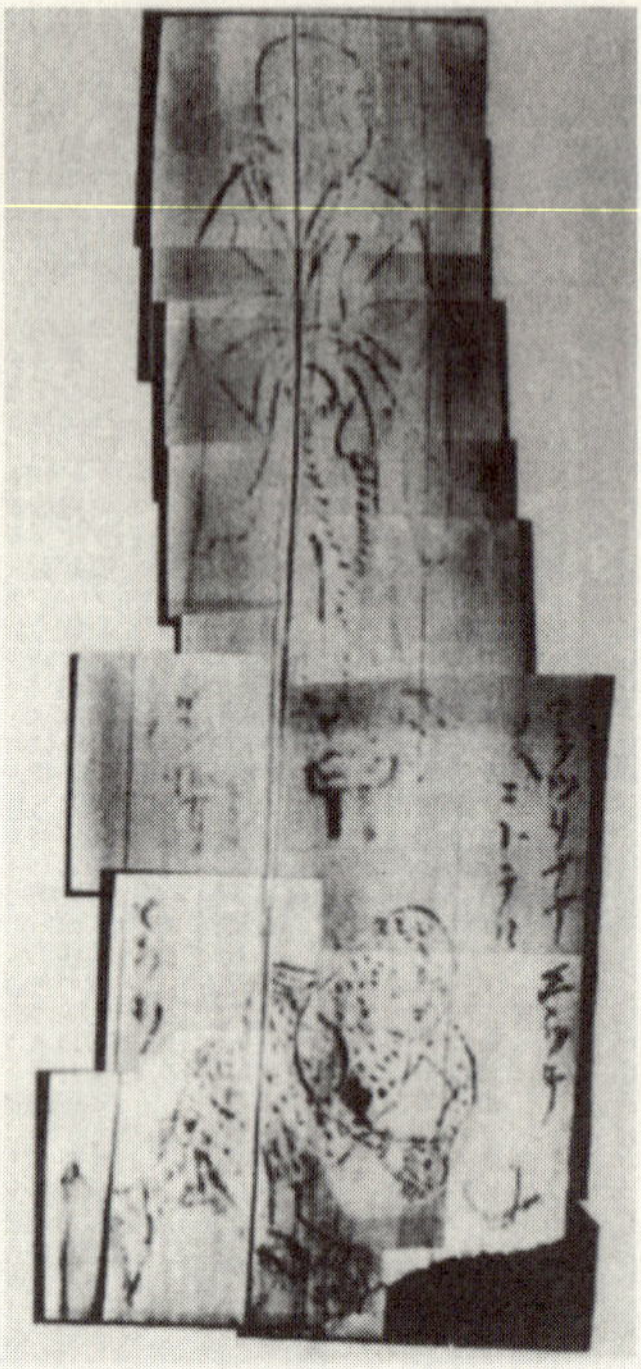

人魚描いた木札を発見

秋田・洲崎遺跡

秋田県井川町の中世の港町遺跡「洲崎遺跡」から、「人魚」を描いたとみられる木札が見つかった、と同県埋蔵文化財センターが二十五日発表した。十三世紀後半ごろの絵とされる。人魚の絵としては最古のものではないかという。人魚の出現を凶兆と考え、祈願に使った可能性が高い、とみられている。

木札は長さ八十・六㌢、幅十四・五㌢、厚さ〇・五㌢の杉板。井戸跡から見つかった。墨書きで、僧侶《そうりょ》の下に、二本の腕と二本の脚を持ち、人の顔をした魚が描かれている。全身にうろこのような斑点《はんてん》がある。

赤外線をあてて撮影した木の札の写真。下部に人魚が描かれている＝秋田県埋蔵文化財センターで

「人魚を描いた木札を発見」の新聞記事
（『朝日新聞』1999年5月26日）

文化九年（一八一二年）、加藤山寿《さんじゅ》によりまとめられた『三浦古尋録《みうらこじんろく》』の中にも、凶兆について引用されている。

同書の「走水村」の項に、「北條五代記ニ、天文六年（一五三七年）ノ頃、此相模、安房、上総、下総、武蔵五ヶ国ノ入海ヱ上方ヨリ漁者来リテ、地獄網ト云ヲ作リテ漁事ス、（網ノ両方ニ石ヲ付長サ三尺巾二寸ノ木ヲ多付）早船七艘ニ水主取乗大海ヱ漕出シ網ヲ下ス処大小魚洩ルル事海庭《(ママ)》ノウロクツ迄モ悲ク曳上ル故ニ地獄網ト云、然ル処、伊豆浦ヱ人魚死テ寄ル、人魚ノヨル事大不吉ナリト北條家ニヲイテ、此網ヲ停止ストナリ、文治五年（一一八九年）、奥州外ノ浜ヱ人魚寄ル、其時、奥州秀衡滅亡、建保元年（一二一三年）、羽州秋田ヱ人魚寄ル、其時、和田義盛滅亡、建仁三年（一二〇三年）、奥州津軽ヱ人魚寄ル、其時、鎌倉将軍実朝公害ニアイ玉ウ《(ママ)》、宝治元年（一二四七年）、奥州津軽エ人魚寄ル、其時、三浦泰村滅亡」というように、作者の加藤山寿も『北條五代記』をもとに、人魚の出現や漂着と凶兆とのかかわりを強調している。（句読点・傍点は筆者による）

ともあれ、上述したように、一三世紀初頭の人魚の出現記録にてらしあわせてみれば、「洲崎遺跡」から発見された「人魚の木札」が一三世紀後半ごろの絵で、今日までのところわが国において最も古い「人魚の絵図」であることはまちがいないといえよう。

それでは、わが国以外において、世界の各地・各国で最も古い時代に「人魚」を描いたのは、どの時代まで遡ることができるのだろうか。このことについては第一章以降で明らかにしていきたい。

人魚の誕生

「もの」と「人間」のかかわりの中には、「見えるもの」と「見えないもの」がある。実際に「見えないもの」はたくさんあるが、主題の「人魚」は空想（想像）からはじまって誕生した「もの」であるが、その虚像がついには実像として見ることができるまでに具象化した、人間とのかかわりをもつ「もの」であるといえる。

絵画のジャンルで描かれたり、彫刻にほどこされた数々の妖怪や幻獣をはじめ、「もののけ」の世界もさることながら、「人魚」を現実の世界に存在化させてしまう人間の想像力はすばらしいと思う。

本書では、過去において人魚は実在したか否かということは敢えて問わない。

その理由は、本書が、動物学や生物学、あるいは医学などの科学に直接かかわらない「想像力の文化史」の探究であるためだ。

翻《ひるがえ》って、人魚にかかわる過去の記述をみると、何故か、「その正体は何か」を探り、明らかにしようとする書物や探究的な記載が多いのに気づく。

しかし、結果はいずれも想像の域を脱していないし、確証もない。ようするに水中哺乳動物との誤認説に終ってしまっているといったところだ。

他方、人魚の魅力を求めるロマンチックな記述も多い。絵画や彫刻、文学作品、詩歌はもとより、あらゆる機会と場所でデザインのモチーフに用いられたり、想像やロマンをふくらませる作品も多い。

　また、音楽の中にも人魚は登場する。それは、海に棲む人魚が甘美な歌声で唄ったり、竪琴を手に妙《たえ》なる調べを奏《かな》でるために、人々を魅了して、眠りに誘うというように魅惑的な妖しい魅力をもっているとされてきたためである。海に棲んでいるとされるために船乗りとのかかわりも深い。その結果は、妖しいものとして今日に伝えられ、「楽しいもの」におきかえられていることが多い。

　人魚以外にも、人間は見たことが「ない」のに、「ある」としているものも多い。擬人化された天狗・河童・鬼・雪女・座《ざ》敷童《しきわらし》、龍や麒麟《きりん》・鳳凰《ほうおう》・蟒蛇《うわばみ》（巨大な蛇の俗称・八俣《やまた》の大蛇《おろち》）などなど、古今東西、数えあげれば限りがないほど多い。それに、生霊や死霊、もののけなどが加われば、まさに魑《ち》魅《み》魍魎《もうりょう》の世界である。西洋の神話に出てくるペガソスなども加えれば、さらに増える。

　だが本書の主題である人魚は、「人魚の鮨と鳳凰の卵」という言葉があるように、食べたくても手に入らないという日本人好みの比喩があるほど、瑞鳥の鳳凰と共にすばらしいオーラをかもしだしているのである。

　それは鳳凰が瑞祥文《ずいしょうもん》として絵画・装飾に用いられるのと同じように、めでたいものという意識に通じているための比喩でもあり、人魚は誉れ高い存在としての地位を、誕生以来確保しているのだといえよう。

この他にも想像上の動物には、人面鳥・人面獣・人面蛇をはじめ、奇怪な空想上の動物は多く、それを描き、解説した『奇怪動物百科』が一書をなしているほどである。

たしかに「人魚」も妖怪で、この人面魚体の動物が誕生し、今日に至るまでには、われわれ人間にはできない水中生活をする半人半魚の想像上の生き物、または、半人半魚に近い人形《ひとがた》の、魚に似て鰭《ひれ》や尾、鱗《うろこ》、さらには脚（足）のようなものをもった怪物として恐れられるという面があったことはたしかである。

しかしその反面、幸いなことに、若くして端麗、しかも、美しい声を出して啼いたりするなど、正と負の両面的性格や容姿も持ちあわせているとされることが今日の地位（立場）を確保するのに役立ったといえる。

さらに、その水中生活をする動物（人魚）の出現は、人間に福や幸を授けてくれたりすることもあるが、逆に不幸をもたらすこともあるとして恐れられてもきた。

このように人魚は生誕以来、常に二面的な性格の持ち主として位置づけられ、その出現は上述したように、吉兆（瑞兆）であったり、凶兆であるなど両極端にみられることが多い。

男の人魚・女の人魚

人魚を上半身が人間の女性で、下半身が魚体の一部という想像上の生き物として仕立てあげるようになったのは、歴史的にみてそれほど古いことではない。

人魚は昔から水中生活と陸上生活との両方が可能な両棲類的存在であるため、魚類ばかりでなく、水棲哺乳動物などまで、人魚に擬せられてきた経過がある。それは、海底（水中）の世界に棲むことが夢であった人間が、その夢を人魚に託したためかもしれない。龍宮城も同じで、そこは黄泉《よみ》の国でもあった。

ただし、生物であることは雌雄《しゆう》が異体であるか同体であるかということになるのだが、そうしたことは問題にされてこなかった。それはこれまで、わが国において人魚の男女を区別して表現したり、表記したりする語彙《ごい》がないことでもわかる。

しかし、世界中には男の人魚も女の人魚もいた。性別があるのだ。中性の怪しい人魚もいたらしい。

今日までのところ、世界で最も古いとされる、アッシリアのコルサバード宮殿址から発掘された紀元前八世紀の人魚像（オアンネス）は、その浮彫りに、はっきりした長い髭《ひげ》を生《は》やしている男の人魚であることがわかる（口絵参照）。また日本にも、男女の区別は明確にしていないが、あきらかに男の人魚だといえる記述をした書物がある。『観音霊場記図会』がそれで、内容は、聖徳太子が近江国神崎郡に仏法を広めにやって来た時、芦原から人魚が現われ、「もとは堅田の浦に住んでいた猟師だが、殺生の報いで、今では水底で暮らす人魚だ」という話である。「猟師を生業《なりわい》としている」ということは、当然、男ということなのであろう。しかし図会には優しい顔で、髪の長い女の人魚の姿が掲げられている。（四四頁・二五一頁参照）

イギリスにごく近いアイルランド島は、もとはイギリス領であったが、一九四九年に南部だけが独立してエール共和国となった。当時、北部はイギリス本国の一部。アイルランドに住んでいた人々の多くはケルト民族。アイルランド語のメル（海）とオウ（少女）でメロウは人魚を意味する。また、スイーレ（海の乙女）の語彙もあるという。さらに男の人魚をマードックと呼ぶことがあるともいう。メロウ（女の人魚）は、いつも美しく、オリーブ色の肌と水かきのついた指を持っている。これに対してマードック（男の人魚）は体格は立派だが、醜い姿をして、豚のような目、赤い鼻、みどりの歯や髪の毛だとしている。

イギリスのようにマーメイドといえば女性の人魚を、マーマンといえば男性の人魚というように表記されるとわかりやすいし、男女の人魚がいることもはっきりわかる。

また、ヨーロッパでは地中海沿岸諸国をはじめ、スイス、ロシアなどにも男の人魚を主題とした絵画、モザイク、彫刻などが多い。これは、あきらかにギリシア神話等の影響をうけた結果であろう。

わが国では、古代に出現する人魚がいずれも川や池・湖などの淡水に棲むとされ、中国では川（河）に棲むとされることが多い。そして中国では海に棲む人魚を「海人魚」と表記して区別しているが、日本にはそのような区別がない。

河川・池沼湖に棲む人魚

後述の「中国の人魚誌」の項でも、中国の古書『山海経《せんがいきょう》』について記すが、ここではまず、東洋（特に中国や日本）では、古い時代に「人魚が河川にいた」ことを明示しておく。

中国古代の地理書ともいうべき『山海経』の著者は不明とされる。最も古い部分は戦国時代（紀元前五世紀—紀元前三世紀頃）に成立したといわれ、その後、秦、漢（紀元前三世紀—紀元後三世紀頃）にひきつづき、つぎつぎに他の部分が付記されたというのが一般的な見方である。

以下、中国をはじめ、わが国における淡水系の人魚の伝承的な記載を掲げ、人魚は海にいるとは限らず、河川・池沼湖などにもいたことをみておく。

『山海経』中の「西山経」に、「丹水ながれ東南流して洛水《らくすい》に注ぐ。水中に水玉《すいしょう》多く、人魚が多い」とみえる。

同じ「北山経」の中に、「……さらに東北へ二百里、竜候《りゅうこう》の山をいい、草木なくて金・玉が多い。決決《けつけつ》の水ながれて東流し河に注ぐ。水中に人魚多し」と見え、また、「その状は鯑《てい》魚（サンショウウオ）の如く四つの足、その声は嬰児《えいじ》のよう。これを食うと痴疾にならぬ」とみえ、魚に四本足のはえた図を掲げている。

『山海経』中の人魚の図

なお、詳細は後述の「中国の人魚誌」（一七頁以下）にゆずる。（図参照）

「中山経」の四の巻に、「浮《ふ》濠《ごう》の水ながれて西流し洛に注ぐ。水中に水玉多く人魚が多い」とみえる。

また、同じ「中山経」の六の巻に、「さらに西へ百四十里、傅《ふ》れという。草木なく瑶《よう》・碧《へき》が多い。厭染《えんせん》の水が山の南より流れて南流して洛に注ぐ。水中に人魚が多い」と記されている。

同じ六の巻に、「楊水ながれて西流し洛に注ぐ。水中に人魚が多い」ともある。

十の巻には、「さらに東北へ百五十里、朝歌《ちょうか》の山といい、潕水《ぶすい》東南流して滎《えい》（水）に注ぐ。水中に人魚が多い」とみえる。

同じく、十の巻に、「……さらに東南へ二十五里、葴山《しんざん》という。（視）瀙水《しんすい》のながれ東南流して汝水《じょすい》に注ぐ。水中に人魚多く蛟《みずち》多く頡《けつ》（未詳）が多い」と記されている。

以上、後述する「中国の人魚誌」中の『山海経』の引用に重複する部分もあるが、改めて人魚の棲息場所を見ると、すべて河川であることがわかる。

それでは、わが国における人魚の棲息場所について、古文献・古記録等にはどのように記されているだろうか。

『日本書紀』の推古天皇の二十七年（六一九年）の項に、

「二十七年の夏四月《なつうづき》の己亥《つちのとい》の朔壬寅《ついたちみづのえのとらのひ》に、近江国言《おふみのくにまうさ》く」、「蒲生河《かまふがわ》に物《もの》有り、其の形《かたち》人の如し」（蒲生川は現在の琵琶湖の東岸部・日野川の下流）とみえ、さらに、秋七月《あきふみつき》に摂津国《つのくに》で堀江に罟《あみ》を入れたところ、その罟に「其の形児の如《わがご》し、魚《いを》にも非《あら》ず、人にも非ず」という怪しいものが捕獲されたとみえる。これらの場所はいずれも淡水系である。

また、『廣大和本草』にも「弘仁年中」（八一〇年―八二三年）に、近江国琵琶湖の漁人の網に人魚がかかったこと（四一頁参照）や、『観音霊場記図会』中に、推古天皇の御代に近江国神崎郡石場村（未詳）で、聖徳太子が仏法をひろめている時に、堅田の浦の人魚が芦原に現われて、御慈悲を垂れてもらい救いを求めたことは上述した通りである。

当時の琵琶湖は「うみ」と呼ばれることもあったが「海水系」ではないので、ここでは「海」と区別しておきたい。

してみると、わが国における古い時代の人魚の生棲場所（出現場所）も中国と同じように淡水系である。また、後述するグアム島の人魚も泉（河川）に棲んでいる。

したがって、古い時代に、人魚は河川にもいたが、今は河川にはいないということになろうか。近年は人魚が河川や池沼湖にいたという話をあまり聞かない。

第一部　ヒトと人魚——文学・歴史・民俗

第一章　人魚の生いたち――東西人魚誌

最古の半人半魚像

「半人半魚」の想像上の生き物を「人魚」とよぶが、その最も古い図像を探っていくと、アッシリアのコルサバード宮殿址から発掘された浮彫りがある。

石壁に彫刻されたこのレリーフは、紀元前七二〇年に、アッシリアの王、サルゴン二世が、キプロス島へ遠征したときの様子を描いたもので、レバノン杉を輸送する船団や軍船・魚・蟹・海蛇・有翼人面身像（神像）にまじって「人面魚身」の男の人魚像がみえる。（口絵参照）

ジョン・アシュトン（John Ashton）によれば、サルゴン王は、この遠征にあたって、「木製の神像をつくらせ、航海の無事を祈願して、神像を海中へ投じさせたが、その神像の中にオアンネスがあり、これが最初の人魚像だ」としている。上述した、当時の様子を描いたレリーフをさらによく見ると、上半身は髭《ひげ》を生《は》やした、両手両腕のある男性で、下半身が魚になっている浮彫り（神像）がある。

また、蟹が魚を捕えている彫刻や魚網らしきものを仕掛けて魚を捕えている様子やレバノン山脈に繁茂していたといわれるレバノン杉を大量に輸送しているのがわかる。杉材は船材に利用されていた。コルサバードのサルゴン二世宮殿の遺跡よりポール・エミール・ボッターらによって発見されたこのレリーフは、海神オアンネスが船団の嫋《たお》やかな航海を祝福している様子と位置づけられた。その中に人魚が海神の姿として登場したのである。

それでは、何故、下半身が魚の男子像オアンネス（最初は魚頭の男子像）が登場するようになったのであろうか。

バビロニアは西アジアのチグリス・ユーフラテス川の下流地方にあった国である。この帝国は紀元前一八三〇年頃におこり、紀元前七九六年頃まで続くが、その後、アッシリア帝国が紀元前九九三年頃から、紀元前六二五年頃までこの一帯を支配するようになる。

半人半魚の海神　B.C.8 のアッシリアのレリーフ（ジョン・アシュトン『奇怪動物百科』1992 年，博品社より）

早期のバビロニアは紀元前三〇〇〇年頃、その地方に起った古代の帝国で、世界最古の文化の発祥地でもあり、その楔形《きっけい》文字が知られている他に、宗教・文学・芸術などが栄え、極盛期はウル第一王朝・バビロン第一王朝の頃とされる。

しかし、その時代以前にもシュメール初期王朝、アッカド・新シュメールなどが栄えていたので、この世界で最も古い国の文化は、紀元前三〇〇〇年より、さらにさかのぼることができる。

もとより、アッカド（アカード・紀元前二三五〇年頃から紀元前二〇六〇年頃に栄えたバビロニア帝国より古い国）に住んでいたバビロニア人たちは、海はすべての生命の源泉であると信じ、オアンネスという男性でもあり魚でもあるという海神を崇拝していたという。

そのことに関して、ジョン・アシュトンは次のように記している。

「カルデラ（バビロニア南部の古代の地方）の歴史家であるベロススがオアンネスやエア（神）について伝えているが、これらの神はニムルードから出土する彫刻にしばしば描かれている魚頭の神であるというのだ。この神の粘土像はニムルードやコルサバードで見つかっている……（中略）……という。この不思議な人魚オアンネスについてベロススは、〈初め、バビロニアにはいろんな民族の人間がカルデラに入植した。彼らはまるで動物のように法のない生活を送っていた。しかし、最初の年にエリストレリア（エスリアン）海（ペルシア湾）から、それがバビロニアと接する海岸に、オアンネスという理性をもった動物が現われ、オアンネスは魚であったが、頭の下にもう一つ頭があり、それは人間の頭をしていた。また、尾のところから人間の脚も出ていた。人間の声ももっていた。オアンネスは日中、人間のあいだで食べ物をとらずに過ごした。彼は人間に文字の使用や学問、いろんな技術を伝授した。町の建て方、神殿のつくり方、法の原理、幾何、種蒔など、一言でいえば、人生を享受する方法をすべて人間に与えたのである。〉……（中略）……。

日が暮れると、オアンネスは海に飛び込み、夜のあいだ波の下で過ごした。つまり、オアンネスは両生動物であったのだ。彼は事物と文明の始まりについて本を書き、それを人類に残した……」と。

また同書では、「アッシリアの神ダゴン（ダゴとはヘブライ語で魚を意味する）はたぶんオアンネスかエアであった」としている。ようするに、カルデラの神オアンネスとフェニキア人のあいだで崇拝されていたダゴン（半人半魚の意）は同一の神であり、オアンネスのように、最初は魚頭の神（人神）であったが、昼間は陸で、夜は海で暮らす神ということから、後になって上半身が人間で、下半身が魚身として「浮彫り」に登場するようになったのであろう。

古代の西アジア（バビロニア）一帯で暮らしている人々にとって、オアンネス、エア、ダゴンなどの神々はいずれも眷族《けんぞく》であったといえる。

中国の人魚誌

中国の古典『山海経《せんがいきょう》』に登場する人魚は、われわれ「人魚ファン」の期待を裏切って、大勢出てくるわりに、一人（一匹）として美形はいない。

いずれのページも魑魅魍魎《ちみもうりょう》の世界というか、さまざまな化物の怪しい姿ばかりだ。

そもそも、『山海経』という中国古代の地理書じたいが不思議な書物で、著者不明であるばかりか成立年代もさだかでない。

高馬三良《こうまみよし》訳（国訳本）の『山海経』（平凡社ライブラリー）によると、この中国古代の神話的な世界

『山海経』（海内南経）中の
氐人（ていじん）の図

『南山経』中の人魚
（赤鱬）

は、無名の人々によって語り継がれてきたもので、最も古い部分は戦国時代（紀元前五世紀から、紀元前三世紀ごろ）に成立し、他の部分が次々に付加されていったとされる。

その内容は、洛陽周辺の山々と、そこから四方に伸びる山脈をあつかった「五蔵山経」と、その周辺に存在するとされた国々のことを記した「海外経」・「海内経」など一八巻よりなる。

各地の山川に産する草木、鳥獣、虫魚をはじめ、そこに棲む鬼神、怪物の記述は空想的であり、怪異なものが多く、まさに妖怪の世界である。

まず、一八巻ある『山海経』の第一の「南山経」（巻の一）から順をおって人魚の出現等にかかわる記述事項をみていこう。

第一「南山経」（巻の一）に、「水中に赤鱬《せきじゅ》が多く、その状は魚の如くで人の面《かお》、その声は鴛鴦《おしどり》のよう、これを食うと疥《ひぜん》にならぬ。」とみえる（図参照）。

第二「西山経」（巻の一）に、「水中に水玉《すいしょう》多く、人魚が多い。」とみえる。

中国の人魚（高さ約14センチ×長さ約21センチ）
（重慶博物館旧蔵，個人蔵）

『海内北経』中の人魚
（陵魚）

第三「北山経」（巻の三）に、「水中に人魚多し、その状は鯑魚《ていぎょ》（サンショウウオ）の如く、四つの足、その声は嬰児《えいじ》のよう、これを食うと痴《ち》疾《しょう》にならぬ。」とかなり具体的な記述である。

第五「中山経」（巻の四）に、「水中に水玉多く人魚が多い。」とみえ、抽象的。また同じ「中山経」（巻の六）には、「水中に人魚が多い」という記述が二か所に記されている。

さらに同じ「中山経」（巻の十）にも、「水中に人魚が多い。」と記述され、あわせて同巻に「水中に人魚多く蛟《みづち》多く頡《けつ》（未詳）が多い。」とみえる。

第十「海内南経」には、「氐人《ていじん》国は建木（植物名・筆者注）の西にあり、その人となり、人面で魚の身、足がない。」とみえ、図が描かれている（図参照）。

第十二「海内北経」の中に、「陵魚は人面で手足あり、魚の身、海中にあり。」と具体的に記述され、ここにも図がそえられている（図参照）。

第十六「大荒西経」には、「互人の国あり（人面魚身）。」とみえる。

以上のように、中国においては戦国時代（紀元前四〇三年から紀元前二二一年とされる）の頃から、すでに「人魚」という語彙があったことがわかる。

これを、わが国の歴史と比較してみると、その頃は縄文文化の時代の後期ないし晩期で、まだ弥生文化の時代に至っていない。

秦《しん》の始皇帝が中国を統一した年は紀元前二二一年とされる。

それよりずっと以前の黄帝《こうてい》（中国における古代の伝説的な皇帝・紀元前二七〇〇頃といわれる）から前漢（紀元前二〇二年に成立）時代、七代武帝までの事を記した史書『史記』の中にも人魚に関することが散見される。

漢の司馬遷が著した『史記』は紀元前九七年に成ったとされている古い書物である。その「秦始皇本紀」に「徐廣曰人魚似㆑鮎四脚」とみえ、「徐廣がいうところによると、人魚は鮎（鯰・鮷・鯢）に似て四つ脚がある」と記されている。ここでいう「鮎」は今日でいう「年魚《あゆ》」のことではない。

また、始皇帝が他界したのは紀元前二一〇年とされるが、西安に近い始皇帝の陵墓の燈明には、人魚の膏を加工して燈燭としたので、その脂は燃えつきることがないと記されている（『異物志』・『漢書』・『陶弘景別録』)。

以上のように、歴史のある中国では、『史記』以降の古文献も多く、人魚に関する記事も枚挙にいとまがない。紙幅とのかかわりもあるので、それらの紹介は別稿にゆずらざるを得ない。

日本の人魚誌——人魚以前のこと

わが国にまだ、「人魚」という語彙がなかった頃のことである。

拙著『網』(ものと人間の文化史)でも紹介したが、『日本書紀』の巻第二十二、豊御食炊屋姫《とよみけかしきひめの》天皇《すめらみこと》(推古天皇)の二十七年(六一九年)の項に、

「二十七年夏の四月《うづき》己亥《つちのとのひ》朔《ついたち》壬寅《みづのえとらのひ》、近江国《くにに》(現在の滋賀県・琵琶湖の東岸部)言《もうさく》、於㆓蒲生河㆒有物、其形如㆑人」とあり、つづいて「秋七月《あきふみつき》に、摂津国《つのくに》(現在の大阪府・兵庫県あたり)に漁父《あま》有りて罟《あみ》を堀江《ほりえ》に沈《お》けり、物有りて罟に入《い》る。その形児《わかご》の如し、魚《いを》にも非《あら》ず、人にも非ず、名《なづ》けむ所《ところ》を知らず」とみえる。

注目すべきは、この中の「其形如㆑児。非㆑魚非㆑人、不㆑知㆑所名」(原文)という記述である。

「魚でもなく、人でもない……」となれば、「半人半魚」の生き物、それは「人魚」ということになる。しかし、当時、わが国に「人魚」という言葉などなかったので、「名前も知らない」という記載になったかと思われる。

それでは、わが国で「人魚」という言葉が使われるようになったのは、いつ頃の時代からなのであろうか。

平安時代の末期、源 順《みなもとのしたごう》によってまとめられ、わが国最初の分類された漢和辞書『倭名類聚鈔《わみょうるいじゅしょう》』（一般には『和名抄』と略されている。承平七年・九三七）の中に、「人魚」の語彙にあわせて、その項に説明がみられる。「人魚は一名鯪《りょうぎょ》魚のことで、魚身人面の者也、山海経《せんがいきょう》の注に云う、声は小児の如き声で啼くので、故に之《こ》の名あり」とみえる。

以下、西暦年代の順をおって、人魚出現の背景とその歴史をみていこう。

神話の中の人魚たち

全世界のことを六大州というが、そのうちオセアニアは、オーストラリア・メラネシア・ポリネシア・ミクロネシアを総称していい、広義にはインドネシアその他の太平洋の島々も含んでいる。また、アジア州といっても広すぎるので、アジア州を東アジア・中央アジア・西アジア（西南アジア）と区分したりしてきた。トルコ以東のアジアの諸国を東洋とよぶが、これもまた広すぎるので、日本をはじめ、中国・インド・ミャンマー・タイ・ベトナム・カンボジアなどを「東洋」、パキスタン・アフガニスタン・イラン・イラク・シリア・サウジアラビアなどを中東（中近東）とか、「中洋」と呼ぶこともある。そして、トルコ以西のヨーロッパ諸国を「西洋」としてきた。

何故ここで、地域の名称にこだわるのかというと、人魚の歴史を語るうえで重要な地域が西アジアであるからにほかならない。

ギリシア神話の「サイレン」

サイレン（セイレーン）という名の女神（魔女）はミューズと戦って破れ、海に落ちて人魚の姿になったといわれるが、これは神話の世界のことである。

サイレンは半身女性・半身鳥の三姉妹で、海中の岩礁に棲み、近くを船が通ると、美しい姿で、魅惑的な声で歌を唄うため、船乗りはその声に誘われて岩礁に船を近づけ、難破する。その結果、船乗りたちを死に至らしめるのである。

B.C.5 世紀頃のギリシアの水瓶　オデュッセウスとサイレン（『人魚の研究』1962 年より）

ホメロスの叙事詩『オデュッセイア』のオデュッセウスは、こうしたサイレンの歌が聴こえないように、乗組員全員の耳に蠟《ろう》の栓をつめ、自分自身は船のメインマストに綱で縛らせて動けないようにして船を進めたので、サイレンが誘惑しても効果がなかったと語られている。

この頃のサイレンは人魚ではなく、上述したように人

面鳥身である。（図参照）
オデュッセウスの乗組んだ船を歌で誘惑したが、ききめがなかったのでサイレンは怒り、海に身を投げて魚（人面魚身）になったのだともいわれる。
こうした話が後に、上半身が女性で、下半身が魚の「人魚」を生みださせる素地をつくったとみてよい。ようするに、空を飛んでいた人面（女性）で半身が鳥のサイレンが海中で変身したのだ。
この半女半鳥誕生の原点は古代エジプトにおける「バア」と呼ばれる霊鳥の影響をうけてのことである。

エジプトの古王国時代（第三王朝から第六王朝・紀元前二六五〇年ころから紀元前二一八〇年ごろまで）は、巨大なピラミッドが王たちによって、次々に造営されていた頃にあたる。

この頃のエジプトでは、人が死ぬと肉体（遺体）と霊魂が分離し、霊魂である「バア」・「カア」・「アク」などがそれぞれ精霊・精神・生命力などにわかれると信じられており、そのうちの「バア」は、人が死んだ瞬間、肉体を離れ鳥の姿となって、自由に現世（この世）と来世（あの世）を往来することができると考えられていた。

したがって、墓地の壁画に描かれている人頭（面）鳥体の「バア」は霊魂を象徴する存在であることは無論のこと、この霊鳥（悪霊をも宿す）の威力をかりて、墓地の盗掘を見張り、墓標を守るための力になってもらうために、この「バア」が描かれたり彫刻されたりしてきた。

また、「カア」は精神・生命力という意味を宿すといわれ、ミイラとともに存在するのだと信じられてきたというし、「アク」は同じように精神や精霊にかかわるとされているというが、明らかではないらしい。

このように紀元前二五〇〇年以前から発達したエジプト文明が、クレタ島にわたり、クレタ文明に、さらにそれらの文明がエーゲ海の島々に影響を与えてエーゲ文明に、そしてギリシア文明・ローマ文明に引き継がれていく中で、人頭鳥身の「バア」が『オデュッセイア』の中でサイレンとして表現され、その叙事詩がうたわれ、広まる中で人頭鳥身の三姉妹は人々に知られ、サイレンが、海に身を投げたため、人頭(面)魚身に変身していったという古代地中海世界の影響が、やがて、ヨーロッパ全土に広がりをみせていったといえる。

ところで、前述したホメロス(紀元前八世紀頃の詩人)が著した『オデュッセイア』の叙事詩をもう少し詳しく繙《ひもと》くと、トロイア戦争は十年間におよび、結果はギリシア軍の勝利に終った。この戦いで活躍したギリシア軍の武将(イタケの王である)オデュッセウスは一二艘の船団を組んで故郷イオニア海のイタケ(島)へ帰国の航海についた。

ところが、帰国の航海にはさまざまな困難が待ちうけていたのである。

まず、ギリシア軍は、この戦いを勝利に導き、助けてくれた神々に感謝する気持をすっかり忘れてしまったため、神々の怒りにふれることになった。

その中でも、特にオデュッセウスは、海神ポセイドンの怒りをかい、厳しい罰をうけることになってしまった。

魔女キケルの住む島にたちよったとき、船を岩礁にみちびいて難破させるサイレン（セイレーン）の棲む難所を無事に通過するための方法を教えられた。

何故、魔女のキケルがオデュッセウスに、このような善意を示したかというと、彼がキケルの居城にむかう途中、ヘルメスの化身とされる美少年に会い、魔除けの妙薬を得て、それを飲んだため、キケルの魔法にかかることなく、逆に、魔法にかからないオデュッセウスにキケルが驚き、かなり惚れ込んだためであった。

その教えというのは、「サイレンの歌う唄を聴かないようにする」ことであった。

しかし、オデュッセウス自身はサイレンの歌を聴こうと耳栓をせず、そのかわりに、海に身を投じたくなるような誘惑にさそわれないように、帆柱に綱で縛りつけてもらい、無事にサイレンの棲む難所を通過することができた。このサイレンの棲む場所が、実は多くの神話・伝説に語られ、描かれてきたのである。

このように、この時代の主人公サイレンは上半身は人間（人面）で、下半身は鳥の姿をしている。

ちなみに、今日、救急車や消防車の鳴らす「サイレン」の語源はここにあり、美声の歌手をサイレンと呼ぶのも、魔女（女神）の三姉妹に由来する。

一般に、ギリシア神話にでてくる「ニンフ」は山野・河川・樹木・洞穴などの精霊である。また、若くて美しい姿の少女の形容であるため、妖精におきかえられる。さらに歌と踊りを好むということから、ニンフは人魚におきかえられることも多い。

上述した『オデュッセイア』の中にも続きがあり、ニンフが登場する。

オデュッセウスは、やがて一人ぼっちになってしまい、美しいニンフ「カリュプソ」の住む島（イオニア海のオルテギア島、未詳）に漂着する。

この島には、アトラースとニノテュースのあいだに生まれた美しい娘（ニンフ）のカリュプソが住んでおり、親切にされたので七年間も暮らしてしまう。

カリュプソンはオデュッセウスに、今後も一緒に暮らしてくれれば「永遠の若さを与える」といってくれたが、望郷の念にかられたオデュッセウスは、その言葉を受け入れなかった。なんとも贅沢な話であることか。

ある日、ヘルメス（ゼウスとも）がやって来て、カリュプソに、「オデュッセウスを解放するように」といったので、カリュプソはしかたなく、海に送り出した。

だがまたしてもポセイドンに嵐をおこされるが、やっとのことで海の女神レウコテアに助けられる。その後、王女ナウシカアの宮殿に案内されたオデュッセウスは、これまでの冒険の数々を語ると同情され、やっとのことで故郷のイタケへ送り届けられ、二〇年ぶりに帰国することができた。

この話の中でも、ニンフ（カリュプソ）が人魚として語られたり、海の女神（レウコテア）が人魚におきかえられたりすることもある。しかし、それが神話であり伝説であるのだ。

ギリシア神話と人魚たち

「ポセイドン」は海神で、すべての泉の支配者でもある。ローマ名で「ネプトゥヌス」、英語名では「ネプチューン」とよばれる。

アテネ空港へ着陸するための航空機が高度をさげはじめると、眼下にスニオン岬が望まれ、その鼻先にポセイドン神殿がある。

オリンポスの神族の中のリーダーといえば「ゼウス」だが、ポセイドンは、ゼウスの兄にあたる。彼の妻は水神「オケアノス」の娘の「アムピトリテ」（アムピトリーテ）で、子供一男二女。男は「トリトン」。姉妹は「ベンテシキュメ」と「ロデ」。

ポセイドンが手にする武器は三叉の猎《やす》（簎とも表記する。長い柄《え》の先に数本に分かれた鋭い刃をもつ漁具の一種）で、キュクロプスの特製によるものといわれる。

ポセイドンの性格は、優しさと、荒々しさの両面があり、白馬に乗って荒海をかけめぐり、嵐をおこしてこまらせたりする。

また、気の多いことでも有名で、髪が蛇の魔神で、メドウサ（ゴルゴン三姉妹の末娘）と交わったりといそがしい。

「トリトン」は「ポセイドン」の息子。半人半魚のためか、ギリシア神話の中では人気者である。したがって、絵画や彫刻のモチーフになることが多い。モデルになる範囲も広く、海馬に跨《また》り、勇ましく法螺貝《ほらがい》を吹き鳴らして大海をかけめぐり、父親を助けて働き、嵐をおこしたり、逆に波を静めたりする。また一方で、可愛らしくイルカの背に乗って遊んだり、ヴィーナスたちがしかけた網にかかって、捕らえられたりもする。

海底に棲む「ネレウス」（ネレイス・ネーレウス）は、オケアヌスの娘のドリスを妻とし、大勢の美しい娘たち（妖精）と一緒にいる。

海底の宮殿（洞穴）に住み、歌を唄い、踊り、糸を紡ぐ暮らしをしている五〇人の娘たち（妖精）は「ネレイデス」（ネラジス）とよばれる。

ネレイデスは海のニンフ（妖精）であり、海神と暮らしているため、しばしば人魚におきかえられてしまう。海神ポセイドンが、この美しいニンフたちを自分のそばに侍《はべ》らしているという話もある。ポセイドンならやりかねない。

第二章　古文献の中の人魚たち

中国の古文献の中の人魚――人魚の出土資料

まず、わが国の歴史や文化等に多大な影響を与えつづけてきた中国の古文献からみていきたい。別項でみたように、中国の古文献『山海経』には、多くの怪しい化物まがいの人々や人魚とおぼしき類の生き物の数々が紹介されている。

それ故、以下は『山海経』以外の古文献等の中に記載されている人魚たちについてみていくことにする。

なお、原書（漢書）からの引用であるが、ここでは漢文ではなく、その大意を要約したのでお許しをいただきたい。

中国で二四史の一つに数えられる『史記』は、黄帝《こうてい》（中国古代の伝説的皇帝）から前漢の武帝までの事を記した紀伝体の史書であるが、その「秦始皇本紀」中に、「徐広いわく、人魚は鮎に似て脚が四本ある」と記されている。ここでいう鮎は、今日、われわれ日本人がイメージする魚の鮎ではなく、山椒魚といったところか……。

この四脚の生き物について、『正義』（漢書・律暦誌）によると、「広志いわく、鯢《げい》（鯢魚《げいぎょ》）は小児のような声で啼く。四足があって、その形は鱧《はも》のようなもので、水に棲んでいる。牛の病気を治める。伊水というところで産する」とあり、ここでいう鱧も、鮎と同じく山椒魚や蠑螈《いもり》（井守）のような両生類と思える。なお、蠑螈は日本固有の動物といわれ、中国には生息しないとされる。

『異物誌』は紀元前八世紀頃から紀元二〇二年頃までのあいだに揚孚《ようふ》らによって編まれたとされる。その『異物誌』に、「人魚は人に似て、長さは一尺（三三センチ）あまりである。食べるに堪えがたい味である。皮は表面がざらざらした鮫魚のようなので、木材を磨くのによい。頭の頂きに小穿があり、ここで呼吸をしている。秦始皇帝の陵中で使用している燭は、この人魚の膏《こう》（あぶら）でつくったものだ。人魚は、中国の東海中、台州に棲んでいる。今、按ずるに、帝王の墳墓の燭用の脂《あぶら》として人魚の膏を使用するのは、その火が消えることがないといわれるためである」としている。

この、人魚の膏を燭用の脂にすることは、それ以降の古文献のあちこちに引用されている。

陶弘景（四五二年～五三六年）による『本草集註』別録（『陶弘景別録《とうこうけいべつろく》』）に、「人魚は荊州《けいしゅう》（楚《そ》の国の別名）の臨沮青渓に多く棲息している。これは鯷《てい》に似て四本足であり、そのなき声は小児の如くである。また人魚からとれる膏《こう》（あぶら）はいくら燃やしても消耗しない。したがって、秦始皇帝の驪山《りざん》（陝西省《せんせい》臨潼県《りんどう》の東南の山。秦始皇帝の陵がある）の陵中において、この人魚の膏を用いて燭用としている。」とみえる。

鄭常によって八世紀頃に編まれた『洽聞記《こうぶんき》』は、広く『博聞記』あるいは『多聞記』の名でも知られる古文献である。

その「華夷考」によると、「海産の人魚が東海の地方におり、大きなものは五尺から六尺もある。その状態は人のようで、眉や口もと、鼻などの顔だちは美麗なる女子と同じである。たりないものはない。皮肉は白く、玉の如しで、鱗はなく細い毛がある。五色にかがやき、軽軟で、長さは一寸ないし二寸。髪は馬の毛のようであり、長く、五尺ないし六尺。陰形は丈夫の女子と異なるところがない。このあたりの臨海に住むやもめ達は、これを多く獲えて池沼で養う。交合は人と異なるところがない。また、人を傷つけることもない。」とある。

聶田《しょうでん》（九六〇年〜一一二七年）によって編まれた『徂異記《そいき》』は、一〇〇〇年頃から一一二七年頃のものとされるが定かでない。

『徂異記』に、「人魚は東海の海に生息しており、その大きさは五尺ないし六尺である。その状態は人とまったく同じで、顔立ちから頭まで、眉や口、鼻など、さらに指先の爪まで美麗な女性と変わるところがない。そして皮膚は白く玉のように美しい。

鱗があり、こまかい毛が生えている。長さは一寸ないし二寸ほど。毛は五色に輝き、やわらかい。また、髪の毛は馬の毛のようで長さが五尺ないし六尺もある。陰形も成人の女性のそれと異なるところがない。それ故、臨海地方に住む独身男性は、これを多く獲えて、池沼にて養っている。また、人を傷つけるようなことはない。」

上掲のこれまでの引用文は、あきらかに前に掲げた『洽聞記』からの引用であるが、『洽聞記』と異なる点は、『徂異記』は「鱗あり」としているところである。これに対して『洽聞記』は「鱗なし」としているだけで、あとは同文である。

だが、『徂異記』で注目すべきは、以下の記述である。

「査道という役人が高麗へ使者としておもむいた折、途中で夕方になったため、一山という地に船を停船させた。その時、遠くの砂（沙）洲の上に一人の婦人が横たわっているのが望まれた。紅色の裳をつけたように見える。髪の毛は乱れており、肘《ひじ》のところに鬣《りょう》（魚のひれ）があった。

査は、水夫たちに、荷物を担ぐ竿などで婦人を傷つけないように命じた。婦人は、査の配慮がわかったかのように両手を合わせて査を拝し、水の中に没した。

水夫たちが、〈あれは何者か……〉と査に質問するので、査は、〈あれが人魚である……〉と答えた。

そして、人魚は人と同じなので、時に人姦することがある」とみえる。

南北朝時代の頃、南朝梁《りょう》の人、任昉《じんぼう》（四六〇年〜五〇八年）によって書かれた『述異記《し(じ)ゅついき》』の中に、

「蛟人」とみえる。蛟人は「人魚」のこととされる。蛟人は「南海の海底で暮らしているが、常に機《はた》織《おり》をしており、その蛟梢紗は高価なものである。この織物で衣服をつくると、水に入っても濡れることがないという」不思議な織物である。また「蛟人が涙を流すと、その涙は美しい真珠になる」と。

『述異記』は、もともと南斉の祖冲之《そちゅうし》の書で、神話、伝説、仙薬、服飾などについてまとめたものだが、散逸してしまったので、任昉の書はその偽作ともいわれる。

李昉《りほう》（九二五年〜九九六年）の編集した『太平廣記』（九八一年頃）には、「人魚」を「海中婦人」として紹介している。

「海中に大変美しい婦人がいた。この海中婦人はみにくい男子と結婚したが、その男を愛しつづけて悔いることがなかった。夫の死後、海に帰ろうとした。しかし、情がうつって帰ることができなかった。」という。

金井紫雲《かないしうん》は自著『東洋花鳥図攷《ずこう》』中の「人魚考」で、中国の屈太均（一六一一六年―不詳）著の『廣東新語』を引用し、「大風雨の時など、海に怪しいものが出現する。それは紅い顔で髪が生え、魚に乗って現われるのだが、乗っている者も魚である。これは所謂〈人魚〉で、人魚の雄は〈海和尚《うみおしょう》〉といい、雌であれば〈海女《うみおんな》〉という。

有祝という人の母は、この海女によく出逢ったという。人魚の種族もいろいろあるが、大きなものは人間ぐらいで、髪の毛や眼は黄色く、顔は黒い。尾は一寸ばかりと短い。人に出逢うと驚いて水に入るが、時には波に乗ってただよっている。人もこれに出逢うことをきらう。しかし、その雌を得る者はこれと姪するが、よく話し、よく笑う」とみえる。

金井は、人魚に雌雄の性別があることを強調している。

また、大槻玄沢（一七五七年—一八二七年）は、その著『六物新志』（天明六年秋序）の「追考」の中で、中国清の屈太均による『廣東新語』を引用している。

博学をもって知られた南宋の学者であり、政治家でもあった洪邁《こうまい》（一一二三年〜一二〇二年）が著した『夷堅志《いけんし》』によると、「乾道六年（一一七〇年）に湖州の市中に蛇をあつかう者がいた。また、その者は容器の中に変わった魚を飼っていた。その状態は鮎に似て色が黒く、腹のところから両手足を出していた。手指五本、足指五本で、それぞれ十本そろっていた。これが世間でいう〈人魚〉である」と解説している。

ここで鮎といっているのも、その内容からあきらかに山椒魚であるように思われる記載である。

徐鉉（九六〇年〜一一二七年）の『稽神録』に、「謝仲王は婦人が水中に出没するのを見た。腰より下は魚である。これが人魚である。」とした。（松井魁《いさお》著『伝説と幻を秘めた人魚』による）

周達観著『真臘《カンボジア》風土記』（一二九五年）によれば、「海人魚は東海にあり、大なるは五尺ないし六尺で、その状態は人の如くである。眉や目、口や鼻、手や爪、頭など具足せざるものはない。皮肉の白きこと玉の如く、鱗なく細毛あり。その毛は五色の軽軟で長さ一寸ないし二寸。髪は馬尾の如くで、長さが五尺ないし六尺。陰形は丈夫で、女子と異なるところなく、臨海の鰥寡《やもお》は多く取得して之を池沼で養う。交合の際は人と異なることなく、また人を傷つけることもない。」（松井魁《いさお》、前掲書による）

これはあきらかに前掲の文献からの引用である。

明（一三六八年〜一六四四年）の時代に編まれた『陳晦伯天中記』（略して『天中記』とも）に、「隆安（三九七年〜四〇一年）の頃、丹徒（呉）の陳性が入江のほど近い浅瀬に簄《ヤナか》を作って魚捕りをしようとしていた。引き潮になったので行ってみると簄の中の砂（沙）州に六尺ほどの衣裳をつけない美しい女性が横たわっていた。

これが世にいう人魚で、干潮になったために泳げなくなり、沖へ帰ることができなかったのである。人々が集まってきて声をかけたが返事がなかった。しかし、あまりにも美麗であったため、一人の男がこの人魚を奸してしまった。

その夜、陳性が家に帰って寝ていると、昼間見た人魚が夢に現われ、〈わたしは、この入江一帯をつかさどる神である。実は昨日、あなたの簄に入ってしまい、引き潮のために砂（沙）州に残されて困っていた時、あなたの仲間に奸されてしまった〉と言った。

こんな夢を見た陳性は、気がかりなので翌朝、篭のある場所に行ってみると、潮が満ちていたため人魚の姿は見あたらなかった。

だが、気になるので人魚の奸者（原文）である男の家に行ってみると、その男は昨夜、急病になり、他界してしまっていた。」という。

眉目秀麗な人魚は裸体であるためか、あるいは女陰を見て欲情をそそられるためか、淫することも多かったとみえて、引用文献の中にも多出する。また、その返報として復讐される話も多い。

李時珍《りじちん》の『本草綱目』（一五九六年刊）によれば「鮎魚・鯑魚《ていぎょ》は人魚をいう（弘景）。鯢魚《げいぎょ》は人魚（山海経）。鯑魚《ていぎょ》・西楞魚《せいりょうぎょ》などは大東海の産で、上半身男女型で下半身は魚尾。骨は薬用となり、雌は更に良く効く。止血治一切内傷瘀損等症によい。」とみえる。

同じように、南懐仁（一六二三年～一六八八年）の『神輿図説』に、「大東洋海産の魚。西楞魚《せいりょうぎょ》。名づけて西楞という。上半身は男女の形の如くであり、下半身は魚尾である。その骨はよく血病を止めるのにきく。なお、女人魚の骨は更に効果がある。」と。

『乾興《けんこう》外記』（乾興《かんこう》とも、宋代、著者不詳）によると、「海女《うみおんな》は、上半身が女体で、下半身は魚形である。この骨は念珠《ねんじゅ》（数珠）を作る材料として使用したりする。また、この骨を削って飲めば、止血剤にもなるので、魚の骨の中では上品である。したがって各国で貴重品とされている。」

以上みてきたように、中国の古文献に記されている人魚は、のちに狩谷《かりや》棭斎《えきさい》が『箋注倭名類聚抄』(「日本の古文献の中の人魚」の項を参照)の中で説明しているように、中国には内陸地方に棲息しているとされる淡水系で山河育ちの人魚(山椒魚など)と、東海及び南海地方に棲息している海水系で海浜育ちの人魚がいたのだが、この二系統の人魚やその棲み分けを混同しての記載が多い。

出土資料の人魚

ここで、考古資料としての人魚について、若干ふれておきたい。

志水未央氏によると、中国の遼時代(九一六年〜一一二五年)から宋時代(九六〇年〜一二七九年)の頃になると人物像が生活道具に進出してくるという。

その一つが「人魚形水注」などの形をした器物だとする。

「人魚形水注の一つが内蒙古の遼墓から出土しており、これは死者が生前用いていた水注を他の生活用品と共に埋葬したものかもしれないが、一方あくまで明器《めいき》の一種として作られていた可能性も否定できないからである。ただ遼の人魚形水注の多くは唐時代の人魚俑《よう》に比べると格段に洗練された様式を持っており、二者の間でそれほど類似性は感じられない。これらの人魚形水注は遺品は多くないものの型成型のものであることから、ある程度量産されていた器物であったことが推測される」とみえる。(志水未央「唐子意匠と肥前磁器における人形の位置付け」、紀要『さがの人形の家』(5)、博物館さがの人形の家(京都)、一九九八年)

そして、「注」に「墓から出土したものには副葬品として作られた明器と死者の生前の生活用品を共に埋葬したものと二種類がある。（「国内出土の宋元青白磁」『中国陶瓷全集16　宋元青白磁』中国上海人民美術出版社編集、美乃美、一九八四年）参照」とある。なお、「明器《めいき》」とは死者が生前に用いたものなどを模作して、死者とともに墓に埋葬する器物をいう。ミニチュアもある。

また同注には、出光美術館所蔵の作品には一一世紀から一二世紀のイスラム時代のもので「緑釉掻落霊獣文鉢」や一二世紀の「三彩聖獣文盤」などがあるとみえ（『出光美術館蔵品図録　中国陶磁』出光美術館編集、平凡社、一九八七年）、出光美術館の所蔵品の中に、内蒙古の遼墓から出土した「白磁人魚形水注」や「緑釉人魚容器」があることがわかる。

日本の古文献の中の人魚

本項では、わが国における古文献の中でも主なものをいくつか紹介する。

鎌倉幕府の正式な記録とされる『吾妻鏡』宝治元年（一二四七年）五月小廿九日に、「去十一日陸奥国津軽海邊大漁流寄、其形偏如死人、先日由比海水赤色事、若此魚死故歟、随而同比奥州海浦波濤赤而如紅云々、此事則被尋古老之處、先規不快之由申之、所謂文治五年夏有此魚、同（秋脱カ）泰衡誅戮、建仁三年夏又流來、同秋左金吾有御事、建保元年四月出現、同五月義盛大軍、殆爲世大事云々」とみえる。

文中に「先日」とあるのは、同書の宝治元年三月十一日の項に「十一日、甲子、由比濱潮変色、赤而如血、諸人群集見之云々」とみえることを云っている。

『吾妻鏡』に「海邊大魚流寄、其形偏如死人」と記されているのはこの「宝治元年五月二十九日」（一二四七年）の記載だけである。しかし、その文中に、上掲のように、文治五年（一一八九年）夏・建仁三年（一二〇三年）夏・建保元年（一二一三年）四月などと記されているだけで、これらのことに関しては『吾妻鏡』の本文中の記載はなにもない。

また、同書の本文中には「人魚」という語彙はでてこないが、「大魚が流れ寄り、その形は偏《ひとえ》に死人の如し」と記されたところから〈人魚ファン〉が我田引水で、これは人魚以外の何物でもないとしたにすぎない。

この記述は江戸時代になって『北條五代記』をはじめ、井原西鶴の『武道伝来記』などにも引用され、「流れ寄った人魚」として広く世間に伝わり、定着する結果となった。

次に掲げる『北條五代記』は『吾妻鏡』とはちがい、歴史的な文献史料としての信憑性はない。

「昔、陸奥国出羽の海浦へ、人魚死してながれよる事、度々におよべり。文治五年の夏、そとの濱へ人魚ながれよる。人あやしみこぞってこれをみる。おなじき年の秋、秀衡子息ことごとく滅亡す。又建保元年の夏、秋田の浦へ人魚ながれよる。このよし鎌倉殿へ注進す。この由を博士にうらなはせたまへば、兵革《へいかく》（戦い）のもとゐと申すに付きて御祈禱あり、同年五月二日和田義盛大いくさあり。建仁三年四月津軽の浦に人魚ながれよる。将軍実朝公、悪禪師に害せられ給ひぬ。宝治元年三月十一日、津軽の浦へ人魚ながれよるよし注進す。これによって八幡宮に於て御祈禱あり。同じき六月五日、三浦泰村が合戦あり。同二年の秋そとの浜へ人魚ながれよるよし風聞あり。その頃鎌倉殿のしっけんは北條左近将監《しょうげん》時頼なり。このよしをきき、先規不快の義なりとおどろき、みちのくの国司三浦五郎左衛門尉盛時に尋ねらるるによって、奥州へ飛脚をつかはす所に、申して云く、去月九月十日津軽の浦へ人魚ながれよるといへ共、先に三度御注進して皆もって不吉の事、地下人かくし申上げざるのよしを申す。この義不快たるにより、将軍家諸寺諸社へ御祈禱の事あり。魚の中に人魚有る事、必定海人の殺生、いふにたへたりと申されし」（以下略）

『廣大和本草』（一七五五年）の別録に、嵯峨天皇（五二代）の弘仁年中（八一〇年〜八二三年）に、次のような記載がある。

「弘仁年中、近江の琵琶湖で漁人の網に（人魚が）かかった。三日も死なずに生きていた。その郷には仁愛なる者がいて、銭三貫文を償いて、あがない求め、湖中に放ったと云う。その後、三年を経て、七月に当人が隣村の踊りを観に行こうとした時、途中で十七・八歳の娘に出逢った。彼女は少し笑《えみ》を含んだが、あえて口をきくことはなかった。やがて懐中より帛《きぬ》（帛紗・ふくさ）に包みたる物を出してわたしたので、何の心もなく、しぜんに受け取った。

その娘は大変美麗であったので、当人はその往く方へつけて見ようとしたが、人ごみの中で見失ってしまった。

家に帰り、もらった帛を開いて見ると、重さが十四・五銭《（ママ）》ばかりの美しい玉が入っていた。玉の色は灰色をしていた。その後、この玉はそのままにしておいたが、ある日、耳に当ててみると、驚くことに、この玉は話をし、三日先のことを告知した。

ある人は数百金を出して求めたいという。思うに、この玉をくれた娘は、命を助けてやった琵琶湖の人魚で、その恩返しであったのだということだ。今、信州の人がこの玉を得て家宝としているという。（中略）

また、元文年中（一七三六年―一七四〇年）に越後の海上にて海女房に遇いたる者が、一枚の魚の皮をもらって帰った。その花模様は世にいう金唐皮《きんからかわ》というものに似て、至って美しいものであったという。しかし今、その皮のあり場所は不明である」とみえる。

この前段の話は伝説にみられる「報恩譚」なので「人魚伝説」の項に入れるべきだが、出典が明確であるため本項であつかった。

また、後段の話は元文年中とあり、江戸時代の八代将軍吉宗の頃の話で、内容の時代的な経過の差がはなはだ大きい。

『古今著聞集』（一二五四年）は鎌倉時代の初期に橘成季によって編まれたとされ、内容的には平安時

代末期のものである。その中に、

「伊勢国の別保という所へ、前刑部少輔《さきのぎょうぶのしょうすけ》忠盛《ただもり》朝臣《あそん》（平忠盛、平清盛の厳父）が下りたる時のことである。別保の浦人たちは毎日のように網を曳いて暮らしていたのだが、ある日、大きな魚が獲れた。見ると頭は人によく似ているが歯はこまかく、口は突出していて顔は猿のようである。だが、身体は普通の魚と同じであった。これが網に三匹もかかったのである。一匹を二人で荷なったが、尾をひきずる様であった。

生命力があって、人が近づくと、まだ大きな声をだし、涙を流した。この様子は人間と同じであるようにみえて驚き、二匹は忠盛朝臣のもとへ持って行ったが、残る一匹は村の浦人がみんなで食べることにした。

浦人たちは切りきざんで調理して食べたが、その味は美味であった。人魚というなるものがいるというが、このような態のものをいうのか……」と記している。

文中に「人魚といふなるは、これていのものなるにや」とみえるが、特定の年月などに関する記載はない。ただし、清盛の厳父である忠盛は一〇九五年から一一五三年までの人とされることから、この時代の話ということになろう。（九二頁参照）

松浦静山著『甲子夜話』によると、

静山が聞いた話として、延享のはじめに伯父と伯母が、「平戸ヨリ江都ニ赴給ヒ、船玄海ヲ渡ルトキ、天気晴朗ナリケレバ、従者ドモ船艪ニ上リテ眺臨セシニ、舳ノ方十餘間ノ海中ニ物出タリ。全ク人體ニテ腹下ハ見ザレドモ、女容ニシテ色青白ク、髪薄赤ニテ長カリシトゾ。人々怪ミテ、カヽル洋中ニ蜑《あま》ノ出没スル事有ベカラズ抔《など》云フ中ニ、船ヲ望ミ微笑シテ海ニ没ス。尋デ魚身現レ、又没シテ魚尾出たリ。此時、始テ人魚ナラント云ヘリ云々。」とみえる。

なお延享の世は元年が一七四四年で、四年が一七四七年なので、「延享ノ始メ」といえば一七四四年か五年のことということになろう。

厚挙著になる『観音霊場記図会』巻五に、近江国神崎郡石場村（未詳）の「観音寺」にかかわる記載がある。（六頁「男の人魚・女の人魚」参照）

近江国の神崎郡に聖徳太子が仏法をひろめるためにやって来た時のことである。近くの芦原から突然、姿は見えないが、救いを求める声がするので一行が足をとめると、芦原をかきわけて出てきたのは「人魚」であった。（二五一頁の図参照）

その人魚が云うのには、もとは堅田の浦に住んで猟師をしていたが、殺生の報いで今では水底で種々の魚や蛭《ひる》までが鱗のあいだから吸血するので、苦しみながら日々を過している。「ぜひ、殺生する者の戒にもなるので千手観音を安置してほしい……」と懇願した。

それを聞いて、聖徳太子は建立十二寺の一つの観音寺をたててやった。その後、その功徳で人魚は成仏し、浪の間に浮上したので、拾いあげて、ねんごろに納骨してやった。

なお、『観音霊場記図会』は享和三年（一八〇三年）刊・辻本基定編・桃嶺画が知られているが『扶《ふ》桑略記《そうりゃっき》』（一〇九四年―一一〇七年・比叡山の僧皇円著・神武天皇から堀河天皇に至る間の編年史）にも寺院関係の古伝が記されている。

花咲一男著『江戸の人魚たち』の目次に、「玄沢の人魚考」と題する項目がある。内容は大槻玄沢（名は茂質《しげたか》・仙台侯の侍医を勤めた蘭学医で学者）が著した『六物新志《ろくぶつしんし》』（天明六年〈一七八六年〉刊）の内の「人魚」の項について紹介したものである。

『六物新志』については別項の「妙薬としての人魚」でも記す通り、上巻（一角《ウニコウル》・泪夫藍《サフラン》・肉豆蔲《ニクヅク》）と下巻（木乃伊《ミイラ》・噎蒲里哥《エブリコ》〈歌〉・人魚）のオランダより伝えられた妙薬のもととなる六物について解説（考察）を加えたもの。「ろくもつしんし」とも読ませる。

本文は漢文であり、長文であるため、花咲氏が国会図書館の所蔵本を底本として読み下した一部を紹介する。

「人魚」の項（一九丁―三二丁）

「茂質按ズルニ、舶来ノ物ノニ、本邦俗ニ呼デ、歇伊止武礼児《ヘイシムレール》トイフ者有リ。相ヒ伝ヘ言フ、是乃チ人魚ノ骨ナリト。而シテ、貝原翁ハコレヲ大和本草ニ記シ、松岡翁ハコレヲ用薬須知ニ挙テ、而シテ其ノ名称産地、二書倶ニ未ダ詳カニ説カズ。

然レドモ、余竊《ひそか》ニ是レ西洋ノ語ナル事ヲ疑フ。因《よっ》テ、和蘭一二ノ書ヲ執テ、コレヲ考エルニ、未ダ記載スル者ノヲ見ザルナリ。後チ勇斯東私《ヨンスンス》ノ書ヲ閲スルニ及ンデ、而シテ以テ、其名ハ伊斯《イス》把你亜《パニヤ》国ノ語ナルヲ知ルナリ。

蓋シ人魚ハ伊斯把你亜《イスパニヤ》国呼デ、百設武唵爾《ヘセムエイル》ト曰フ。百設《ヘセ》ハ魚ナリ。武唵爾《ムエイル》ハ婦人ナリ。乃チ婦魚ノ謂ヒニシテ、而シテ人魚ノ義ナリ。此ニ由テコレヲ観レバ、歇伊志《ヘイシ》ハ則チ百設《ヘセ》ノ訛転、武礼《ムレール》児ハ則チ武唵爾《ムエール》ノ、訛転ナル者ノ以テ知ル可キナリ。（中略）

故ニ今マ、其図ヲ摸シ、其ノ書ヲ訳シテ、而シテコレヲ綱ト為シ、其ノ記籍、実譚、倶ニコレヲ其ノ後ニ附シテ、而シテコレガ目ト為ス。学者、此ヲ以テコレガ明據ト為シテ、而シテ能ク辨ジ難キノ物ヲ辨ズル時ハ、則チ或ハ済世ノ一助ト為ル者ノ、亦タ未ダ全ク無シト謂フ可カラズ。則チ余ガコノ以テ煩シキヲ厭ハズシテ、而シテコレヲ為ル所ロナリ。

（見開二張の絵入る）（図参照）

安蒲児止私巴亜列《アンブルシスパアレ》（人名）医事集纂第八百十一号ニ曰ク、夫ノ水陸ノ産、奇怪ノ物、其類、固《まこと》ニ蕃《おおか》クシテ、而シテ其ノ親シク覩《み》テ、而シテコレヲ知ルノ人、往々コレアリ。其ノ事実甚ダ明徴。既ニ各々詳ニ前ノ第四十三号ニ記ス。

今又タ、一種ノ海産、呼テ迷伊児名能《メイルミノネン》ト曰フ者有リ。（此ニ婦魚と飜《やく》ス）其ノ物、腰以上人ノ如クテ婦人ニ似タリ。又タ、稀レニ男子ニ似タル者有リ。呼デ牡迷伊児名能《ヲスメイルミノネン》ト曰フ。其ノ腰以下、倶ニ魚ニシテ而シテ鱗鬣《ひれ》、鰭尾《おびれ》焉《ここ》ニ具ル。其ノ状ノ若《ごと》キハ、則チ詳ニ不里泥烏私《ブリニウス》（人名）描出スル所ロノ図象ニ載スナリ。而シテ、其ノ形極メテ怪異、其ノ理殆ンド窮ム可カラサルナリ。

（中略）

阨人多国《エヂプト》、埋奈《マナ》邑《むら》ノ長、一日黎明ニ出テ、泥禄《ニイル》河ノ上《ほと》リニ到ル。則チ物有テ而シテ、水際ニ現ズルヲ見ル。コレヲ観《み》レバ、則チ其ノ頭・面・胸・背・肩・膊《うで》・手・指、全ク人ノ如《ごとくに》シテ、

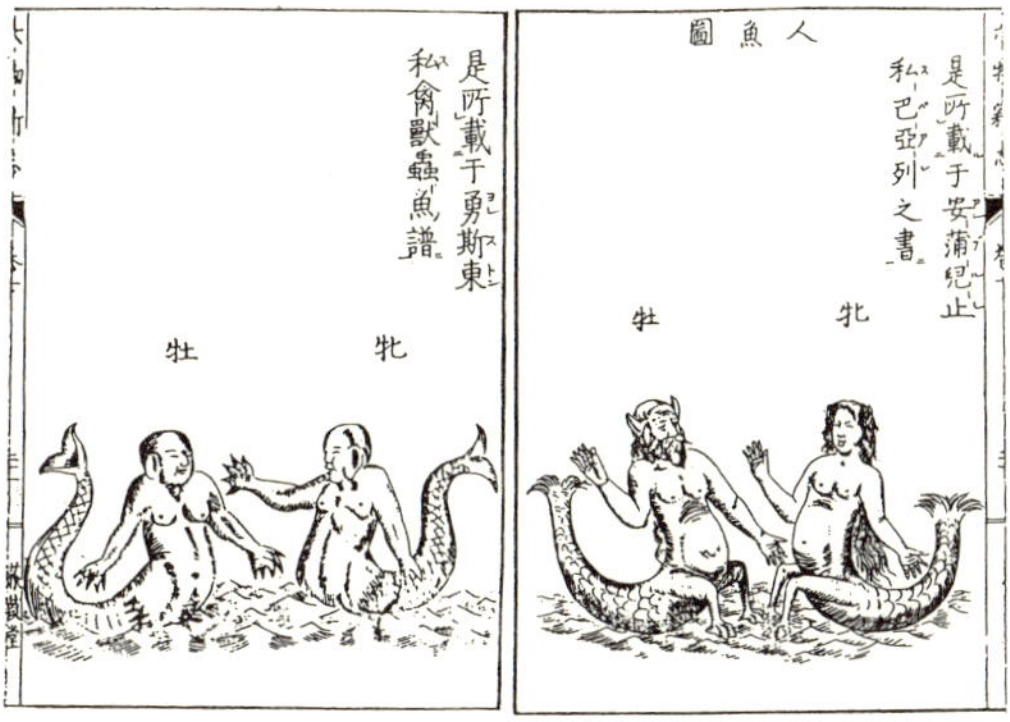

右：安蒲児止私巴亜列（アンブルシスパァレ）之書『医事集纂（パァレの外科書）』中の人魚
左：勇斯東私（ヨンストンス）によって著された『禽獣蟲魚ノ譜』より

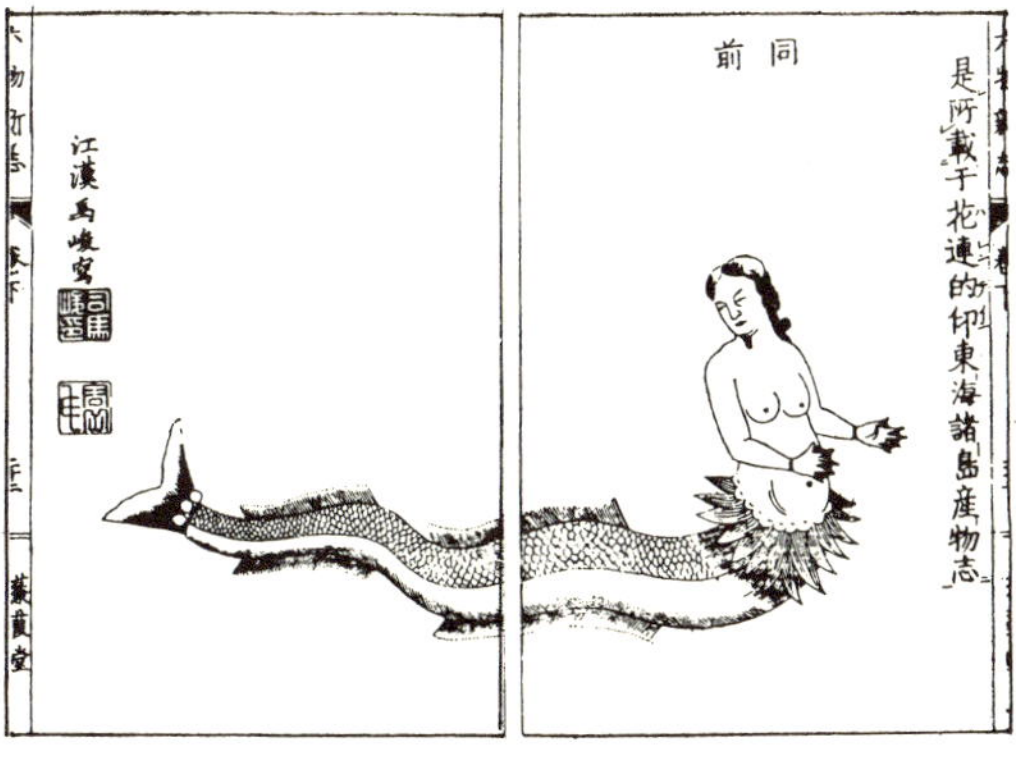

花連的私（ハレンテイン）著による『東海諸島産物誌』より
(江漢馬峻写による)

而シテ男子ニ類ス。其ノ鬢髪ハ則チ黄、殊ニ其ノ根ニ至テ漸ク淡灰色ト爲ルノミ。腰以下ハ則チ魚也。後チ三日黎明、再ビ同処ニ到ル。又夕物有。水中自《(より)》出ヅ。其ノ形チ一ツニ前日観ル所ロノ者ト相ヒ同ジ。但《タ、》其ノ面、婦人ニ類シ、容姿温柔、鬢髪長ク垂ル。両乳亦タ具ル。此ノ者、暫時現出ノ間ダ、一邑《(むら)》及ビ付近ノ人、相ヒ聞テ而シテ蟻集シテ共ニ與《(とも)》ニ臨観シ、衆以テ奇ト為サザル莫《(な)》シ。(以下略)」とある。

『和名抄』の中の人魚

平安時代の末期に、源 順《みなもとのしたごう》(九一一年―九八三年)によってまとめられた日本で最も古い辞典『倭名類聚鈔』(『倭名類聚抄』または『和名抄』と略される)については別項「日本の人魚誌――人魚以前のこと」においても述べた。

『倭名類聚鈔』(元和三年活字版・二十巻本)には、「人魚　兼名苑云　人魚一名鯪魚上音陵　魚身人面者也　山海経注云　聲如小兒啼故名之」とみえる。

『倭名類聚鈔』の「巻第十九・鱗介部第三十・龍魚類第二百三十六」では、「龍」や「蛟」にまじって「人魚」についての説明も、ごく簡略化されている。

中国の戦国時代に著された荀 子《じゅんし》著『兼名苑《けんめいえん》』の中で云うには、人魚は一名を鯪 魚《りょうぎょ》という。身体は魚で顔は人である。『山海経』という古書の注によれば、「声は小児の啼く如く」のため、この名があるとしている。

しかし、これだけの文章では、やや説明不足であるため、本項では、江戸時代後期になって狩谷《かりや》棭《えき》斎《さい》（一七七五年―一八三五年）が注を入れて普及させた『箋注《せんちゅう》倭名類聚抄』の中に見える「人魚」の項目を引用して補塡しておくことにした。

兼名苑云人魚、一名鯪魚上音陵　魚身人面者也。○(ママ)魚身以下六字疑是兼名苑注文、按山海経《せんがいきょう》海内北経云、陵魚《りょうぎょ》、人面、手足魚身、在二海中一兼名苑注蓋本レ之、説文無二鯪《りょう》字一、依二山海経一則知古作二陵魚一、以レ在二丘陵土中一名二陵魚一、以三人面有二手足一一名二人魚一也、楚辞天問、鯪魚何所、王逸日、鯪魚鯉《り》也、

○(ママ)山海経注云、聲如二小兒啼一故名レ之

北山経云、龍候之山決水之水出焉、其中多二人魚一、其状如二鯑魚一、四足、其音如二嬰兒一、注云、或日人魚卽鯢《げいぎょ》魚也、似レ鮎而四足、聲如二小兒啼一、今亦呼レ鮎爲レ鯑《てい》、此所レ引卽是、按史記秦始皇本紀、葬二始皇酈山一、以二人魚膏一爲レ燭集解徐廣日、人魚似レ鮎四脚、正義引二廣志一云、鯢魚《げいぎょ》聲如二小兒啼《なく》一、有二四足一、形如レ鱧出二伊水一、水経

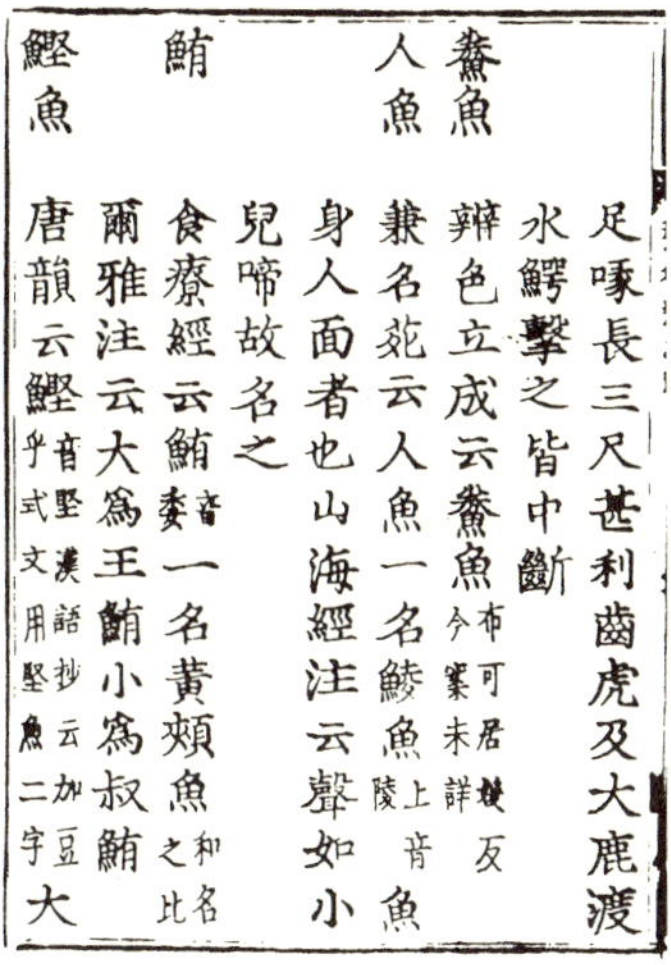
足喙長三尺甚利齒虎及大鹿渡
水鰐撃之皆中斷
鯀魚　辨色立成云鯀魚布可居穫反今案未詳
人魚　兼名苑云人魚一名鯪魚上音陵魚
身人面者也山海經注云聲如小
兒啼故名之
鮪　食療經云鮪音委一名黄頬魚和名之比
爾雅注云大爲王鮪小爲叔鮪
鰹魚　唐韻云鰹音堅漢語抄云加豆乎式文用堅魚二字大

『倭名類聚鈔』中の「人魚」（元和3年＝1617年版）

伊水注引二廣志一、作レ如二鯪鯉《りょうり》一、證類本草鯷魚《ていぎょ》條引二陶隠居一云人魚似レ鯷而有二四足一、聲如二小兒一、陣藏器云、鯢魚在二山溪中一、似レ鮎有二四脚一長尾、能上レ樹、聲如二小兒啼一、故日二鯢魚一一名人魚、山海経所レ云人魚卽鯢魚、今俗呼二山椒魚一、或呼二半割一者以三其聲如二小兒啼一、故名二人魚一或名二鯢魚也。（以下略）

上掲書は引用文が多く、内容があまりにも長文である。引用文献は『兼名苑』にはじまり、十冊以上におよび、参考文献も加えて、「鯪魚《りょうぎょ》」・「䱱魚《ていぎょ》」・「鯢魚」・「鯷魚」（なまず）・「山椒魚《さんしょううお》」にまで及んでいる。人魚とはどういう「魚」かの詮索に終始している。また、以下、『日本紀略』の引用に至り、延暦十六年（七九七年）、宮殿の女官のいる奥御殿の溝で、長さ一尺六寸あまりの普通の魚と異なるものが捕えられたが、それは山椒魚であった等、漢学者の掖斎《えきさい》が博識であったため、引用文献が多すぎ、かえって「鯪魚」とは何か、「人魚とは……」という解説が混乱し、内容の整理がつかなくなっている感があるので省略した。

『和漢三才図会』の中の人魚

中国でいう「三才」とは、天・地・人の三元を意味し、「宇宙間の万物」という意味である。したがって、『三才図会』とは、この世のあらゆることに関しての図や絵を集めたものをいうので、現代風に云えば「ビジュアル・ランゲージ」ということになろうか。

右：『和漢三才図会』中の人魚の項目
左：『和漢三才図会』中の人魚の項目にみえる「氐人（ていじん）」の項目

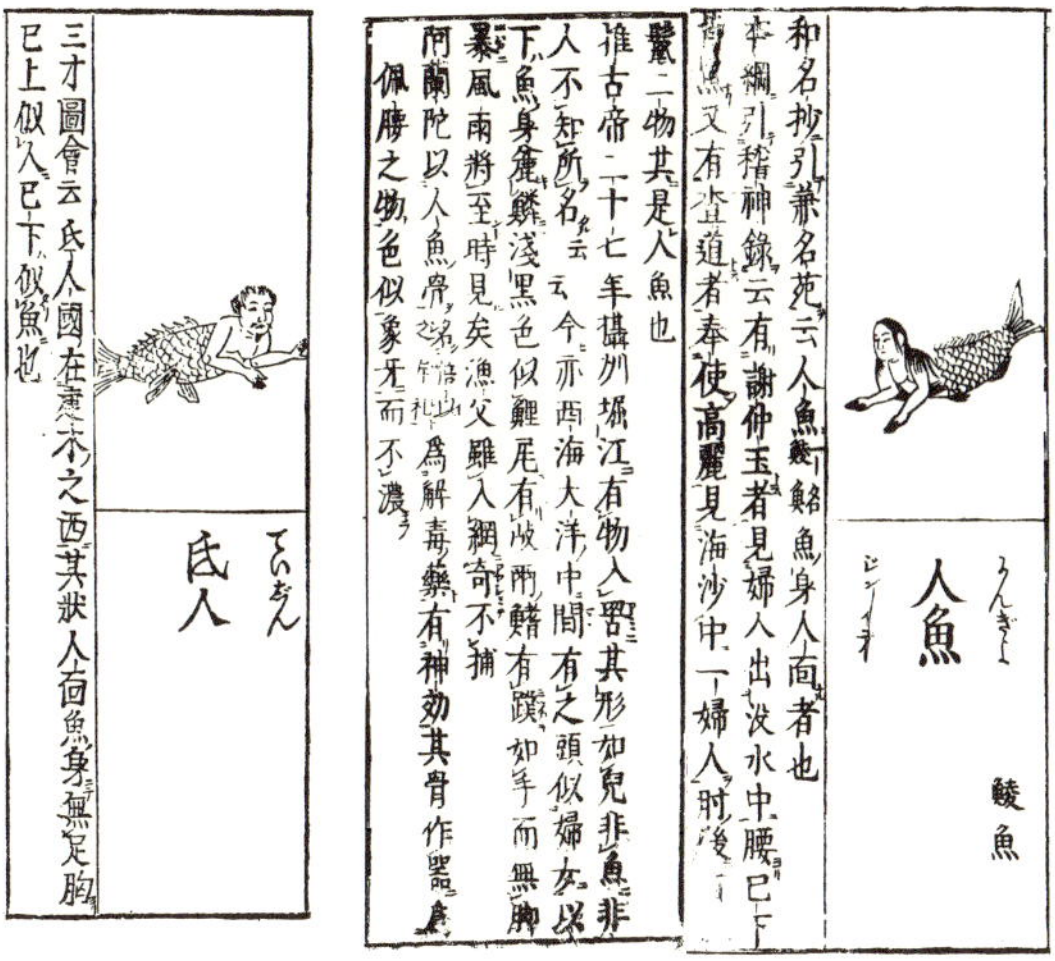
人魚 鯪魚
和名抄引兼名苑云人魚一名鯪魚身人面者也本綱引稽神録云有謝仲玉者見婦人出没水中腰已下皆魚又有査道者奉使高麗見海沙中一婦人肘後有紅鬣二物共是人魚也
推古帝二十七年攝州堀江有物入罟其形如児非魚非人不知所名云云今亦西海大洋中間有之頭似婦女以下魚身麁鱗浅黒色似鯉尾有岐両鰭有蹼如手而無脚暴風雨将至時見矣漁父雖入網奇不捕
阿蘭陀以人魚骨為解毒薬有神効其骨作器佩腰之物色似象牙而不濃

氐人
三才圖會云氐人國在建木之西其狀人面魚身無足胸已上似人已下似魚也

わが国では、中国の明時代に王折《おうき》によって編まれた『三才図会』をもとに、江戸時代（正徳二年・一七一二年頃）、寺島良安が編纂した初の図説百科辞典ともいえる『和漢三才図会』がある。まず、その中に記載されている「人魚」の項目についてみよう。（図参照）

和名抄ニ兼名苑《ケンメイエン》ヲ引テ云、謝仲《シャチュウギョク》玉ト云者有リ、婦人水中ニ出没スルヲ見ルニ、腰ヨリ巳下《いか》皆魚ナリ、又査道ト云者有、使ヲ高麗ニ奉ルトキ海沙中ニ一婦人ヲ見、肘ノ後ニ紅鬣《アカヒレ》一物共ニ有、是レ人魚也。

推古帝二十七年攝州堀江ニ罟《アミ》ニ入ル物有、其形兒ノ如ク魚ニ非ズ人ニ非ズ、名タル所ヲ知ラズト云、今モ亦西海大洋ノ中ニ間《ママ》之有、頭婦女ニ似、下ハ魚ノ身ニ似、麁《アラ》キ鱗《ウロコ》ニハ浅黒キ色鯉ニ似、尾ニ岐有リ、両ノ鰭《ヒレ》ニ蹼《ミズカキ》有、手ノ如シ、

右：『頭書増補訓蒙図彙』の人魚
左：『訓蒙図彙』中の人魚

脚無、暴風雨至ルト將時見ル矣、漁夫網ニ入雖モ奇《アヤシ》ミテ捕エズ、阿蘭陀《オランダ》、人魚ノ骨（倍以牟礼《ヘイシムレ》ト名ツク）ヲ以テ解毒ノ薬ト為ス、神効有リ、其骨ヲ器ニ作リ、佩腰《ハイヨウ》之ノ物ト為ス、色象牙ニ似テ濃カラズ

以上、内容もさることながら、同書で注目したいのは図会の人魚である。

この図でみるかぎり、今日、一般的に認知されている女性の人魚と変わるところがない。

ちなみに、『和漢三才図会』中における「氐人《ていじん》」の図会は、『山海経』中の第十海内南経において、「氐人国は建木の西にあり、その人となり、人面で魚の身、足がない」と説明している図会と比較すると、髪型が異なることなどをのぞけば、ほとんど同じである。（図参照）

『訓蒙図彙』の中の人魚

江戸時代には、世の中も安定し、各地の城下町をはじめとする都市に人口が集中するようになる。江戸をはじめ大坂などの大都市もあらわれた。こうした世相を背景に、武士階級ばかりでなく農工商の一般家庭でも教育に力を入れるようになり、その機会も増えた。「読・書・算盤」といっても、まず一般的な知識も必要となる。寺小屋の普及がその大きな原動力になったことはいうまでもない。

一方、この時代の潮流の中で、子供や初心者に教える教材として、あるいはその目的のために作った「訓蒙《くんもう》」の図《づ》彙《い》をはじめ、多くの書物が刊行されるようになった。

中村惕斎編の『訓蒙図彙』(寛文六年・一六六六年、山形屋刊)も当時としてはベストセラーに数えられたのであろう。その後、元禄八年(一六九五年)には同じ中村惕斎編の『頭書増補訓蒙図彙』が刊行され、さらに寛政元年(一七八九年)には、中村惕斎編・下河辺拾水画・力丸光序文による『増補頭書訓蒙図彙』が刊行されるなど、多くの人々に知識・教養の源泉を提供した。

こうした図彙の中に描かれている人魚は、今日われわれがイメージする各人各様の人魚像に進化するのではなく、逆に時代がさかのぼるにしたがって退化しているように思われる。

その解説内容も「人魚一名・鯢魚《がいぎょ》・鯑漁《ていぎょ》・納魚《とうぎょ》・鯛魚《ちょうぎょ》ならびに同じかたち人につたう」などとみえる。すべて本草でいう山椒魚《さんしょううお》のたぐいである。

西洋の古文献の中の人魚

これまで、人魚にかかわる記録・記述を残し、伝えてきた国々はヨーロッパの国々に多く、文献もまた多い。

それ故、本稿では人魚に関する先行研究や記述されている記録や文献を紹介し、その中で、わが国に、この方面の影響を直接与えたものについて紹介するにとどめる。

まず、古文献とはいえないが、一般に『人魚の研究』と訳されている著作を紹介しよう。表題は「海の娘」だが、本の原題は、

Benwell (G.) & Waugh (A.): Töchter des Meeres von Nixen. Nereiden, Sirenen und Tritonen. 276 p. 1962

この本は、ベンウェルとワウスの共著で、一九六二年にドイツのハンブルクで刊行されたもので、刊行後すでに半世紀を経ているが、人魚の研究で質量共に本書を凌駕しているものは他にない。内容面でも日本の人魚の「根付」などにもふれており、幅が広い。

この他、図録としての『人魚』の本も出版されている。原書は、

Beatrice Phillpotto Mermaids text, Printed by Dai Nippon Printing Co. Ltd., Japan Russell Ash / windward, 1980

この書物も図録とはいえ、「最初の人魚」にはじまる史的背景が記述されており、ヨーロッパにおける人魚の足どりを知るためには欠かせないテキストである。

『人魚の博物誌』（神谷敏郎著）によると、「ルネサンス期の最高の動物書と評されている、ゲスネル（Conrad Gesner・1516–65）の『動物誌』（Historiae Animalium）にも多数の怪物が描かれている。ゲスネルはスイスの博物学者で医者である。主著の五巻よりなる『動物誌』（一五五一年—八年刊行）は、（中略）底本の一つにプリニウスの『博物誌』が用いられている。（中略）ゲスネルの著書のは男性の人魚（Homo marinus）が登場してくる。その中には、海の修道士（Monachus marinus）や海の司教（Episcopus marinus）が妖怪的な形状で描かれている」とみえる。

一四八一年にジェラルド・リヨン（Gerald Lyon）の著した『動物寓話集』（クレアチュールズ・モラリセーズ）の中の人魚にかかわる一節が笹間良彦著『海と山の裸女』に紹介されている。その中に、「セイレンは素裸で泳いでいて、船が通ると近付き、〈水夫さん、わたしが好きなら来て抱きなさい……〉といって媚態を示すので、若い水夫は海に飛び込んで、その結果、セイレンの餌食にされてしまう」と書かれていると。しかし、原典については未詳である。

『人魚の研究』の表紙（ハンブルグ，1962，原書名『海の乙女』）

一四九二年の十月、コロンブス一行は西インド諸島に達し、新大陸を発見したが、その「航海日誌」

中の一四九三年一月九日（水曜日）のページに、次のような記録がある。

「提督（コロンブス・Christophorus Columbus・1446?–1506）は、前日リオ・デ・オロを遡上して行った時、海上高く三匹の人魚が飛び上がるのを見たが、これは絵に描いてあるように美しいものではなく、何とか人間のような顔をしていたと語り、ギネアのマネーグの海岸でも同じものを何匹か見たことがある」（『コロンブス航海誌』林屋永吉訳・岩波文庫）と。ちなみに、コロンブスはイタリア生まれの航海者。スペイン女王の援助を得て、一四九二年、スペインのバロスを出航した。

この航海日誌を『海獣学事始』に引用した神谷敏郎は、「この文章を読んで大変興味ある点は、大西洋を隔てて新大陸カリブ海で、アフリカのリベリア海岸で見たと同じ人魚に遭遇していることである。カリブ海の人魚はアメリカマナティーであり、リベリア・ギニア湾の人魚の正体はアフリカマナティーと解釈できるからである」と述べている。

松井魁《いさお》によると、「十六世紀、十七世紀の航海術の発展期までに人魚の多くの目撃報告は航海者の創作談である」としながらも、その中で、最も真実性に富む報告は、探険家ヘンリー・ハドソンの「航海日誌」であるとして、その日誌を次のように紹介している。

「東印度への新航路開発の航海中、出港後二ヶ月、一六〇八年六月十三日朝、二人の水夫が発見したものは、人間と同じ位の大きさで肌は大変白く、黒色の髪は長く背中に垂れ下がり、水中に潜る時、鯖のような斑点のある尾は海馬のようであった。」と。

博物学の父、プリニウス（Gaius Plinius Secundus A. D. 23–79）の『博物誌』（Naturalis Historia）は、アリストテレスの『動物誌』などを主な底本として動物に関係した部分をまとめ、西暦七七年に完成したとされる。その大著の中でプリニウスは、「スペインの大西洋岸にあるカジス湾（cádiz・ジブラルタル海峡に近い）で、身体の部分がすべて人間とよく似ている海の人が見られた」と記している。

また、同書が記すところによるとして、『人魚の系譜』（笹間良彦著）によると、オリシポ（リスボン）の代表団は、トリトン（人魚）が洞窟の中で法螺貝を吹いているのを目撃したことを皇帝に報告している。

さらに、女性の人魚（ネイレス）も海岸で見ているし、ネイレスの悲しい泣き声も聞いていると記している。

イギリスの詩人で、清教徒革命にも参加したことで知られるジョン・ミルトン（John Milton 1608–1674）が著した有名な叙事詩『失楽園』。ミルトン自身が自由と民主制のために戦い、クロムウェルの共和政府にかかわるなどしたが、結果は、王政復古後に、失明という不幸にあい、失意のうちに『復楽園』の叙事詩も書いたが、こちらはモノにならなかったなどとされる。

このように当時、有名であったミルトンが、その著『失楽園』の中で、「ダゴンという名の海の怪物がいる。上半身は人間だが、下半身は魚である」と書いたことにより、ダゴンの名は世に広まり、人魚としての市民権（?）を確保したともいえる。ミルトンによって「怪物」と名ざしされたダゴンは、古代フェニキア人の間で尊敬されていた半人半魚の神であった。

また、『人魚の系譜』によると、ジェームス・エマーソン・テネント卿（Sir James Emerson Tennent・1804-1869）の『セイロン博物誌』中に、「オランダ植民地司祭の話として、一六六三年にオランダ軍のある大佐が兵士と共にインドネシアのアンボイナ島の海辺で男の人魚が泳いでいるのを見たが、島民の話では、こうした人魚は時々捕えられ、知事に贈ったこともある」と記しているという。

「西洋の古文献と人魚」でもう一つ特筆しなければならないのは、西洋の古文献・古記録が、わが国に与えた影響についてである。

このことに関しては、まず、大槻玄沢著の『六物新志《ろくぶつしんし》』をあげなければならない。（四五頁参照）『六物新志』下巻二十丁には「人魚図」が掲げられているが、「安蒲児止私巴亜列之書《アンブルシスパアレ》」に掲載されている「人魚図」を引用したものであると記されている。すなわち、「巴亜列之書《パアレ》」医事集纂（『パレの外科書』）によるとみえる。

「パレ」に関しては神谷敏郎著『人魚の博物誌』に詳しい。「パアレ」はフランスの著名な外科医アンブロアズ・パレ（Ambroise Paré: 1510-90）のことで、フランス国王の侍医頭として王家三代にわたった人物であると。そして、『パレの外科書』は十六世紀後半より十七世紀末まで、ヨーロッパ各国で広く読まれ、大きな影響を与えたとも。

同じく同書に引用されている「人魚図」は「勇斯《ヨンス》東私《トンス》」によって著された『禽獣蟲魚ノ譜』からの

もの。（四七頁図参照）

「勇斯東私」はジョン・ヨンストンス（John Jonstons, 1603-1675）のことで、『自然史』訳書では『禽獣魚介蟲精譜』または『動物図説』などとも訳され、わが国では将軍吉宗が野呂元丈に命じて訳述させた『阿蘭陀禽獣蟲魚図和解』の底本となった『禽獣魚介蟲精譜』と同書、同版本で、一六六〇年にアムステルダムで刊行されたものなどが知られる。

John Jonstons (1660): Naeukeurige Bes-chryving Van de Natuur der Viervoetige Dieren Vissen en Bloedloze Water-Dieren Vogelen Gekerfde of Kronkel-Dieren, Slangen en Draken.

『六物新志』には、さらにもう一葉の有名な「人魚図」が掲載されている。

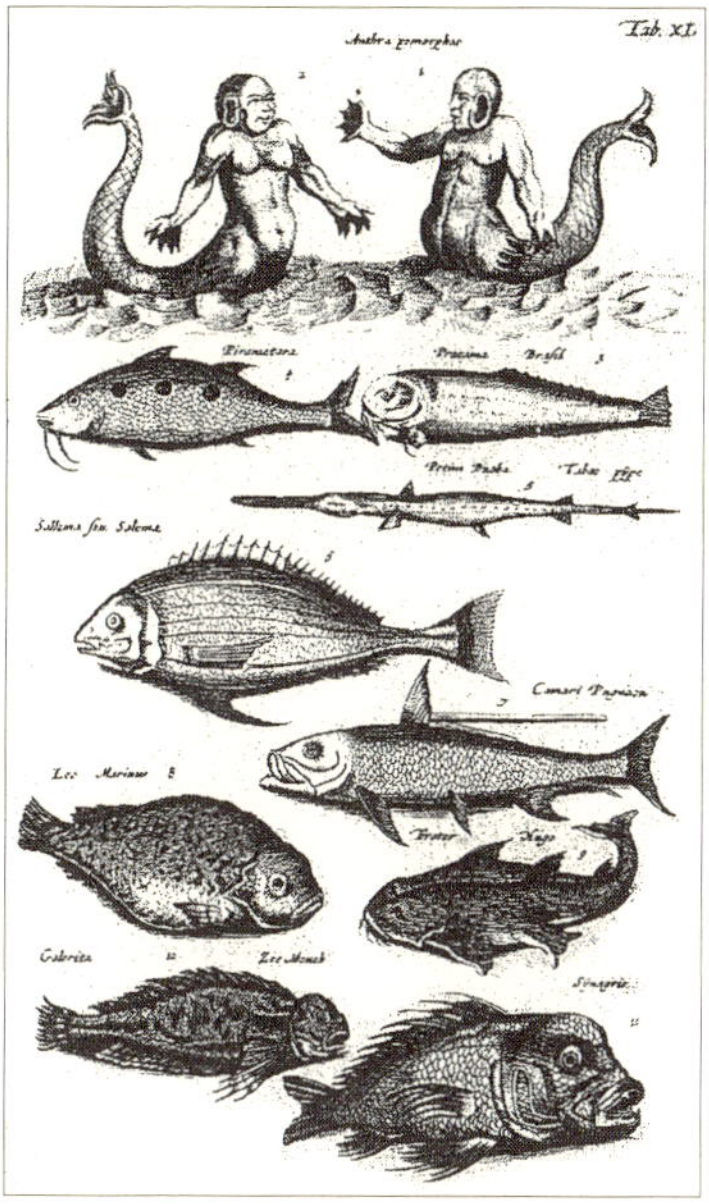

ヨンストンスの『禽獣魚介蟲精譜』（1660年）より

それが「花連的印《ハレンテイン》」の著による『東海諸島産物志』より江漢馬峻（司馬江漢）により模写された「人魚図」である。（四七頁図参照）

「花連的印」はオランダの宣教師フランス・ファレンタイン（Frans Valentyn, 1656-1727）で、前掲書より引用したもの。

『東海諸島産物志』は著者が布教活

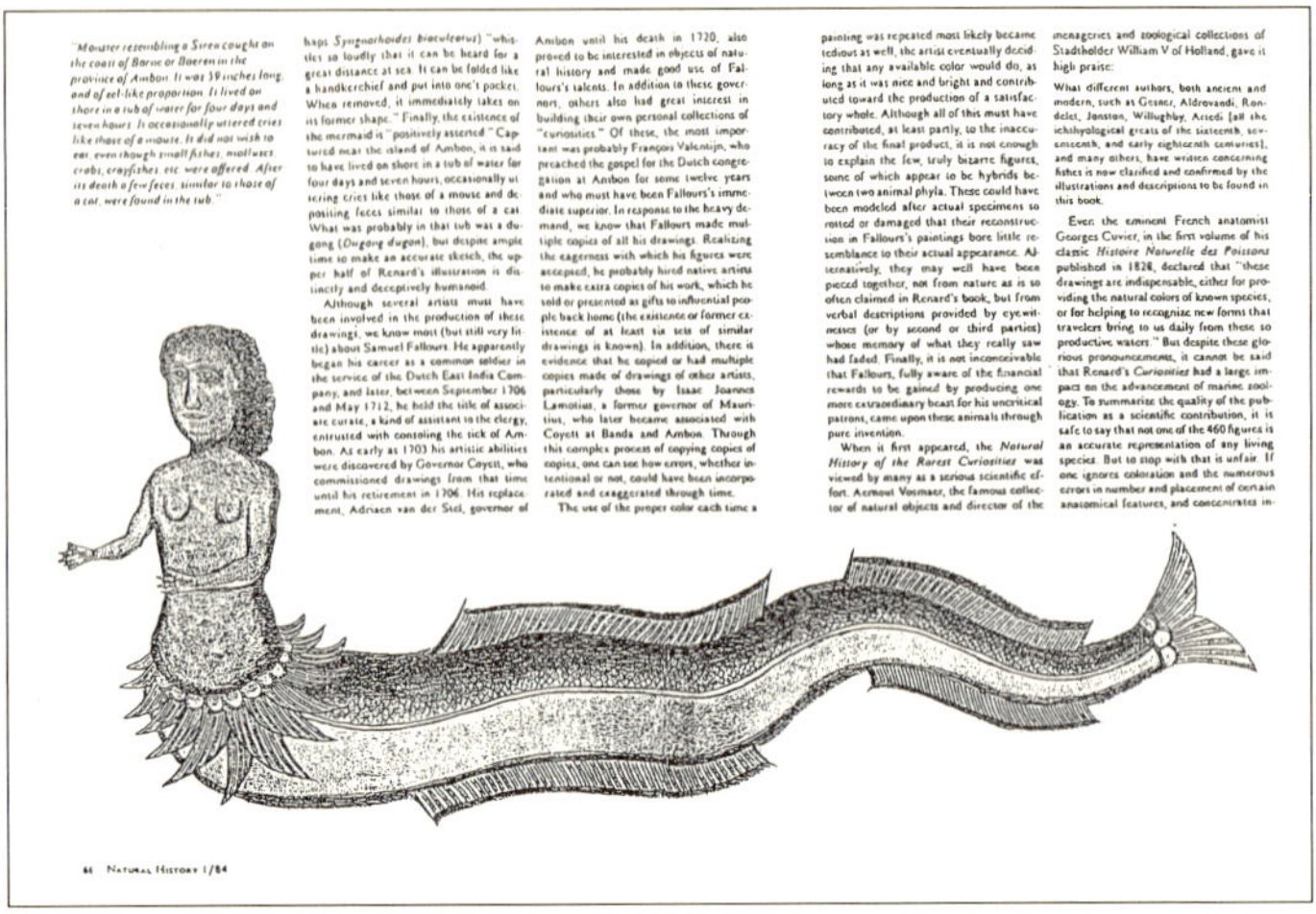
"Monster resembling a Siren caught on the coast of Borne or Baeren in the province of Ambon. It was 59 inches long, and of eel-like proportion. It lived on shore in a tub of water for four days and seven hours. It occasionally uttered cries like those of a mouse. It did not wish to eat, even though small fishes, molluscs, crabs, crayfishes, etc. were offered. After its death a few feces, similar to those of a cat, were found in the tub."

haps *Syngnathoides biaculeatus*) "whistles so loudly that it can be heard for a great distance at sea. It can be folded like a handkerchief and put into one's pocket. When removed, it immediately takes on its former shape." Finally, the existence of the mermaid is "positively asserted." Captured near the island of Ambon, it is said to have lived on shore in a tub of water for four days and seven hours, occasionally uttering cries like those of a mouse and depositing feces similar to those of a cat. What was probably in that tub was a dugong (*Dugong dugon*), but despite ample time to make an accurate sketch, the upper half of Renard's illustration is distinctly and deceptively humanoid.

Although several artists must have been involved in the production of these drawings, we know most (but still very little) about Samuel Fallours. He apparently began his career as a common soldier in the service of the Dutch East India Company, and later, between September 1706 and May 1712, he held the title of associate curate, a kind of assistant to the clergy, entrusted with consoling the sick of Ambon. As early as 1703 his artistic abilities were discovered by Governor Coyett, who commissioned drawings from that time until his retirement in 1706. His replacement, Adriaen van der Stel, governor of Ambon until his death in 1720, also proved to be interested in objects of natural history and made good use of Fallours's talents. In addition to these governors, others also had great interest in building their own personal collections of "curiosities." Of these, the most important was probably François Valentijn, who preached the gospel for the Dutch congregation at Ambon for some twelve years and who must have been Fallours's immediate superior. In response to the heavy demand, we know that Fallours made multiple copies of all his drawings. Realizing the eagerness with which his figures were accepted, he probably hired native artists to make extra copies of his work, which he sold or presented as gifts to influential people back home (the existence or former existence of at least six sets of similar drawings is known). In addition, there is evidence that he copied or had multiple copies made of drawings of other artists, particularly those by Isaac Joannes Lamotius, a former governor of Mauritius, who later became associated with Coyett at Banda and Ambon. Through this complex process of copying copies of copies, one can see how errors, whether intentional or not, could have been incorporated and exaggerated through time.

The use of the proper color each time a painting was repeated most likely became tedious as well, the artist eventually deciding that any available color would do, as long as it was nice and bright and contributed toward the production of a satisfactory whole. Although all of this must have contributed, at least partly, to the inaccuracy of the final product, it is not enough to explain the few, truly bizarre figures, some of which appear to be hybrids between two animal phyla. These could have been modeled after actual specimens so rotted or damaged that their reconstruction in Fallours's paintings bore little resemblance to their actual appearance. Alternatively, they may well have been pieced together, not from nature as is so often claimed in Renard's book, but from verbal descriptions provided by eyewitnesses (or by second or third parties) whose memory of what they really saw had faded. Finally, it is not inconceivable that Fallours, fully aware of the financial rewards to be gained by producing one more extraordinary beast for his uncritical patrons, came upon these animals through pure invention.

When it first appeared, the *Natural History of the Rarest Curiosities* was viewed by many as a serious scientific effort. Aernout Vosmaer, the famous collector of natural objects and director of the menageries and zoological collections of Stadtholder William V of Holland, gave it high praise:

What different authors, both ancient and modern, such as Gesner, Aldrovandi, Rondelet, Jonston, Willughby, Artedi [all the ichthyological greats of the sixteenth, seventeenth, and early eighteenth centuries], and many others, have written concerning fishes is now clarified and confirmed by the illustrations and descriptions to be found in this book.

Even the eminent French anatomist Georges Cuvier, in the first volume of his classic *Histoire Naturelle des Poissons* published in 1828, declared that "these drawings are indispensable, either for providing the natural colors of known species, or for helping to recognize new forms that travelers bring to us daily from these so productive waters." But despite these glorious pronouncements, it cannot be said that Renard's *Curiosities* had a large impact on the advancement of marine zoology. To summarize the quality of the publication as a scientific contribution, it is safe to say that not one of the 460 figures is an accurate representation of any living species. But to stop with that is unfair. If one ignores coloration and the numerous errors in number and placement of certain anatomical features, and concentrates in-

64 NATURAL HISTORY 1/84

ルイ・ルナール著『モルッカ諸島魚類彩色図譜』にサムエル・ファローズによって描かれた人魚（体長約 1.6 m）（Natural History 1/84 より）

動をおこなっていたジャワ島付近における生物学的な調査や研究の結果をまとめたもので、原典名は「Oud en Nieum Oost-Indiën, 1724–26」（『新旧東インド諸島』）だが、神谷敏郎著の前掲書によると、この図絵はフランスの博物学者ルイ・ルナール（Lois Renard, ?–1745）の『モルッカ諸島魚類彩色図譜』（Poissons écrévisses et crabes dedivers ecleurs…, 1718–19）から写したものだという。

ルイ・ルナール著の原典名は『モルッカ諸島と南方地方沿岸で発見された多彩な異形の魚類・甲殻類』だが、その中に「アンボン地方（現在のインドネシアの東部）で捕えられた人魚に似た怪物」とある。全長五九インチ（約一メートル六〇センチ）で、水槽の中で四日と七時間生きており、時々ハツカネズミのような声でないたと記されている。このアンボン近海で捕えられた「人魚に似た怪物」はサムエル・ファローズ（Samuel Fallours）

によって写生されたもので、その絵図がルイ・ルナールの著書にある。

それをさらにフランス・ファレンタインが写し描き、司馬江漢は『六物新志』など、当時、わが国の書物が「和綴《わとじ》」の右綴であることを考慮して上半身を右側に描きなおした。（四七頁図参照）

こんな配慮をしたためか、写したときに「牡《オス》・牝《メス》」が逆になってしまったのが「勇斯東私」の図の説明である。

江漢による図絵はさすがに和風というか、日本人好みで、だれにでも親しまれそうな容貌である。

そして、描かれた人魚の特徴は、腰の周囲に腰蓑のような短い鰭状のものがたくさんついていることである。さらによく見ると、おしゃれなベルト状の飾りのようなものもみえる。

第三章　文芸作品の中の人魚たち

江戸文学の中の人魚たち

花咲一男著『江戸の人魚たち』によると、八文字屋自笑作の浮世草紙『頼朝三代鎌倉記』（巻の二）に「美しき女童子《めどうじ》を生きた人魚にこしらへて、御調《みつぎ》にささげ奉れば……」などとみえて、その絵図がそえられていることをはじめ、錦文流の浮世草紙『棠《とう》大門屋敷』（巻三）の「淀鯉龍門之助」の章末にあらわれる人魚や、天和二年（一六八二年）、井原西鶴によって著された『好色一代男』（巻四）の原本を菱川師宣が連続絵画本として編集した『大和絵のこんげん』（下巻）などにも人魚の絵図が描かれていることを紹介している。

また、享和四年（一八〇四年）刊の三笑亭可楽による小咄本『東都眞衛《えどまえ》』の中には、はじめに「諸国珍物」という小咄があり、「……次は人魚と申します魚、一名波女郎《はくれん》とも申しまして、多くは辰己によく住む魚なり、此魚の釣りやうは、川竹の釣竿に願いの糸を結び、心の浮《う》きに押《おし》の重《おも》りを付け、意気張という針に金銀の餌をつけて釣るなり。委《くわ》しくは絵図にて御覧じ付けられまし」とみえ、「人魚図」を掲げている。(図参照)

さらに、寛政五年(一七九三年)刊の黄表紙『六通半略巻』の中に、「竜宮城遊覧」の挿画があり、人魚が竜宮城で女中をつとめている。絵師は勝川英春とされるという。

『東都真衛(えどまえ)』の「人魚図」(花咲一男著『江戸の人魚たち』太平書屋刊より)

『六通半略巻』の「人魚の生干」(花咲一男著『江戸の人魚たち』太平書屋刊より)

同書には、源義経が蝦夷《えぞ》へ渡り、この国の大王の聟となり、その王家に韃靼《だったん》（蒙古）の王が人魚の生干《なまび》と、オットセイのたけり（陽物）を進物に持ってきた絵図もある。（図参照）

なお、『箱入娘《はこいりむすめ》面屋人魚《めんやにんぎょう》』（寛政三年＝一七九一年刊、山東京伝作・歌川豊国画）等については花咲一男氏の高著にゆずる。話の内容は、「漁師の平次が品川沖で釣りをしていると、船中に人魚が飛び込んできた。この人魚は浦島太郎と鯉との間に生まれた美しい人魚なので、平次は女房にし、幸せに暮らす」というもの。

井原西鶴の『武道伝来記』は貞享四年（一六八七年）に出版された。その巻二に「命とらるる人魚の海」と題する仇討にかかわる作品があるので、以下、みていくことにしよう。

ここでは要約した大意を記す。

「奥（州）の海には目なれぬ怪魚のあがることが多い。後深草院宝治元年（一二四七年）三月二十日に津軽の大津という所へ、人魚がはじめて寄った。その形は頭《かしら》がくれない色の鶏冠《とさか》で顔は美女のようであった。また、手足は瑠璃《るり》色に輝き、鱗《うろこ》は黄金《こがね》色、美しく輝く身体からは芳香をただよわせ、その声は雲雀《ひばり》笛のしずかなる音と同じであったと伝えられている。」という前文がある。そして本文に、

松前の奉行役人に中堂金内という武士がいた。鮭川という入海を小舟で渡っている時、渚から八丁ほどまではなれた時、白波がにわかに立ち、五色の水玉が飛びちると、波間に人魚が現われた。驚いた舟上の者たちは、いずれも気を失ったが、金内は半弓《はんきゅう》（短い弓で、坐して射ることができる）

をとりだし、人魚めがけて矢を放った。手ごたえがあって人魚は沈んでいった。

その後、金内は松前にもどり、旅の話の中で、人魚を射とめたことなどを仲間に語ると、話を聞いていた一同は、それは手柄だから、明日、殿様にそのことを話そうということになった。しかし、ただ一人、その座にいた青崎百右衛門という御留守番組で、四十一歳にもなって、まだ独身の者が、〈人魚を射たといっても、人魚を持参しないかぎり、ただの話にすぎない……〉と、皮肉をいった。

『武道伝来記』より（本文では半弓だが鉄砲を持っている）

それを聞いた実直な人柄の金内は残念に思い、ひそかに屋敷を出て鮭川に向い、漁師たちに大金を払って大網を曳かせた。しかし、人魚の死体は網にかからなかった。そのあげく、周辺を探し歩いた過労で金内は病死してしまう。
金内には十六になる一人娘がいた。浦人から金内が病死した知らせをうけた娘は、母もはやく他界し、そのうえ父もいなくなってしまったことに生きる望みを失い、金内の身のまわりの世話をしてきた女中と二人、世をはかなんで、自殺をはかった。
二人の女が海に飛び込んだ処へ、野田武蔵という横目付の武士が通りかかり、これを助けた。
その後、野田は、娘の父親の金内が病死に至った原因は、青崎に責任があることを娘たちに話した。さらに、青崎に仇討をして、この無念をはたすため、介添に増田治平という浪人をつけた。

その結果、娘と女中は、青崎が遊山から帰るのを待ちぶせ、仇討をはたした。

時が過ぎて、金内の娘は伊村作右衛門の末子、作之助を婿として中堂家を継ぎ、女中も走行目付《かち》の戸井市左衛門の妻の座におさまって、一件落着したのであった。「それから五十日程が過ぎたある日、北浦の春日明神の磯に人魚があがったが、その身体には、金内の矢の根がささっていた」という。なお、のちに津軽生まれの作家太宰治も「新釈諸国噺」で、この話を書いた。


『南総里見八犬伝』を著した滝沢馬琴（一七六七年～一八四八年）は、この長編作品を完成させるために文化一一年（一八一四年）から天保一三年（一八四二年）までの二八年間かかったといわれる。

その内容は、室町時代末期の武将（房州大将始）里見義実《よしざね》の娘、伏姫《ふせひめ》が八房《やつぶさ》という犬の精に感じて八犬士を生んだことにはじまる。それには、次のような訳があるのだ。

実は、安房の里見義実は敵将の安西信連に城を囲まれた際、信連の首を取った者には愛娘を嫁にやると云った。ところが結果は、愛犬の八房が首をとって戦いに勝ったため、約束どおり、姫は八房と富山洞にこもったのちに懐妊したが、共にそこで自殺をはかってしまう。

ところが、その傷口から仁・義・礼・智・忠・信・孝・悌《てい》の八徳の霊玉が出て、八方に飛び散り、この玉から八犬士（兄弟）がそれぞれ生まれたのだ。

やがて、それぞれの地で成長した八人の兄弟が、里見氏勃興に際して大いに活躍するという伝奇小説である。

この小説の中に、「その昔、麻呂太郎平信之が塩浜で藤蔓でしばられた樟《くす》造りの樽に、〈人魚膏油《こうゆ》〉と書かれた漂着物をみつけた」とみえる。

その樽はどこから流れてきたものかも不明であったが、その後、永い間、保存されてきた。

ところがある年のこと、一人の頭陀《ずだ》が信之の家を訪れ、この膏油が当家に保管されていることを、ある人から聞いたと伝え、漂着物の人魚膏油のことについて語り、いろいろなことを教えてくれたのであった。

その内容は、「人魚の肉を食すると、寿命を三千年保つことができるが、人魚の油では長寿を保つことはできない。しかし、これを灯火に用いれば、風雨にたえて消えることはない」と。そしてまた、「人間が眼や耳、鼻や口、臍《へそ》、肛門などの九孔に、この膏油を塗れば、大寒の季節に水に入っても寒さにたえることができ、長時間潜水して海を行くことができる」という。

『南総里見八犬伝』中の人魚（挿絵の部分。小池藤五郎校訂，岩波文庫より）

さらに「この人魚の膏油を刀剣に塗れば、さびることがないばかりか、鉄を切り、角を劈《さ》くことも可能であると教えてくれた。」とある。この内容にかかわる文面は、別項で示した中国古文献（『本草集註』など）からヒントを得ての創作であろう。

大正ロマン以降の人魚たち

ロマンチシズムの時代とよばれた大正時代。言葉の通り、この時代の絵画や彫刻をはじめとする芸術や文学作品の中には、ロマンの香り漂うものが多い。

その最もロマンチシズムを感じさせるモチーフのひとつが人魚だといえよう。

以下、この時代以降に雑誌の表紙や口絵を飾り、特に若い人たちに夢や希望をあたえ、ロマンの源泉となった作者と、作品である人魚たちを紹介する。

宮武外骨の『スコブル』

『外骨という人がいた』（赤瀬川原平著、白水社、一九八五年）というタイトルの本も出ているが、明治・大正の時代もしだいに遠くなり、宮武外骨《みやたけがいこつ》の名も知る人ぞ知るといったところか……。

宮武外骨は「滑稽新聞」をはじめ、数々の新聞や雑誌を大阪を中心に発刊して、明治から大正にかけて話題をよんだ。

その外骨が大正五年十月に発行した雑誌『スコブル』の創刊号で、人魚がその表紙を飾った。『スコブル』は「頗る」で、新式雑誌の名を掲げ、毎月一回発行された。出版社名は奇抜雑誌社だ。この人魚の表紙をよく見ると、右手にペンを、左手に原稿用紙を持たせており、表情は大正美人といった、めずらしい人魚である。外骨らしいとも云えそうである。わざわざ、「低級読者のため」のコラムがあったりする。二七号まで続いた。また、「色気新聞」などという新聞を発行し、その二八号の記事に人魚を登場させている。人魚はメルヘンの世界にのみに生きるのではないのだ。

『スコブル』創刊号の表紙（大正５年10月発行，宮武外骨，奇抜雑誌社）

水島爾保布と『人魚の嘆き』

次頁に掲げた谷崎潤一郎著の『人魚の嘆き』の表紙は、中公文庫によるものである。初出誌は大正六年（一九一七年）の一月号であった。（三二五頁参照）

大正八年（一九一九年）八月、春陽堂から水島爾保布《におう》（本名・爾保有、一八八四年―一九五八年、東京生まれ）の挿画に飾られ、単行本として刊行された。その後も春陽堂から何回も再版されているが、挿画の入っていない本もある。昭和五三年

竹久夢二「人魚の歌」(『セノオ楽譜』表紙，大正 9 年)

谷崎潤一郎『人魚の嘆き・魔術師』表紙（中公文庫，1978 年）

（一九七八年）に中公文庫として刊行された中には、表紙の他に挿絵として、当時のままの水島画伯による人魚の絵が五葉掲げられている。

よく知られている有名な挿絵なのでコピーも多く、その中には海外への輸出品として制作された陶器の小皿のデザイン（文様）に、この五葉の挿絵が転用されているものさえあるというほどで、人気の高さが伺える。

竹久夢二の「人魚の歌」

『セノオ楽譜』の表紙を飾ったのが竹久夢二である。挿絵画家として、一般に「夢二風」とよばれる女性の型を創作したが、もとをただせばヨーロッパからの輸入技法に和風を加えたにすぎない。しかし、『セノオ楽譜』は外国人が登場する場面が多かったので音楽（楽譜）に興味や関心をもたない人々のあいだでも表紙の画題に魅力を感じ、しかも安価であったためによく売れ、収集する人も多かったといわれる。

セノオはSenowという楽譜の発行所（版元）の名前で、今日、『プレイボーイ』誌がマークに使用しているのに似たウサギをデザインしたシンボルマークを当時から使い、その下に出版の番号がつけられている。（前頁及び二九八頁参照）

夢二が描いた抒情豊かな人魚は、『歌劇オベロン　人魚の歌』の表紙を飾った石版色刷だが色彩は淋しい。その番号は二一四番とみえる。セノオ楽譜は二七〇種ほどあるといわれているが、上記の作品は大正九年（一九二〇年）のものなので晩年の作品である。しかし残念なことに、オリジナルはほとんど焼失して現存しないとされている。

ちなみに、夢二の本名は茂次郎。岡山県の生まれ（一八八四年〜一九三四年）である。

蕗谷虹児の「真珠」

大正一〇年四月、宝文館より創刊された『令女界』という雑誌は、当時の女学生だけでなく、若い娘さんたちにも大きな夢をあたえたという。その夢を描きつづけた一人が挿絵画家の蕗谷虹児《ふきやこうじ》（本名・一男、一八九八年―一九七九年、新潟市生まれ）であったとされる。

大正一一年の九月号（第一巻六号）の表紙を飾ったのが「真珠」と題する人魚像で、左手を高くかかげて、輝く真珠に少女たちの夢とロマンを託した。（図参照）

蕗谷虹児画「真珠」（『令女界』表紙，大正 11 年 9 月，宝文館）

高畠華宵の「海の幻想」

愛媛県の松山市に近い東温市下林に「高畠《たかばたけ》華宵《かしょう》大正ロマン館」がある。平成二年（一九九〇年）に開館した私立博物館で、名前のとおり華宵の作品を中心に資料が収集され、保管、展示されている。

明治二一年（一八八八年）に、愛媛県北宇和郡宇和島町に生まれ、子どものころに過ごしたことのある故郷に近い地に、館が開かれたことは意義深い。

大正から昭和にかけて、『少女倶楽部』、『少女画報』、『少女の国』、『少女の友』など、少女むけの雑誌の挿絵はもとより、少年むけの雑誌にも多くの挿絵を描き、昭和四一年（一九六六年）に七八歳で他界したときには、挿絵画家としては、はじめての叙勲（勲五等旭日双光章）を受けている。

華宵は美少年・美少女を描きつづけて人気があり、センチメンタルな線描画中心の抒情的な作品が多い。大正のロマン漂うというか、少々あやしげな画風を得意とした。大正一四年に発刊された『少女画報』の口絵には「海の幻想」と題した人魚が登場するが、この人魚も表情は少女なのに、その眼指《まなざし》はなんとなく妖艶である。

同館学芸員小嶋洋子氏のご教示によれば、この他にも華宵の描いた作品中には人魚が多く、『少女の友』の画譜「人魚の嘆き」（大正一五年七月号）、華宵便箋として発売した表紙「銀鱗」（大正一五年）、

堀口大学『砂の枕』(長谷川潔装，大正 15 年)

『人魚の家』創刊号（土俗玩具などの研究本，川崎巨泉彫画，大正 15 年)

その他、年代、タイトル等不明の人魚の作品も数点はあるという。

川崎巨泉と『人魚の家』

雑誌『人魚の家』は、わが国の伝統的な郷土玩具や古看板、小（古）絵馬、人形などの情報交換と、その調査・研究を主な目的として、大正一五年に「ちどりや」（京都）が発刊した。その創刊号の表紙を版画家の川崎巨泉が飾った。当時はまだ、民俗学という言葉よりも土俗学、あるいは土俗研究の方が一般的であった。

長谷川潔と『砂の枕』

堀口大学の詩集『砂の枕』は、大正一五年（一九二六年）、第一書房より、長谷川潔の装幀で刊行された。

題名の『砂の枕』からくるイメージなのであ

橘小夢作「人魚と海蛇」(右，仮題) と「海の幻想」(昭和5年)

ろうか、表紙にデザインされた人魚は全身砂だらけで、砂浜から立ちあがったばかりといったところである。(図参照)

特筆すべきは、デザインされた人魚の尾鰭が三つに分かれていることであり、このデザインは、ヨーロッパのキリスト教社会におけるリリー(百合)に似ていることである。

橘小夢と「人魚」

橘《たちばな》小《さ》夢《ゆめ》(本名・加藤凞《ひろし》、一八九二年―一九六九年)は大正から昭和初期にかけて雑誌や挿絵を描いた画家である。秋田市生まれ。

テーマも制作年代もさだかでないが、海底でのなにやら、おどろおどろした様子が描かれている。よく見ると、海の底で人魚に海蛇が巻きついている。小夢の作品には、蛇が登場する場面が多いといわれるが、それはヨーロッパにお

ける一九世紀末の絵画の影響をうけた結果だとみるむきもある。それにしても気味が悪くなるような作品である。（図参照）

他方、昭和五年に描いた「海の幻想」と題する作品は、やや耽美な世界や妖麗さを宿しているといえよう。この作品と同時期に制作された「人魚」と題する挿絵は発禁になった。（二八七頁参照）

川合喜二郎の人魚

『ばれん』という会誌の名称は一般には、なじみがうすい。「馬棟」または「馬連」のことで、木版画などを刷りの際に使う用具の名前である。版木の上に当てた紙の上を摺るために用いる。紙を重ねて作った当皮という皿形の凹《くぼ》みの中に、芯を入れて竹の皮で包み、滑りをよくしたもので、版画づくりのための必需品である。その「ばれん」を会誌名にしたのは版画専門誌らしい。

『ばれん』（版画専門誌）の表紙（川合喜二郎作，昭和 24 年刊）

この会誌を発行してきた「ばれん会」というグループは、版画を主軸として随筆・詩・洋画・染色工芸などにかかわる人々なので、会の名称もきどったつもりでつけたのであろう。染木煦《あつし》・織田一磨・旭正秀・橋口康雄・金子光晴

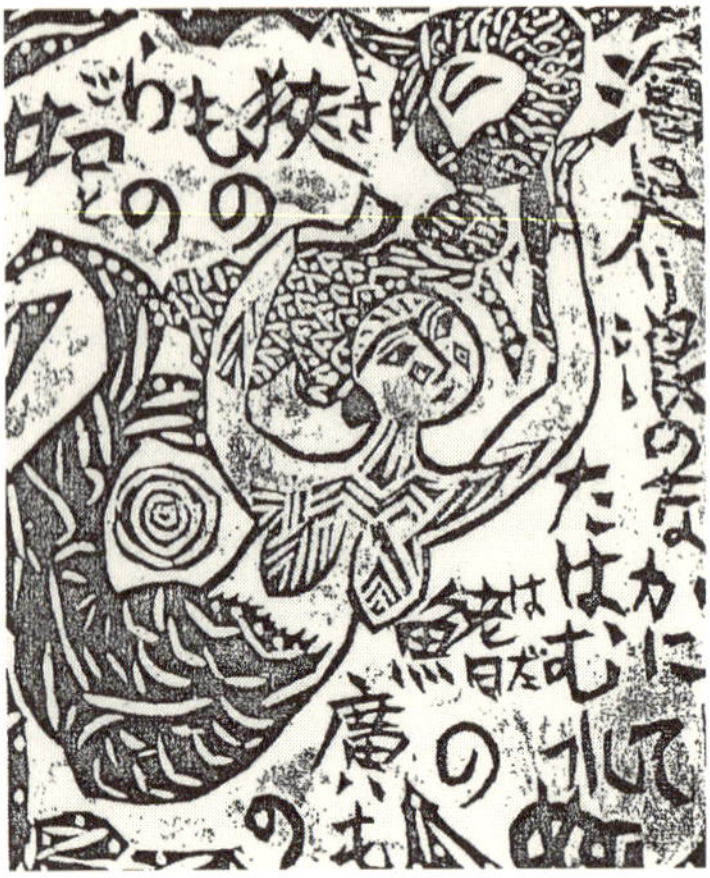

棟方志功「流離抄板画巻」中の「廣鰭の柵」

棟方志功「淡彩人魚之図」鉄皿絵
（昭和 32 年）

棟方志功「妙肌韻板畫柵」（村松梢風『女経』昭和 33 年，中央公論社，中に使われた）

などが参加している。

編集後記を拝読すると、第二次大戦後、「お互に楽しみながら勉強し、干《ひ》からびた生活に少しでも潤いを、という目的で」結成された会なのだという。第二号（涼号）の表紙を川合喜二郎の人魚が飾った。昭和二四年（一九四九年）刊。

棟方志功と「人魚」

棟方版画美術館は鎌倉市の鎌倉山にある。志功も数々の人

右：武井武雄「日没と人魚」(1977年)
左：武井武雄「天使と人魚」(1974年)

魚の作品を残した。

　村松梢風の『女経』第三話「昔の中国にはこんな女がいた、今はいない」のカットに「妙肌韻板畫柵」中に収められた「人魚」（二〇×一三・五㎝）の小作がある。志功の自刻白摺版画一四葉中の一枚。それぞれ鉛筆のサインがあり、そのサインを見ると、人魚は横に泳いでいるのではなく、『女経』に用いられているように天を仰いでいる作品である。志功の刊行した小品版画集の中でも「妙肌韻板畫柵」は最高傑作と位置づけられている。昭和三五年、森口太郎編纂刊行。しかし、『女経』は初版が昭和三三年の中央公論社刊なので、それより古い。

　また、「海に入り浪のなかにてたわむれぬ……」の作品は「流離抄板画巻」の「廣鰭の柵」中の一葉である。

昭和三二年には「淡彩人魚之図」を手がけた。棟方志功をとりまく仲間たちの中には民芸運動にかかわりをもった陶芸作家たちも多かったので、その影響もあるのだろうか。棟方志功による鉄皿絵である。

武井武雄の「人魚」

「童画」という言葉を生み出したのは武井武雄（一八九四年―一九八三年）だといわれる。そういえば、あまり聴きなれない言葉だ。

大正から昭和にかけて、こどもたちのための絵雑誌が数多く刊行されたが、ロマンチシズムを標榜する作家が多く活躍する中でも、こどもの心にふれる絵にこだわって創作を目指したのが武井で、「童画の世界」に生きた。

武井の生まれ故郷の長野県岡谷市に「イルフ童画館」という、一風変わった名称の館がある。「イルフ」は「童画」とともに、武井の造語のひとつで、「古い」の逆さ言葉として、「新しい」という意味に使ったという。武井が常に新しさを求めたことから、日本童画美術館（同地同館）が愛称として「イルフ童画館」という名前も使っているのである。

第四章　人魚伝説の諸相

前章でもふれたが、わが国に伝わる人魚伝説の諸相をみると、書物（古文献・古文書を含めて）や民間伝承として今日に伝えられた伝説・民話のたぐいの中には二系統があることがわかる。

その一つは、人魚の肉を（あやまって、あるいは承知の上で）食べたために八百歳（二百歳・四百歳などもある）ものあいだ長生きしたという八百比丘尼にかかわる伝説の系統である。この系統の伝説には、八百比丘尼の生誕地（出生地・生家・居住地を含む）や入定（没地）のほか、来訪・植樹・造像・建碑等にかかわるものが多い。

前述の伝説が全国各地に広がりをみせているのに対して、数は少ないが別系統の人魚伝説もある。別系統の伝説の中には「人魚の恩返し」的なものがある以外に、断片的で説明的なものもあり、この説明される中心になる目的物（人物や人魚も含めて）があることが伝説の伝説たるゆえんとして重要だといえる。

八百比丘尼の伝説が人魚伝説分布の九〇パーセント以上をしめる全国版だとみれば、第二に示した別系統の人魚伝説は地方版であり、少数派とでも言えようか。

次に、まず全国版の八百比丘尼に関わりのある伝説からみていくことにしよう。

八百比丘尼と人魚伝説

柳田国男による研究に見られるとおり、わが国における比丘尼伝説は、北海道と九州の一部をのぞく全国各地に伝えられている。柳田は「八百比丘尼」を「はっぴゃくびくに」と読ませ、八百歳まで生きた「白比丘尼」のもとになった若狭の長生きの女性について、帝国図書館所蔵の『康富記《やすとみき》』（『中原康富家記』・文安六年＝一四四九年）をあげ、京都に現われて評判になったことなどを紹介している。また、『臥雲日件録《がうんにっけんろく》』や『唐橋綱光卿記《からはしつなみつきょうき》』をあげ、これらの日記の中にも長生きの女性のことが記されているので、長生き伝説の根底には、それなりの素地があったとみている。

伝説地についてみると、桃井《ももい》塘雨《とうう》（寛政六年＝一七九四年没）が『笈埃《きゅうあい》随筆』の中に「若狭の今浜の洲崎の漁者が人々を饗した時……」とあるが、もとは『隠岐のすさび』にみえる「伯耆《ほうき》（鳥取県）弓浜（夜見ケ浜）の洲崎」であり、伝説が、そのもとになった伝承地をはなれ、一人歩きすることを説いている。

江戸時代初期の儒学者、林羅山《らざん》（剃髪《ていはつ》して道春《どうしゅん》と号す、一五八三年―一六五七年）による『本朝神社考』中に、「乙女が人魚の肉を食して、長寿を保った」という記載があり、この記述が、この類の伝

説では古いものとされる根拠ともなっている。『本朝神社考』には、

余先考嘗語曰、伝聞、若狭国有下號二白比丘尼一者上、其父一旦入レ山遇二異人一、與倶到二一處一殆一天地而、別世界也。其人與二一物一曰、是人魚也、食レ之延レ年不レ老、父携歸レ家、其女子迎歡而取二衣帯一、因得、人魚于二袖裏一乃食レ之、女子寿命四百餘歳、所レ謂白比丘尼是也

とある。若狭国（福井県）に白比丘尼とよばれる尼僧がいた。……ある日、その父親が山に入ると、普通の人とは思われない人に出会った。案内された所は別天地であった。別れる時、その人が物をくれた。それは人魚の肉で、これを食べると、いつまでも年をとらないと……。父親はそれを持って家に帰った。久々に帰ってきた父親に妻や子は喜び、着物を着換えさせると袖の中から人魚の肉がでてきた。これを食べたのが娘だけだったので四百歳の寿命を保ったという。白比丘尼とよばれるのはこの娘のことであるという。羅山がなにをもとにこのような記述をしたかは明らかでない。

八百比丘尼像　（小浜市空印寺境内）

この記述の中で筆者が注目したいのは、「いつごろの話か……」というようなことではなく、「山に入って人魚の肉を入手した」という点である。わが国における人魚は、古くは山や河川に生息しているとされることが多い。これは古代中国の『山海経』の記載に影響されたものである。『山海経』には、山間の河川に「人魚多し」と随所にみられることは別項で見た。(「中国の人魚誌」の項を参照)

「白比丘尼」とは、いつまでも若くして色白の尼をいうとか、二百歳の尼であるから白髪であったとかいわれる。(二六九頁参照)

柳田国男も「山島民譚集」(二)の中で、「白比丘尼は清浄なる女僧であったかも知れぬ。併し中世の比丘尼を以て皆此類と考え今日の所謂〈尼さん〉を以て之に宛てんとする者が有れば誤である。例えば徳川時代の初期に於ける一種の遊女に熊野比丘尼と云ふ者などは、頭は剃って居たが何れも郷里の紀州に亭主を持ってをった。箱根の駒形権現の坊中にも修験者が比丘尼と共に住んで居た。此等の場合に於ては比丘尼と云ふ語は即ち山伏の細君を意味して居る。又假に都合上独身で住む者も大家の未亡人などの法体した尼公と同様に道徳殊勝であったか否かは疑問である」と述べている。

この方面の研究では柳田国男以外にも多くの研究者がいる。

その中でも「八百比丘尼の伝説」に関しては高橋晴美氏が東洋短期大学の論集「日本文学論」第一八号に発表した労作があり、この「八百比丘尼伝説研究」(一九八一年)を下敷きにした大島建彦氏のものもある。同氏はこの論文の中で一五四地域の事例を示した。

本稿に掲げた八百比丘尼にかかわる伝承地は六〇地域に満たないが、もとより本稿は八百比丘尼の伝承だけに関するものではないので、読者諸氏にとって、比較的入手可能な文献や資料を掲げ、専門的な論文等からの引用をさけ、これまでの研究史をふまえての一覧表を作成するにとどめた。というのは、この種の紀行文や読みものの中には、「世の中には、こんな話があるのだ」と、八百比丘尼の伝承をチョコチョコと引用し、作品と称しているものが多いからなのである。

主な八百比丘尼伝承地分布図

数多くある八百比丘尼の伝説の中から、二つや三つを柳田国男の著作から引用する程度では済まないのである。

ただし、この分布一覧表においては、柳田国男が八百比丘尼に関して「山島民譚集」㈡に掲げた「相州箱根の賽の河原には八百比丘尼の石塔がある」（『新編相模国風土記稿』）などにかかわる供養塔等の記載はのぞいた。

主な八百比丘尼等の人魚の伝承地一覧

地方	伝承地・他	概要	出典・その他
東北	陸中・岩手県辺り 高館《たかだち》城・衣川	小野太左衛門ニンカン（人魚のこと）を食す・四百年も清悦という老人は生きた	柳田国男「東北文学の研究」『清悦物語』吉岡郁夫の書
	陸前・宮城県辺り 桃生《ものう》郡前谷《まえや》地《ち》村・広渕《えん》林	人形の森あり・人魚を生捕り引き揚げたので人魚の森だという	『伝説口碑を索ねて』吉岡郁夫の書
	会津・福島県耶麻《やま》郡塩川町金川	金川の金川寺境内に八百比丘尼の堂あり・八百比丘尼の開基なり	『福島の伝説』・『日本の伝説』45・角川書店
	安積《あさか》郡三和村	九穴の貝を食す・比丘尼墓	『相生集』
	会津・岩代（金川）	会津岩代（金川）へ勝道が和銅元年（七〇八）に来る・勝道の娘が九穴の貝を食す・八百歳まで生きる・八百比丘尼	『新編会津風土記』
関東	栃木県 上都賀《かみつが》郡真名子《まなご》の里	朝日長者秘薬をのむ・西方村（屋敷跡）八百比丘尼	『栃木の伝説』・『日本の伝説』44・角川書店

群馬県　月夜野《つきよの》	清治が淵・清治の娘が人魚の肉を食す 北方の小川近くに比丘尼の生家あり	『上州の伝説』・『日本の伝説』27・角川書店
埼玉県	八百比丘尼伝説 産井《うぶい》は皆野の大淵・比丘尼堂は川口の前野宿 住所跡は大宮の北原・滞在地の東光寺は蕨《わらび》本 村・住んだ町は比丘町（鳩ヶ谷市比丘町） 住んだ家は岩槻《いわつき》市黒谷・植えた銀杏は川口市 の峯《みね》・船をつないだ松があった場所は川口市 東貝塚 植えた欅《けやき》は浦和市大久保領　家《りょうけ》の山王社 植えた槻《つき》は大宮市櫛引《くしびき》 植えた松は大宮市植竹町 植えた椿は蕨市本村 守護物を所蔵しているのは慈眼寺 『八百姫宮（八百比丘尼）略記』という古文 書のあるのは水判土観音前の慈眼寺（他）	『埼玉の伝説』・『日本の伝説』18・角川書店
武蔵国・東京都辺り 足立郡水波田《みずはた》村慈眼寺	本尊八百比丘尼 怪しい魚を食す	『新編武蔵国風土記稿』
千葉県海上郡海上《うなかみ》町	比丘尼杉あり	『海上郡誌』

信越	越後・新潟県三島郡寺《てら》泊《どまり》町	野積浦の高津家・人魚を食す この家から八百比丘尼がでた・手植の老松があり	「東北文学の研究」吉岡郁夫の書 『温古の栞』
	新潟県佐渡郡羽《は》茂《もち》町大石	人魚の肉を食す・羽茂町羽茂村の田屋《たや》に屋敷跡あり・八百比丘尼はこの地で誕生 近くに二本の椿の大樹あり	『日本伝説叢書』吉岡郁夫の書 『佐渡の伝説』・『日本の伝説』9・角川書店
北陸	越中・富山県黒部市村椿という地域あり	荒俣地内に椿大明神（現在は白鳥神社）椿あり・人魚の肉を食す・八百比丘尼	『富山の伝説』・『日本の伝説』24・角川書店
	越中・黒部川の湊に玉椿千軒の地あり	人魚の肉を食す・八百比丘尼・長者・老狐	「山島民譚集」㈡
	石川県輪島市縄又《なわまた》町	白比丘尼伝説の生誕地	『加賀・能登の伝説』・『日本の伝説』12・角川書店
	能登・鳳至《ふげし》郡縄又《なわまた》村（輪島市内）	若狭（門前町浦上の地に住む）人魚の肉を食す・八百比丘尼 老狐	『能登国名跡志』吉岡郁夫の書
	若狭・福井県小浜 空印寺	八百比丘尼・入定の山屋（洞）あり・椿の樹	『若狭・越前の伝説』・『日本の伝説』46・角川書店

	小浜の空印寺	高橋長者の娘（八百姫）人魚を食す・八百比丘尼	『諸国里人談』
	若狭・福井県小浜	白比丘尼・四百歳・人魚の肉を食す	『若狭郡懸志』・『向若録《こうじゃくろく》』・『若耶（ママ）群談』吉岡郁夫の書・『本朝神社考』・「東北文学の研究」
	若狭・福井	若狭の大工の娘・人魚の肉あるいは茸を食す・八百比丘尼（白比丘尼）	『国史実録』吉岡郁夫の書
	若狭国小浜の熊野山神明社	人魚の料理・八百比丘尼	『西北紀行』吉岡郁夫の書
	若狭の漁夫	魚頭が人面・娘が食す・八百比丘尼	『笈埃《きゅうあい》随筆』吉岡郁夫の書
	若狭国勢村	高橋長者の娘・人魚の肉を食す・八百比丘尼	『拾椎雑話』吉岡郁夫の書
	若狭の鶴崎	修験者庚申講にまねく・この家の娘が八百比丘尼・比丘尼の生地	「東北文学の研究」・『竹野郡志』・『丹州三家物語』
東海	飛騨・岐阜県北部益田郡萩原町馬瀬村中切	人魚の肉を食す・八百比丘尼・杉樹あり	『益田郡誌』
	愛知県南設楽《したら》郡鳳来《ほうらい》町	小松の寒狭川にニワトリ淵あり・近くに人魚	『愛知の伝説』・『日本の

		淵あり・時々、人魚が泳ぐのを見た人あり・	伝説』7・角川書店
	尾張・愛知県春日井《かすがい》市高蔵寺《こうぞうじ》町の円福寺山	奇魚を釣る・八百丘尼の生まれた谷あり・その山腹に祀堂あり・屋敷跡	『愛知県伝説集』
	伊勢・三重県安濃郡草生（安芸《あげ》郡安濃《あのう》町草生）	人魚の肉を食す 八百姫明神の塚あり	『中塩清之助記』吉岡郁夫の書 『勢陽五鈴遺響』
近畿	紀伊・和歌山県那賀《なが》郡貴《き》志川《しがわ》町丸栖《まるす》村	高橋家・人魚の肉を食す・八百比丘尼	「東北文学の研究」
	播磨・兵庫県神崎郡大河《おおかわ》内《ち》町比延《ひえ》村	八百比丘尼生誕地・比丘尼池	『播磨鑑』・『播陽俚翁説』 吉岡郁夫の書
中国	因幡・鳥取県粟島・粟島神社の境内	八百比丘尼の住んだ「静《しづ》の岩屋」あり	『鳥取の伝説』・『日本の伝説』47・角川書店
	因幡・鳥取県法美郡正蓮寺村（鳥取市）	人魚の肉を食す・面影山の山頂に八百比丘尼の墓あり・屋敷跡	『因幡誌』
	因幡・鳥取県（鳥取市）法美郡卯垣《ぼうがき》村爵《しゃくやま》山城	居城にしていた城主・川で人魚を得て食す・女だけ命あり、残る・八百比丘尼	『因幡誌』
	岡山県倉敷市玉島字亀山（円通寺）	千年比丘尼・娘がきれいな魚を食す（人魚だった）比丘尼が旅立つ時に杖を立てた（柏槇あり）椿・庵（屋敷跡）	『岡山の伝説』・『日本の伝説』29・角川書店 『玉島変遷史』

	備中・岡山県浅口郡金光町占見	千年比丘尼の伝承	『玉島変遷史』『日本の民話』（岡山）
	隠岐・島根県隠岐郡西郷町岩井津	人魚の肉を食す・八百比丘尼 比丘尼が来て杉を植えた（尼杉）	『隠岐のすさび』
	備後・広島県深安郡神辺《かんなべ》町（西）中条	人魚の肉を食す・千年生きた老婆あり	『備後の伝説』 『西備名区《ママ》』吉岡郁夫の書
四国	讃岐・香川県三豊郡高瀬町勝間村下勝間	八百比丘尼の石塔あり（十六段つむ）	『西讃府志』 『讃岐の伝説』・『日本の伝説』5・角川書店
	土佐・高知県香美郡香我美町岸本	八百比丘尼の来訪	『南路志』
	土佐・高知県高岡郡多野郷（須崎市）	人魚の肉を食す・八百比丘尼の石塔あり	『西郊餘《せいこうよ》翰《かん》』吉岡郁夫の書
九州	筑紫辺り・福岡県遠賀《おんが》郡島郷村（北九州市若松区）・大字乙丸字庄浦	法螺貝を食す・出生地（大貝）	『野翁物語』 『兼葭堂《けんかどう》雑録』 「山島民譚集」（二）
	福岡県山門《やまと》郡瀬高町東山村（本吉）	八百比丘尼の生誕地・螺貝《らがい》を食す・舞鶴城	『耶馬台探見記』

（柳田国男「東北文学の研究」・「山島民譚集」（二）は定本柳田国男集、吉岡郁夫の書は『人魚の動物民俗誌』より）

別系統の各地の人魚伝説

古代中国における人魚は『山海経』の中の「北山経」にみえるように、「水中に人魚多し、その状は鯑魚《ていぎょ》（サンショウウオ）の如く、四つの足、その声は嬰児《えいじ》のよう」と、具体的である。

しかし、いくら具体的に記述しても、人魚に関する話は、すべて伝説の域をでないのは当然だが、その中でも、時代を超越して伝えられるものもある。また、歴史の潮流の中で、逆に消滅してしまった話も多かったと思われる。

やはり、永く語り伝えられるものは口承的なものではなく、文字に残された話である。

そこで、人魚に関する伝説を繙《ひもと》くにあたり、わが国の話の中でも古い時代のもので、江戸時代になって広く語り継がれてきた人魚伝説の一つを紹介しよう。

『廣大和本草《こうやまとほんぞう》』（別編・下巻）の中の話である。

弘仁年中（八一〇年―八二三年）のころ、近江の琵琶湖中より、漁人の網に（人魚）かかり上る。捕獲されて三日間も生きていた。その郷には仁愛なる者がいて、銭三貫文をはらって、（人魚を）買い求め、湖中に放ってやったと云う。

後三年を経て、七月のある日、隣村の（祭りの）踊りを観に行こうと、彼の仁者が出かけたところ、途中で十七八歳ばかりの女の子に出逢う。彼の女子、少し笑みを含むが、なにも口をきかない。やがて、懐中より帛《はく》（白い絹布）に包みたる物を出して、これを手渡す。何の意《こころ》もなく、受けとり、その女子が美麗なので、彼が、その往く方へつけていこうとしたが（人混みの中ゆえ）姿を見失ってしまう。さて、我が家に帰り、もらった帛を開き見れば、重さ十四・五銭《（ママ）》の美玉なり。玉色は灰色である。ただ奇物として玩弄《がんろう》す。その後、たわむれに（美玉を）耳に当ててみれば、この玉が言語す。三日先のことを告知す。或る人数百金を出して求めると云う。これ（人魚の）命を助けた恩に報いたものなり。今、信州の人、此玉を得て家宝としているという。また、能州鳳至郡の海中にも年々見る者あり。夜は火をともし、海上を照らすこと白日のごとくならしむ。

又元文年中（一七三六年—一七四〇年）に越後の海上にて海女房（人魚）に遇ひたる者、魚皮一枚をもらい得て還る。その花文世にある金から皮（金唐皮）というものに似て、至って美なるものの由、今その皮ある處を知らず。（四一頁参照）

伊勢の浦の人魚伝説（三重）

この伝説は、「記録にみえる人魚」として後掲の「人魚出現年表」の一覧表に入れておく。『古今著聞集《ここんちょもんじゅう》』から藤沢衛彦が編集したものからの引用である。

昔、前刑部少輔忠盛朝臣《さきのぎょうぶしょうすけただもりあそん》が、伊勢国別保《べっぽ》という所へ下られたとき、浦人の引網に、恐ろしく大きな、いかにも奇妙な魚が、しかも三匹までかかって上がった。

その魚の頭は人の如く、細かな歯のあるところを見れば魚とも思われ、口はさし出て猿に似、人が傍へ寄ると、人間に似た声をして泣き、涙を流すさえ不思議である。

そこで二匹は、忠盛朝臣に献上し、残りの一匹は浦人どもが割《さ》いて食べたが、その味のよいことは、例えようもない程であった。浦人どもは、これこそ世間の噂に聞いている、人魚であろうと思ったが、肉を食べた者には、別に何の祟《たたり》もなかったという。

『古今著聞集』は鎌倉時代の初期に文学者の橘成季《たちばなのなりすえ》によって建長六年（一二五四年）に編まれた。その巻二十巻中に「魚蟲禽獣」の部があり、藤沢衛彦がこの記述を『世界神話伝説大系』(9)・『日本の神話伝説』(II)に掲げたもの。

このように、古文献等に記述されている話が、時代の移り変わり、人々の世代交代の中で語り継がれ、内容も多少改変されつつ伝えられるのが、とりもなおさず伝説である。（四三頁参照）

人魚の森（宮城）

陸前桃生《ものう》郡前谷地《まえやじ》村（現在の宮城県桃生郡河南《かなん》町前谷地）から広淵《えん》林に通じる街道沿いの小集落に、「人形の森」という所がある。これは実は「人魚の森」であるという。

大昔、この辺りは海で、人魚がいて、船を沈めたり積荷を奪ったりして恐れられていた。加賀国に一人の勇士がいて、一隻の船を仕立て、人魚を生捕りにした。その人魚を引き揚げた場所が人魚の森だという。（『伝説口碑を索ねて』、『人魚の動物民俗誌』所収）

磐城《いわき》の人魚（福島）

貧乏な漁夫がある日、人魚を釣り上げた。二度と浅い所へくるなといって放してやった。二、三日して若い女が訪ねてきて、押しかけ女房となった。この女はよく働き、暮らしが楽になったが、風呂へ入るときだけはのぞくなと頼んだ。

ある日、そっとのぞいてみると、人魚が湯舟の中で泳ぎまわっていた。姿を見られたので、今はこれまでと、人魚は海へ帰っていった。（『磐城昔話集』、『人魚の動物民俗誌』所収）

この話は短い内容だし、筋書きも簡単だが「恩返し」だけは、きちんとしている典型的な「報恩譚」としての類話である。民俗学者の関敬吾は、「報恩婚姻譚」とした。したがって、人魚でなく、サケでもよいし、フナでも川マスのような淡水魚でも同じである。

同類の話は福島県双葉《ふたば》郡（浜通り地方）にも語り伝えられている。「人魚と漁師」と題する民話で、貧乏な漁師に「浜吉」という名前がついている。押しかけてきた女と夫婦になる。常に、良い漁場を教えてくれるので金持ちになることができた。

湯舟に入っている姿を見ると「人魚」であった。人魚は嵐をおこし、海へ帰って行ったという内容。この話は『新編　日本の民話』（片平幸三編・福島県(6)・未来社・一九八五年）に収録されている。

上述したように、人魚に関する民話（伝説・昔話）の数は多いとはいえない。「八百比丘尼」の伝説などがやたらに多いのである。

ちなみに、『新編　日本の民話』全四九巻を調べてみても、上掲の「人魚と漁師」以外には、後に掲げる、沖縄県の「人魚の歌」との二事例を数えるだけである。

アワイ浦の人魚（伊豆新島）

島の北部（伊豆諸島の新島）若郷集落の少し手前に〈淡合浦《あわいうら》〉という小さな入江がある。本村から若郷に通ずる都道を〈ヒーンテーロ〉から〈七曲〉をくだって間もなく、右手前方にほんのちょっとだが、望まれる。人家はないが松の枝越しに〈一幅の絵である〉。

この淡合浦に〈オンコ様・御根様〉とよばれる岩がある。高さ数十メートルにおよび、まさに海中よりそそりたつといった感がある。

島には、昔からこのオンコ様には神が宿ると伝えられ、浦を通る船は櫓《ろ》を漕《こ》ぐ音も控えめにし、かたわらを過ぎるときはお神酒《みき》あるいは水を捧げて、岩に宿る神に対して敬虔な気持で渡る。この付近はテングサ・サザエその他が多く繁殖している。しかし誰も採集しない。純朴な島人は神域を汚すことを心よしとしないからであろう。「最近では、この場所で採集する人もあると聞いているが」。

あるとき、一隻の漁船が風をさけるためにこの入江に入った。錨《いかり》をおろして時を待った。やがて、風も静まり波もおさまったので、さて出ようかと錨を巻いたが、どうしたことか錨があがらない。いろいろ手を尽くしたがいっこうにラチがあかない。「さては海底の岩にでもはさまったか」と、一人の漁夫が潜ってみた。

ややあって海面に顔を出したその漁夫は、何かに追われるように急いで船に這《は》いあがった。顔色は青ざめ、ふるえている。

一同は錨のことも気になったが、潜った漁夫の様子があまりおかしいので急《せ》きこんでたずねた。

「どうした、何かあったのか」

「いや、どうしたもこうしたもない。今おれが潜ってみたら、錨の上に女が腰かけているのだ。この入江の主かもしれない。とにかく恐ろしかった」……と。

そう言ってその漁夫は、こわごわ海面を振り返った。そして水の冷たさのせいばかりでなく、ガタガタふるえた。

「さては、噂《うわさ》に聞く人魚か」と、一同は止むなく錨の綱を切り、やっとの思いで脱出した。

（『新島炉ばなし』所収）

この人魚伝説は武田幸有氏が当時、東京都下の新島で中学校の教師をしているときに収録し、『新島炉《ろ》ばなし』と題して、昭和三七年（一九六二年）、「ふるさとをさぐる会」より刊行されたものである。同書はのちの昭和四九年に、新島観光協会より増補改訂版が出され、あちこちに引用されている。昭和三九年（一九六四年）に末広恭雄が『魚と伝説』を発刊した際にも人魚に関する伝説は同書によっているが、その内容は読者に興味が持てるように「海底の裸女」という副題をつけ、中身の文章も潤色し、「……いかりの上には、黒髪を水になびかせた一人の裸女が腰をかけていたという。俗にいう人魚なのか、それともこの浦の主なのかわからないが、とにかく想像もしなかった裸女がそのいかりの上に腰をおろして……」と飾っている。

また同書では、地名を「浅井浦」としており、『日本の伝説』（『離島の伝説』角川書店）では「淡井浦」としている。

伝説が引用されるばあい、潤色されることは多い。しかし本稿では、できるだけオリジナリティーを尊重するように心掛けた。

浜松の漁師と人魚（静岡）

浜松の米津浜に孫七という漁師が住んでいた。延享元年（一七四四年）のある日のことである。このところ不漁続きで困っていたのだが、孫七が漁をしていると夫婦の人魚が罹網《りもう》した。人魚が命乞いをするので逃してやった。夫婦の人魚は喜んで厚く礼を言って海底に潜った。その後、豊漁が続きはじめたので、漁師は人魚のお礼返しだと信じた。（『浜松の伝説』渥美実、ひくまの出版、『伝説と幻を秘めた人魚』所収）

わが国には人魚伝説が全国各地に分布しているが、その数や類例は多くない。しかも、「夫婦の人魚」の話は、この浜松以外には知られていない。したがって、内容は単純だが、今後、この方面のことを調べる際に注目しておきたい事例である。

釣り上げられた人魚と僧（田尻村）

灰色の裏日本の海岸にそうて、田尻《たしり》と云う一寒村がある。田尻の海岸から、半丁程も離れた処に、小さな庵室《あんしつ》があって、そこに宗円《しうえん》と云う僧が住まって居た。毎日の念佛にあきた僧は、色々と浮世の様を、想像していた。僧は村一番の学者であり、一番の政治家であった。

村人……と云っても、十人に足りない人々は、呑気な安らかな幸福の中に、その日その日の生活をして、仕事が終ると庵へ押しかけて行くのであった。僧は今しがた村の漁師の語って行った魚釣を、一度やって見たくて堪《たま》らなくなった。「しかし僧の身で殺生《せっしょう》も出来ず」と一度は思い切ったが、直ぐとその尻から、矢も楯《たて》もたまらなくなるのであった。

「皆に判《わか》らない様に行けばいいのだから……」

僧は夜半過ぎた頃、海の方へと出かけて行った。晩春の夜の空には圓《つぶ》ら星が淡く光って、月の霞《かす》んだ影には、裏日本の荒海も流石《さすが》に、なめらかな水の面《おもて》を見せていた。所々浮かぶように見えていて、油と碧《あお》とをまぜて、満たした様な底深い淵《ふち》には、何となく海の妖女《ようじょ》の、滑《なめ》らかな肌の上に、ゆたりとゆれる丈長い黒髪の、凄艶《せいえん》を思はせた。

僧は恍惚《うっとり》と海の面《も》を見つめて、やがてほほえんで、釣竿を投げ込んだ。かすかに波紋を描く、碧水《へきすい》の上面《うわも》が、和尚の瞳にはもう、楽園であるかの様に思はれてならなかった。

「今に釣れるぞ……」

岩に腰を打《うち》かけて、太公望《たいこうぼう》をきめこむ和尚の胸は「今か今か」と思う心で一杯だった。

幾時《いくとき》かたった。しかしどんな魚もかからなかった。

「村の奴、だましおったな、この淵には魚が一杯、住んでいると云ったのに、何にも居ない……」

僧はつぶやいていた。

僧が魚を釣る。ふと或る不快さが、彼の全身に稲妻の様にサッと走った。

「殺生してはならない」こう思った時、和尚はあわてて、釣竿を引き上げた。不思議や釣竿は重かった。僧はいぶかしく思いながら、力一杯引き上げた。僧は「あっ」と思わず尻餅《しりもち》をついた。月に淡く照らされて、天女の様な肌を持った、そして丈長い黒髪を、長く後に垂れて、美しいとも、麗《あでや》かとも云いようのないような、異様なものが、上って来たのである。

僧は大声で叫ぼうとしたが、人にかくれてやっている自分の行為に対して、黙って了《しま》った。竿について上って来たのは、人魚だった。

人魚は美しい、新星《にいぼし》の様な圓《つぶ》ら瞳に、涙を一杯ためて、なきじゃくりながら云った。

「妾《わたし》をお助け下さいませ、お礼はきっと致します。父や母様に離れて、一人悲しい思いをする人魚でございます」その声は金鈴よりも、美しく涼しかった。僧は人魚の美しさにあきれて大きな眼を見張りながら云った。

「御帰りなさい。私が出家の身でありながら、こんな事をやった事を、決して村人に云って下さいますな。私の方から御わび申します、さあさあ、あなたのなつかしい海へ、御帰りなさい、村人につかまってはいけません、遠い、海の沖の底深く、御帰りなさい」

人魚はうれし気に云った。

「有難うございます。きっと御礼はいたします」

青い碧い海の面《も》に、人魚の姿が消えて行った。僧はあとを見送っていた。

夢のように一《ひ》と年《とせ》は過ぎた。僧は、今日は丁度人魚を釣った日である事を、思い出した。

「今頃はどんな生活をしているだろう」そんな思い出に耽っていた。折しも、ハタハタと戸を打つ音がした。春の夜嵐と思っていた僧も、あまりに叩く音に、ふと立って戸をあけた。

「道を迷いまして、難儀をする女でございます。一夜の宿を御願いします、どうぞ御泊め下さいませ」

女はこういって僧の袂《たもと》に絡《まつわ》る様に、すがりついた。

「この山寺に、しかも男一人のこの寺に、御泊め申す事は出来ません、御気の毒ですけれども外《ほか》の所へ御越し下さいませ」

僧は何度も何度も断《ことわ》った。しかし女は泪《なみだ》ぐんで、和尚の袂を離さなかった。あまりの哀《あわ》れに、僧は一夜の宿を許した。女はうれし気に、いそいそと庵《いおり》の戸をくぐった。

女は美しかった。真白な肌は丁度、真珠のようであり、烏羽玉《ぬばたま》の黒髪には、女の蠱惑《こわく》的な匂いをふくんで、両の頬《ほほ》は牡丹《ぼたん》の様に、ぽっと染っていた。

ふっくらとした肉付きや、発達のいい曲線が、僧の心を乱さずには置かなかった。女はうれし気に云った。

「あなた、長く見捨てずにいて下さいませね」

見捨ててなろうかと僧は破戒《はかい》を恐れず契《ちぎ》った。

その翌日から僧は、女の要求するままに、毎日々々海の水を汲んで、女を浴《ゆあみ》させてやった。毎日半町（一町は六〇間で約一〇九m、半町は約五五m）の道を通うのは、随分な苦痛だった。しかし僧は、美しい若い新妻の為に、苦労を忘れて通《かよ》ってやった。一杯の水を汲んで来ると、女は微笑んで僧を暖く抱き緊《し》めた。僧は何杯も何杯も、力のつづく限り汲んでは、美しい妻に浴させていた。

年月は流れた。春逝《い》き秋過ぎて、村の誰彼《たれかれ》が死んでも、彼等二人は昔の様に、美しく若かった。僧は不思議に思った。或る日僧はふと女の浴のことを考えた。

「決して見て下さるな」と止めた妻の言葉に、不思議があった。

僧は遂《つい》に、妻の浴の様《さま》を、そっとのぞいて見た。彼は思わず驚きの声を放った。妻は人魚であった。

湯殿《ゆどの》の中で、楽しそうに戯《たわむ》れている人魚を見て、驚いたのは無理もなかった。それは嘗《かつ》て、一度は釣り上げたが願いを容《い》れて放《はな》してやった、あの人魚であった。

妻は両の瞳《ひとみ》に口惜《くや》し涙を一杯ためていた。

「見てはならぬとお止め申していたのに、今更《いまさら》ながら、あまり口惜《くちお》しうございます、今日限り又海へ帰ります。しかし、あなたは永久にお若いでしょう」

女はすぐに走り去った。

再び人魚は深い海底に、姿を消してしまった。

この「人魚伝説」は、昭和七年（一九三二年）に大阪朝日新聞社編として盛文館（大阪）が『海の傳説と情話』と題して刊行した中に所収されている内容で、著作兼発行者は岸本貫次郎とみえる。

この書物で特筆すべきことは、はじめに藤澤衛彦が「海洋傳説系統と其の環境について」という一文を掲げていることである。そしてさらに、その文中に「人魚傳説」について、次のように述べているのである。

「人間との交婚説話を遺《のこ》せるものに、なお人魚傳説がある。人魚と人間との交婚説話の組織は、西洋に於ては、メルジナ傳説の如く（一）人間の男子と自然界の女性との間に恋愛問題が生じ（二）或特種約束の下に同棲し（三）後、男子その約束を破る事より女を失うという形式で、ニイベルンゲンリードのローエングリンも、日本神話の火遠理命《ほおりのみこと》と豊玉毘命《とよたまひめ》の説話も、同一の形式であると見られる。」と。

また、「日本の傳説には、人魚は、唯出没の記録を八百比丘尼《やおびくに》に絡《から》まる物語りを傳《つた》える外は、徳川時代の物語り本に作為の小説があるばかり」だとし、人魚出現の地方では、摂津・近江・伊勢・播磨・安芸・丹波・丹後・若狭・越中・能登・東北の海・四国の海・九州の海に記録があるほか、「佐渡に見ゆるものも、一種の人魚ではあるが、臼負婆《うすおいばば》と呼ばれる清心丹《せいしんたん》（薬）の商標のような人魚で、普通日本の人魚が、十五六歳の少女に考えられて居る事からは、頗る年をとっている」とも記している。（カッコ内は筆者による）

藤澤衛彦は、その著作に『日本民族伝説全集』（全一〇巻、河出書房、一九五五年）や『日本傳説研究』（全八巻、すばる書房、一九三五年の復刻版）などがあり、この方面の研究ではよく知られている。

伝説にみられる「報恩譚」あるいは「報恩婚姻譚」(交婚説話)などは、「助けた礼に、いろいろと尽す」(「鶴の恩返し」など)が普通の形式だが、ここに掲げた「釣上げた人魚と僧」のばあいは、僧(和尚)は人魚を助けたうえに、また海から水運びの労働をするということからすれば、報恩婚姻譚の形式にはなっていない。僧がよほど美しい人魚に惚れ込んだためなのだろうか。強いて報恩譚に結びつければ、「永遠の若さをさしあげましょう」というのがお礼かもしれないし、人魚の情愛なのかもしれない。こうしたことから人魚伝説としては、内容的に興味深いので、引用文としては長いが、途中省略することなく掲げた。(なお、原文一部の旧仮名遣いを改めた)

この伝説の舞台は、同書によると「裏日本の田尻村」となっている。そこで日本海側の海辺に近い田尻村について調べてみると、新潟県柏崎市の田尻村・同寺泊町の田尻村・石川県能登島町の田尻村・同加賀市の田尻村・福井県敦賀市の田尻村など、かなり多くの同名の村があることはわかったが、どの地域の田尻村に伝えられた話であるかを特定することはできなかった。

人魚の話（三重）

この話は『鳥羽志摩の民俗』の著者である岩田準一が三重県志摩郡大王町の波切《なきり》で、話者の松井小右衛門翁からの聞書きをしたものである。同書は厳父の遺稿を岩田貞雄氏がまとめたもの。

昔長三郎という貧乏な漁夫が波切に住んでいたが、暮らしに困って人のあまり行かぬ難所へ釣りに行ったら奇妙な魚を釣り上げた。それが人間の泣き声をする。厭《いや》らしいので放してやったら「アラ瀬の長三郎指一本で千貫目」と悪口を言いながら逃げて行った。

また、その話は、長三郎が怪しい魚を釣り上げると、人間の声を出して頻りに貧乏な長三郎の悪口を言うので、放してやる時、貧乏をあなどるものじゃないという意味で長三郎がそれを言ったら、その魚は消えて行ったともいう。

この話には文面に「人魚」という言葉はないが、表題がそうなっていたので掲げた。

佐伯の漁師と人魚（大分）

豊後国（大分県）の佐伯の浜に、百貫五兵衛という金持の漁師がいた。ある日、この漁師の網に美しい女の人魚がかかった。

その人魚がしきりに泣くので、その理由を聞いてみると、「海底に老母と娘がおり、夫は博徒で留守だから、私がいなくなると母親と娘は飢えてしまうので放してもらいたい」と言う。

五兵衛は、手を合わせて泣く人魚を見て気の毒になり、海に放してやった。しばらくすると、人魚は沖の波間から振返って、「五兵衛の馬鹿、わたしの体は千万両、指一本でも千両はするよ」と嘲笑した。姿を消した人魚を許せない五兵衛だったが、人魚が妖怪であることを忘れていた。

この話は松井魁著『伝説と幻を秘めた人魚』の中に収録されており、出典を水木しげる『妖怪事典』（東京堂出版）としているが、出典不明で引用されることが多い話である。

人魚の歌（沖縄・石垣島）

この民話は、沖縄県石垣島の東海岸近くにある野原《のばる》村に伝わるもの。島の若者たちは、昔から、月の美しい晩など海浜に集まり、横笛を吹いたり、乙女たちは民謡を唄って遊び、楽しむならわしがあった。

ところが、人々が寝しずまったあと、海岸の方から胡弓《こきゅう》をひくような、細い美しい音色と歌声が聞こえてくることがあった。

しかし、村人がその音色に気づき、歌のぬしを見届けようと海岸に向うと、その歌声はピタリとやんでしまうのである。幽霊かも知れないという村人もいた。

ある夏の日のこと、村の故老が浜辺で網をかけていたところ、大きな魚が網にかかった。老人一人では重すぎて網を引き上げることができず、村人たちに応援をたのんだ。ところがなんと、海岸に引きあげて見て驚いた。網の中には美しい女がかかっていたのである。だがよくみると、顔も乳房も人間だが下半身にはヒレやウロコがあった。

集まった村人は、「人の顔をしてはいるが魚であろう。殺して食べてしまおう」などという。

その会話を聞いていた不思議な魚は泣きだした。

「人間のように涙を流して泣いているぞ」、「お前は何という名前の魚だ」という村人たちに、「私は人魚でございます」と答えた。

「わたしを海に放してくれれば、海の秘密を、そっと教えてあげます。それは人間や動物の命にかかわる恐しい秘密です」という。

「人間の言葉まで話す」不思議な魚の話を老人をはじめ、集まっていた村人たちは聞くことにした。人魚がいうには、

「実は、明日のお昼頃、この石垣島に大津波がおそってくるのです。日頃は心のやさしい、この野原村の人々に、こっそり、それをおしらせしようと思い、海岸にきて、網にかかってしまいました」と……。

そこで、人魚を網からはずし、海へ放ってやると、人魚は真夏の太陽の光でキラキラと輝く黒潮の中へ消えていった。

そういえば、「あの、夜中に聞こえてくる歌声は、人魚の歌だったのか……」と、村人たちはその時、はじめて気がついたのであった。

村人はこのことを隣村の白保の住民に知らせてやろうと、使いの若者を出した。そして自分たちも、家財道具をはじめ、家畜の牛や馬、山羊、豚、鶏なども一緒に山の上にのがれた。

一方、白保村に知らせを伝えた若者が「人魚が津波のくることを教えた」と言っても誰れ一人

として信用する人はいなかった。

それどころか、翌日の昼近くになると、海が大干潮になったので、野原村の人々以外の島民は喜んで、沖の方まで磯もの取りに出かけたのである。

ところが時をまたずして、山のように大きな津波がやってきて、この大津波により島人のほとんどが死んでしまった。人魚を海に放してやった野原村の人たちだけが無事であった。


この話は、喜舎場永珣が採集したものがもとになっており、『新編　日本の民話』（伊波南哲編、未来社、一九八五年）に収録されているものである。全体の話は長いので、筆者が潤色・要約した。

沖縄県には、同じような民話や伝説が多く、『ニライからきた人魚』（池田和《かず》、小峰書店、一九七六年）もその一つである。

この地方の「人魚」は「ザン」とよばれるデュゴン（ジュゴン）をそれにみたてることが多い。余《じょ》葆光《ほうこう》が記した『中山傳信録』（一七二一年）の中にも「海馬《じゅごん》は首は馬のようで、体は魚のようだが鱗はなく、肉は豚のようである。大そう得がたいもので、つかまえると、まず国王に捧げる」とみえる。

（第三部二七四頁「人魚を祀る神社」参照）

第五章　人魚塚と人魚伝説

人魚の出現は吉兆（瑞兆）であるとされたり、また反対に凶兆であるとされるなど、さまざまに語られ、記されてきた。

それ故、吉凶両方の伝説事例は枚挙にいとまがないといっても過言でない。したがって本項では、その中の「人魚塚」にかかわりのある事例に限って掲げる。

新潟県上越市雁子浜の人魚伝説と「人魚塚」

「人魚は、南の方の海にばかり棲《す》んでいるのではありません。北の海にも棲んでいたのであります」という冒頭ではじまる小川未明作の童話『赤い蠟燭《ろうそく》と人魚』にはモデルになった「伝説」の地や話があったと聞いたことがあった。

作者の小川未明は越後高田（上越市）の生まれで、子供の頃、日本海をみて育ち、この地方の伝説からヒントを得て、醸しだされたのが上述の作品なのだという。

そして、その伝説の地は新潟県上越市大潟区雁子《がんご》浜《はま》（旧新潟県中頸城《なかくびき》郡《ぐん》大潟町《おおがたまち》泊・鵜の浜温泉）であり、雁子浜には今でも伝説ゆかりの地として「人魚塚」が祀られているという。

このような風聞に耳をかたむけ、機会があったらぜひ一度、その伝説の地に旅をしてみたいと思うようになった。筆者のような思いをもつのは、作者の小川未明のファンでなくても、その内容がロマンにあふれるものでなくても、一般的な思いであろう。

その、長い間の望みがやっと実現したのはつい最近になってのことであった。

平成一八年（二〇〇六年）八月二十三日、同じ新潟県の柏崎市鯨波《くじらなみ》にある妙智寺の小林信隆《しんりゅう》住職におめにかかり、同寺に祀られている「人魚のミイラ」に関する取材のご許可を得ることができたのでその機会を利用して雁子浜の「人魚塚」にも参観する計画が実現するはこびとなった。

潟町駅から旧道にそって人家が点在し、左手の松林ごしに潮騒をききながら十分ほど歩くと、平成四年に完成したという「人魚伝説公園」がある。このあたりが「雁子浜」と呼ばれる人魚伝説の里で、アパートなどの住人以外は一一三戸という静かな集落である。

砂丘の上に、まだ新しい「人魚塚伝説碑」と「常夜燈」が建立されており、日本海を見おろす常夜燈の周辺には可憐な薄紫色のハマゴウの花が海風にゆれ、長汀に打ちよせる潮騒が終ることのない読経をあげているようで、人魚の霊を供養しているかのように聞こえてきた。

公園には大潟町が建てた伝説の内容が記されていたので、日本海の潮騒に耳をかたむけながら写すことにした。

「松林に包まれた神明様の境内崖下には青々とした日本海の波が押し寄せ、遠くはるかに佐渡ヶ島が横たわって一幅の絵のように浮かんでいます。神明様の常夜燈は、年中無休で四界を照らしていました。

佐渡の、ある美しい娘は、この常夜燈の明りを目当てに雁子浜へきました。そうして、〈米山〉の頂きがみえる頃になると、彼女は淋しくも佐渡へ帰ってゆくのでした。

雁子浜の若者は母親と二人暮らしで、いたって素直なやさしい男でしたが、親と親との許しあった娘がいました。

若者はあえて娘を嫌っていたわけではありませんが、ふとしたことから佐渡の娘を知り、毎晩、神明社の常夜燈を仲立ちに、相い引きして逢う瀬を楽しんでいました。

ところがある晩母親から、一晩位は家にいても罰もあたらないと、強いて止められるので、止むなく若者は家にいました。もちろん彼女との約束の常夜燈には明りをつけませんでした。

一夜あけて、神明様の崖下の磯ばたに一人の娘の屍体がありました。長い黒髪は乱れ、顔は白ろうのように白く、恨みの影が一面にただよっていました。村人のさわぐ声に驚いた若者は、もしやとばかりに恐る恐る近寄ってみますと、まさしく佐渡の娘でした。

後悔と自責の念に、放心したような若者は、遂に佐渡の娘の後を追って、海中に身を投げてしまいました。

右：雁子浜の人魚塚伝説之碑
左：比翼塚（人魚塚）

この純情可憐な二人に同情した村人は、常夜燈の近くに二人を埋葬して、比翼《ひよく》塚を建てねんごろに弔ってやったといいます。誰れが名づけたのか、この比翼塚を人魚塚と伝えています。」（平成四年十二月　新潟県大潟町）とみえる。

同じような伝説が『越後佐渡の伝説』（小山直嗣編、第一法規、一九七五年）に収録されているというが、筆者はまだ拝読していない。

翌朝、雁子浜に在住の熊木清氏に案内していただき、佐渡ヶ島が見える高台にあるといわれる「人魚塚」に出かけた。

その場所は、バス停留所「雁子浜西」の山側に位置し、旧町が管理する墓地のはずれの高台で、近くからは水平線に佐渡ヶ島が望まれるが、小さな「人魚塚」の周囲は笹や雑木でおおわれ、海は見えない。だが、人魚塚は崖の先端にあることはたしかで、以前はこの場所から佐渡ヶ島を望見することができたのであろう。

ご案内をいただいた熊木氏によると、今日でも「人魚塚を管理している方が集落内においでになり、自分の家の先祖の墓であると伝えている家がある」のだと伺った。

参観した「人魚塚」は三つの石からなっており、一見すると五輪塔の上部の空輪や風輪、それに水輪のようでもあった。上部の二つの石材は砂岩らしいが、下部の三つ目の石材は、もう少し堅石のように見えた。全体の高さ三八センチと低く、最上部一六センチ、中間一六センチ、下部一六センチと同じで、土についている部分の横幅二七センチ、胸にあたる部分の横幅は二二センチある。

この「人魚塚」は集落から歩いて約十分ほどの近い場所にあるのだが、小さな墓碑のため、知っている方に案内していただかないとわからない。

大潟町が建てた案内板には「比翼塚《ひよくづか》」を建て、これを「人魚塚」と伝えていると記されているが、もとより「比翼塚」というのは、情死したり、あと追い心中をしたりした相思の男女を供養するために、ともに葬った塚、あるいは「めおとづか」の意であるから、墓碑の形はどんなものでもよいのであろう。

以上、「人魚塚」にかかわりのある「人魚伝説」の一例を紹介したが、このような人魚に関係する話は、わが国ばかりでなく、世界の各地にある。しかも、これまでにも多くの伝説集や民話集、昔話などで紹介されてきた。したがって、日本をはじめとする世界の各地に残るこのほかの「人魚伝説」

については章を改めて第六章の一二四頁以降で詳細に紹介したい。

滋賀県日野町小野の「人魚塚」論争

この地域の「人魚塚」や「人魚」に関することを調べたり、人文的な研究をしている人の中で、この人の名前を欠かすことはできないといわれる一人の研究者がいる。満田良順氏がその人で、地元の日野中学校の校長先生をしていたこともある。

満田氏は「日野町小野の〈人魚塚〉の成立」という論考の執筆者として広く知られている。この論考には「鬼《き》室《しつ》集《しゅう》斯《し》碑銘の真偽をめぐって」というサブタイトルが付けられているように、鬼《き》室《しつ》神社にかかわる論考である。

まず、論考の内容にふれる前に、人魚塚のある日野町の小野《この》とはどのような地域であるのかみていくことにしよう。

滋賀県蒲生郡日野町は「近江日野商人」の故郷で、「人魚のミイラ」が祀られている蒲生町川合の願成寺に近い。（第十一章二三一頁参照）

琵琶湖の東側、近江路を走る近江電鉄の日野駅で下車すると、近江商人がきそって建てた立派な商家が並んでいる。商家といっても近江の日野商人は行商が主力だったので、その本宅がある街並みだ

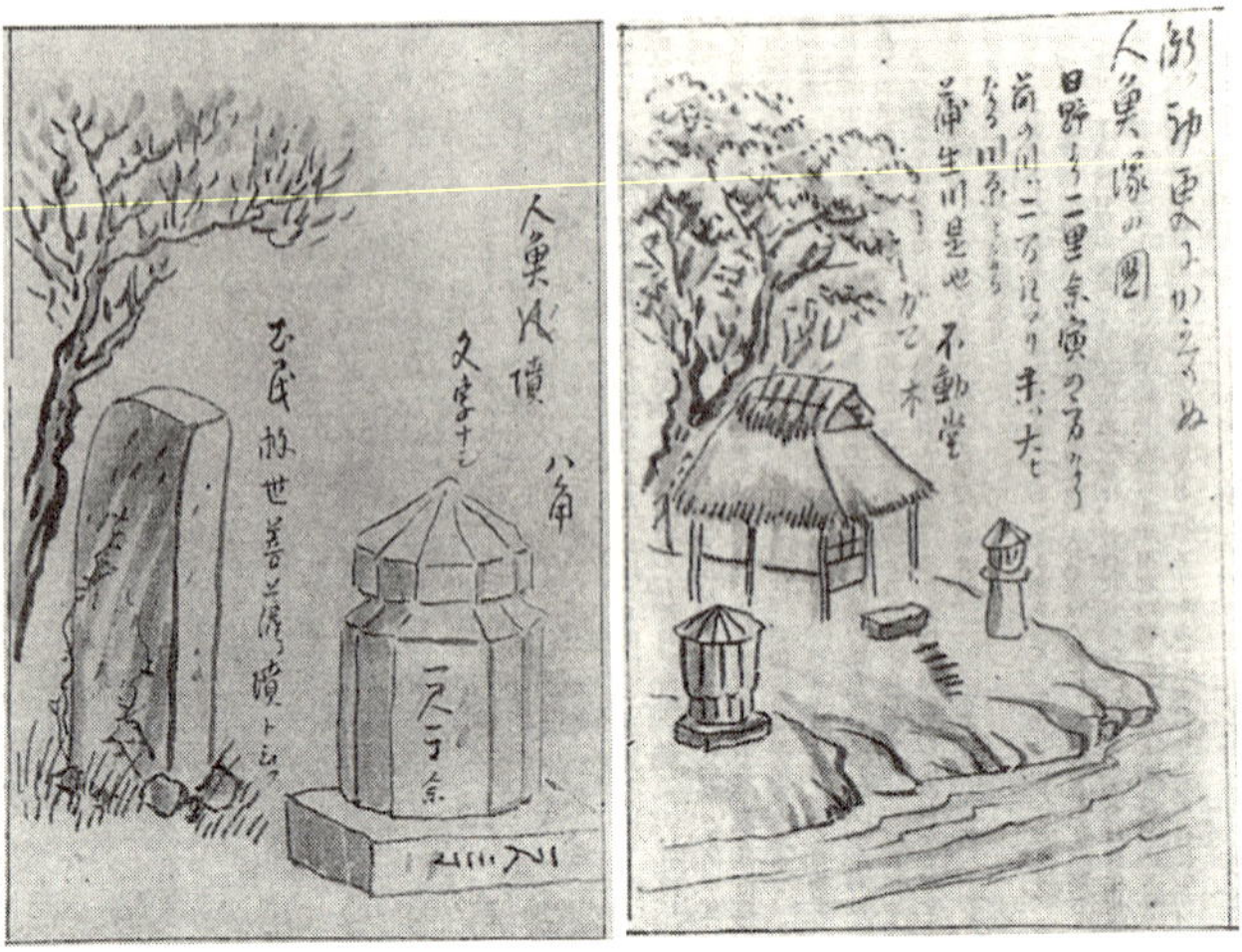

人魚塚（墳）の図（『江漢西遊日記』、東洋文庫より）

から店舗がつらなっているわけではない。めざす人魚塚がある小野の集落は近くにあり、鬼室神社は集落の東に位置している。周辺には水田や畑が広がり、長閑な場所である。

小野の人魚塚を世に広く知らしめた人が、満田氏の他にもう一人いる。江戸時代に洋画の手法をとり入れたことで有名な絵師の司馬江漢である。

その江漢が天明八年（一七八八年）の八月十二日にこの蒲生郡小野村の「人魚塚」を訪れ、記録を残した。一般に、『江漢西遊日記』（芳賀徹他校注『江漢西遊日記』東洋文庫四六一、平凡社、一九八六年）と呼ばれているのがそれである。

以下、少々長くなるが同『日記』から引用する。

十二日　上天気　（中略）爰《ココ》は蒲毛《（生）》う郡（蒲生郡）と云。水口佐渡守、加藤侯の領地なり。人家

鬼室神社の境内（社叢の周辺は農地が広がる）

千軒余と云ふ。夫《ソレ》より山路に入り一里余を行きて小野村と云ふに至る。（中略）誠に山村にして、地面《タヒラ》平かならず。
山に家を建て、家数四十余軒と云。
夫より田婦案内して、人魚塚を見んとて行く事四五町、路の傍らに四角なる塚を指《ユビサ》し示す。吾聞くに、六角なりと云に、亦一人老婦の来りて、「爰より西の方不動前にあり」と教る。
行き見るに、小さき草ぶきの堂あり。ガマの大樹ありて、其傍ら六角の塚あり。是人魚づかなり。前に僅《ワツカ》の流れあり。蒲《ガ》モウ《生》河是《コレ》也。人魚塚は八角にして文字見へず。高さ一尺一二寸、下の台石横一尺三寸位、亦四角の塚は、救世《グゼ》ぼさつのつかと云。人魚は蒲生川よりあがる。推古帝二十七代（年）四月四日、聖徳太子崩御の時と云。日本記（紀）にあり（以下略）。（傍点は筆者による）

右：鬼室神社本殿裏の「人魚塚」（八角）
左：救世菩薩墳とも呼ばれる「人魚塚」（四角、「奉寄進室徒中」とみえる〔小野の宮座である室徒株が寄進したもの〕）

ありがたいことに、さすが絵師の江漢らしく、その日記には当時の様子がスケッチ風にメモを加えて描き残されているのである。（一一四頁図参照）

その絵図によれば、「人魚塚墳　文字ナシ　八角　一尺一寸余　一尺三寸」などの添筆《そえふで》があり、絵図の左横に「土民救世菩薩ノ墳ト云フ」とみえる。

また、「人魚塚の図」には、「日野より二里余寅の方なり前の川二間程アリ　未ハ大ヒなる川原となる　蒲生川是也不動堂　ガマノ木」という添筆があり、当時、江漢が人魚塚を訪れた時の状況を彷彿させる絵図（スケッチ）である。しかし、現存する「人魚塚」（八角）には似ていない。

このように、小野村の人々は村内に人魚塚なるものが二か所あることを認めていることがわかる。

ところで、上述した満田氏による論考によれば、現在、鬼室神社の本殿裏の石祠に祀られている八角形の「鬼室集斯墓碑」と伝えられている石柱（石造の塔婆に石幢《せきどう》とよばれるものがあり笠の石下に幢身〈塔身〉があるので八角柱状幢身ともいえる形状・写真参照）が、実は地元で古くから伝えられてきた「人魚塚（墳）」であるとする。もとよりこの神社は、江戸時代までは不動明王を安置する不動堂で、江漢が日記に記すところであるが、明治維新になって西宮《にしのみや》神社と号し、のちに昭和三〇年（一九五五年）から現在の社名に改められたにすぎない。前述した江漢が日記に残しているように、小野村には「人魚塚」と呼ばれてきたものが二か所ある。その一つが不動前の八角の人魚塚で、他の一つが救世菩薩墳とよばれている石柱（四角）である。

八角の人魚塚は江漢が記したように、一尺一寸余（幢身・塔身）、これに笠（宝珠のようにも見える）を加えた全高は一尺五寸ないし六寸という程度。筆者が実測した結果は、高さ約一メートルの石室（屋根の棟の横幅約八〇センチ）に四八・五センチの八角形の石柱が納められていたので、江漢の計測とほぼ一致する。ただし、石室（石祠）は後につくられたもの。この近くの石小山は花崗岩の産地であるため、黒雲母花崗岩を使った石造物は多い。ちなみに石室も石扉があるので、普段は写真に見られるようには参観することはできない。

江漢は、村人に最初に案内された自然石の「人魚塚（墳）」といわれる碑の大きさについては示しておらず、「土民救世菩薩ノ墳と云フ」と添書するにとどまるが、筆者が実測したところ、高さ約一一五センチ、約四〇センチ×約二八センチの変形四角柱で、実物は少々腰を曲げているような形状だが、江漢の筆も、石柱の特徴をよくとらえている。（一一四頁図参照）

満田氏によると、この自然石の人魚塚については、蒲生川に出没した人魚を菅原道真が退治し、この石柱の下に葬った。そのようなことから、天満宮を近くに祀ったという。

子供たちが人魚塚の前を通るときに、塚に向かって小石を投げるのは、不吉なものを追いやるという伝説があるためだという。

同氏によると、この伝説の由来は、「明和五年（一七六八年）の『天満宮略縁起並に人魚塚由来』に記されており、その内容は「菅原道真が、醍醐天皇の命令で、災いをなす人魚を小野村で退治して人魚塚を建立し、その土地を〈久世傍〉（救世坊）と名付けた。この由来により、村人が寛弘元年（一〇〇四年）に北野天満宮を勧請した」ということがもとになっているという。

今日（筆者の調査当時・平成一八年八月）では、江戸時代から救世菩薩墳とも人魚塚とも呼ばれてきた自然石のある場所が公認の人魚塚とされているようで、地元の日野観光協会や東桜谷公民館のお墨付をうけた「人魚塚」の説明板がたてられている。

そして、「この自然石を古くから人魚塚と呼ぶ。昔ここを通る人が小石を塚石に投げる風習があった。災いを招く人魚が此の地に現われたという伝説はさまざまに語られ、日本書紀にある蒲生川人魚出現説、菅原道真にかかわる伝説、醍醐天皇時代の伝説など数多くの古書に記されている。全国に人魚伝説は散在するが、山峡地にあるのはめずらしく、人魚を葬った故をもって庶民の観音信仰に結びつく救世菩薩の地名をここに残している」とみえる。

話が錯綜するが、江漢が人魚塚（墳）として実見した、もう一つの八角の人魚塚について、もう少し立ちいってみてみたい。

満田氏の論考によれば、まず、この八角の石碑を「人魚塚」としたのは天明六年（一七八六年）に他界した村井古巌という人で、彼が著した『古廟陵並植物図』には、不動堂のそばに「人魚墳」が描かれ、「文字有不明」と記されているという。

それがもとになって近隣に広まり、天明八年（一七八八年）には江漢もこの地を訪れているわけだがその後、文化二年（一八〇五年）に西生懐忠という藩医で、藩校の講師に任用され、「郡志」の編纂にたずさわった彼が、鬼室集斯碑銘の発見を公表した。そして、文化三年（一八〇六年）に「祭鬼室集斯墓詩《ママ》並序」を著わし、八角の石碑には「鬼室集斯墓」の五文字がはっきり見えたとした。

この発見・公表によって「人魚塚（墳）」は「鬼室集斯の墓碑」になってしまったのである。ちなみに、鬼室集斯という人は天智天皇の御世に、百済から渡来し学職頭《ふみのつかさのかみ》（当時の文部大臣の職）を務めていたことがあった。

しかし、満田氏によると、小野村の住人で、文政一三年（一八三〇年）に鬼籍に入った坂本林平が著した『楓亭雑話』という書物の中に、西生懐忠による鬼室集斯の墓碑銘発見について、次のような記事があるという。

「高サ三尺バカリノ自然石有リ。昔ヨリ隣郷ノ里人人魚塚ト言伝ヘリ。マタ同村、西宮ト称スル社地ニ高サ二尺ニ足ラヌ小石立テリ。是モ人魚塚ト唱エ来レリ。

然ルニ此石ヲ日野西生ト申ス医、佐平《ママ》鬼室集斯等の墓ナリト申シ出テ、高貴ノ御聞ニ達シ人ヲ惑ワス罪軽カラズ。

元ヨリ右ノ石ハ能クシリハベルニ、文字ハ決シテナシ。（中略）

西生ヨリヨリ来タリテ文字明カノ由ニテソノカセドモ弄泉居（奥村喜三）方円舎（坂本林平）ハ組セズ。」

こうしたことから、西生懐中が鬼室集斯墓碑銘の発見を公表したけれど、銘文偽造のうたがいが濃厚で、もともと江漢も「文字ナシ」として「人魚塚（墳）」としたにすぎなかったものが、「鬼室集斯の墓碑」であるかのように偽作され、論争の結末ををむかえるに至ったのである。

ところで、発表以前、論争以前の天明八年（一七八八年）に当地を訪れた際、写生図を日記に残し、柱石には銘文がないことを図に添書しているのに、現在の柱石には、はっきりと「鬼室集斯之墓」と陰刻されている。しかし、これは『日野町志』でも西生懐忠らによる偽作だとしている。その結果であろうか、自然石の石柱のみに「人魚塚」の案内板がある。

博多・龍宮寺の人魚塚

福岡県や佐賀県地方の伝説を集めた市場直次郎氏の『豊国筑紫路の伝説』によれば、福岡市博多区の冷泉《れいせん》町の電車通りに面して山門の建つ龍宮寺境内に観音堂があり、その前に「人魚塚」の碑があるという。筆者も、日本民俗学会の会員であった市場氏から直接うかがったことがあった。

もと、この寺は那珂川の河口一帯が入江であったころ、浮御堂《うきみどう》といって入江の中にあったとされる。鎌倉時代の貞応元年（一二二二年）四月、この地の海辺に長さ八一間もある人魚が漂着したので、このことを朝廷に奏上すると、それは国家長久のめでたい前兆だというので、冷泉殿という公卿が勅使として下向された。

それ以後、この寺を冷泉山龍宮寺と称し、博多の津の別名を「冷泉の津」と呼ぶようになった。この時に漂着した人魚を埋めて塚を築いたのが寺内の「人魚塚」であったが、後世この塚もなくなったのを昭和三三年（一九五八年）に復興したのが現存する碑であるという。

なお、この寺は「人魚の骨」とされる骨を蔵し、夏祭りの日にはこの骨を盥《たらい》の中に入れて水につけその水を悪い病気にかからぬ呪《まじな》いといって、参詣者に飲ませたとの古老の話であるが、それも今（昭和四八年頃）は絶えたらしいという。


この伝説とほとんど同じ内容のものが『福岡の伝説』（劉寒吉・角田嘉久著、角川書店、一九七九年）にあり、松井魁《いさお》氏が著した『伝説と幻を秘めた人魚』（一九八三年）の中に収録されているので掲げると、

「博多冷泉町の竜宮寺は那珂川河口の入江にあったが、貞応元年（一二二二年）四月、長さ八一間の人魚が漂着した。これを後堀河天皇に奏上したところ、勅使として冷泉中納言が下向し、この寺に滞

在した。その時、安部大富という占い博士が人魚出現は国家長久の瑞兆とした。この人魚を浮御堂に埋めて塚を建て竜宮寺と改め勅使の姓をとって冷泉山と号した。博多津を別名冷泉津ともいう」のはこうした由緒によるとみえる。

また、「冷泉津の庄の浦に美しい乙女が住んでいて若者の関心を退けていた。或日、乙女は、海辺を散歩していた美しい若者に遭った。その歩いた後に芳香が漂った。その後乙女の姿が突然この浦から消えたので若者達は失望した。乙女は鱸《すずき》が化身した若者に魅入って、海底に連れ去られたという噂が広まった。この頃以後、不漁な日でも乙女に想いを寄せた若者だけは鱸が多量獲れた。何年か過ぎた頃、博多の浜の柳ヶ池に人魚が罹網した。不思議に人魚と乙女の顔が酷似していたので竜宮寺の境内に葬り人魚塚と称したという。

現在の人魚塚は昭和三三年（一九五八年）に復元したもので、同寺には、上体は天女で宝珠を持つ人魚の絵が残されている。

この寺には人魚の骨が寺宝として保管されており、その桐箱にその所由が書いてある」と記されている。

さらに、上掲の「人魚の骨」に関して、「今から七百三十八年前（貞応元年四月十四日）博多西町の柳ヶ池で長さ三十三間もある人魚が獲れた。人々は国運長久の験で大いに喜び竜宮の使者だと言うので池の辺の浮御堂を竜宮寺に改め人魚の骨は同寺の寺宝となった。本版はその由来を誌したもの。昔は夏祭に楕円型漆塗りのタライに水を入れ、人魚の骨を浸してその水を長寿、富裕に卓効があると飲ませた」とも引用された文章があるが、このくだりは、なにからの引用文か明らかでない。しかし、文中に「本版」と書かれているので寺の縁起などの印刷物かもしれない。

この竜宮寺の寺宝とされてきた「人魚の骨」は写真でも公表されてきた経過があるので、その道の専門家により、ぜひ一度、調査を実施していただきたいものである。

以上のように、各地に伝えられてきた「人魚伝説」や「人魚塚」には、それぞれの由来があり、それなりの故事来歴のうえに成り立っていることがわかる。

そして、その内容は人魚にかかわる正の部分と、邪の部分に分かれ、両極において伝承されてきた事実がある点をみのがすことはできない。

このように、人魚は生誕以来、正と邪の二面的性格を宿命として背負っているといえようか。

第六章　世界に伝わる人魚話

世界中、どこの民族（国）にも水や食物、妖精・怪物、悪魔・幽霊といったものに関わる俗信や伝説は少なからずある。

しかし、わが国ほど、そうした幻想世界に生きる「もののけ」の数が豊富な国は、世界中を見わたしてもめずらしいと思う。あるいは、われわれが日本以外の各国のこの方面の情報をあまり収集していなかった結果、そう思うだけなのだろうか。

そこで世界の各地域（国）に伝えられてきたこの種の情報を調べてみると、北ヨーロッパには妖精や怪物が多い。というよりは、この地域は妖精の国なのだ。妖精の国というより怪物の国にちかい。そしてまた、目当ての人魚も多い。北ヨーロッパの人魚といえば、デンマークのコペンハーゲンの港近くにある人魚姫の「小さな人魚像」（第九章二〇七頁参照）を想いうかべる方が多いと思うが、ここでいう人魚はそうではない。イギリスのアイルランドやスコットランドなどにもさまざまな妖精や怪物が棲んでおり、わが国に比較して、まさるともおとらない「妖精王国」であることが明らかになった。その理由はさだかでないが、この不思議な地域（国）はケルトの人たちが暮らしてきた地であるから、ケルト民族もわが民族と同じように想像力が豊かで、特別の感性や魂の持ち主なのかもしれないと思う。

そこで、このケルト民族の住んできたアイルランドやスコットランドに伝わる「異郷物語」ともいうべき神話・伝説の中から、人魚（メロウ）にかかわるものをひろってみた。

北欧の人魚話

まず、アイルランドの妖精伝説集ともいえるピーター・ヘイニング編著の『妖魔の王国』をみると、ワイルド夫人の収集した『アイルランドの古伝説』（一八八八年）が紹介されている。同書によると、

アイルランドでも、人魚は Merrow（メロウ）とか、ときどきは Suire（海の乙女）とも言われて魅惑的な長い歴史を持っている。メロウはアイルランド風に書くと Moruadh となるが、海という意味の Muir《メル》と、娘を意味する oigh《オウ》という言葉に由来しているという。伝説では、人魚はいつも美しく、この特徴が彼女らについてのどんな物語でも最大の魅力になっている。また、オリーブ色の肌と水かきのついた指を持っている。一方、男の人魚 Murdhuach（マードック）は、立派な胴体は持っているものの、醜い姿をしている。豚のような目、赤い鼻、緑色の歯、海草のような髪の毛を持っている。たぶんそのために、女の人魚は、船乗りか、海辺に住む男を恋人に持ちた

男の人魚伝説（『人魚のクーさん』より）

がるのだろう。

アイルランドには、人魚を先祖に持つといわれている家系がいくつもある。例えば、ケリー州のオフラハティ家やオサリバン家、クレア州のマクナハラ家などである。

さらに、編著者のピーター・ヘニングによると、W・B・イェイツの『アイルランドの妖精譚と民話』を引用して、

> 一八世紀、バントリー近くに、体中を鱗でおおわれた女性がいたと言われている。彼女は人魚との結婚の結果なのだと言われていた。時々、人魚は海から出て来て、角のない小さな牛の姿で海岸を散歩する。彼女たちは、本来の姿でいる時には〈Cohullen druith〉と呼ばれる毛でおおわれた赤い帽子をしている。もしこの帽子を盗まれると、彼女たちは二度と波の下へは戻れない。

また、アイルランドに伝わる伝説の中で、だれでもが知っているといわれる、次のような有名な人魚の話がある。

五八八年にベルファストの入江で捕えられた人魚の話だろう。彼女は何年間も姿を見せ、水面の下から歌声を聞かせていた。そして船を出して網で彼女を捕まえた男たちは、彼女のうっとりするような美しさに魅せられてしまった。

さらに彼らが驚いたのは、この人魚が、かつて洪水で死んだある家族の一人、リバンという小さな少女であったことだ。彼女は、海に呑みこまれた後も生き続け、徐々に人魚の姿に変わっていった。男たちは、この少女をマーゲンと名付けて、誰もが見えるように水槽に入れた。その後、数々の奇跡が彼女の廻りに起り、彼女が死んだ後に、〈聖マーゲン〉とよばれるようになった。

ジョン・バテン画「海の乙女」(『妖精異郷』より)

この話はアイルランドで最も有名な人魚の話というだけあって、いろいろのタイプのストーリーに潤色されているらしい。松井魁《いさお》氏は『伝説と幻を秘めた人魚』の中で、アイルランドの神話として次のように紹介している。

リビアンという人魚の誇りある物語である。

若い女性リビアンは紀元九〇年の大洪水で溺死

したがその後、鮭の尾鰭のあるカワウソに変身して、ペットの犬を連れて五百年間アイルランドの海岸周辺を泳ぎ廻っていた。しかし、人魚は孤独な海面下の生活に疲れ果て、聖者コォチガァルに助けを懇願したところ、天国に行くことが許されて祝福され、天国で栄光ある聖童女達の座を占めた。

伝説や昔話などは多くは、古文献や古記録などを引用する以外に紹介するてだてがない。そこで、もう一つ前掲のワイルド夫人が『アイルランドの古伝説』の中に収録した話を紹介しておきたい。

死んだ兵士（アイルランド）

このように題された人魚の話は、アイルランドのシャノン川の中の小島に現われたと今なお信じられている話だという。訳者の芳賀倫夫氏によるものを直接、引用させていただく。

シャノン川に一つの島があります。そこにもし、陽の下で人魚が岩の上に坐っているのが見えたなら、どこか近くで災いが起きるといわれています。彼女たちは不幸を告げるため以外に現われることはありません。彼女たちは人間たちに恨みを持っていて、私たちの不幸を喜ぶのです。

ある日、一人の若い漁師が、この島へ向う流れに巻き込まれました。彼は血が赤く長い筋をなしている所へやってきました。そこから、人魚たちが坐っている岩場へ向けてボートを漕ごうとしました。しかしボートはぐるぐると渦に巻かれて、ついに波の下に沈んでしまいました。

彼はまだ意識を失っていませんでした。彼はあたりを見廻しました。背の高い植物が繁っている美しい国に彼はいました。そこへ人魚がやって来て、甘く歌いかけ、ワインを飲むように勧めました。しかし、彼はそれを飲みませんでした。それが血のような色をしていたからです。下を

W. H. ブルーク画「くつろぐ人魚」(『妖精異郷』より)

見ると、恐しいことに、喉をかき切られた一人の兵士が、血だまりの中で、床に横たわっていました。そしてそれから、暴風の中で漂っていたボートで意識を取り戻すまで、彼は何も覚えてはいませんでした。彼は岩に叩きつけられ、そこで彼を捜していた友人たちに見つけられて、家に戻りました。

そこで彼は奇妙な話を聞きました。アスローン兵舎からの脱走兵が、追いつめられて、自分で喉をかき切って、橋から川の中へ飛び込んだというのです。まさに彼が人魚の国で見たあの死体のことです。彼は怯えて、牧師におはらいをしてもら

って、やっと安心できたということです。

　それからは、岩の上の恐しい生きものが、彼を苦しめることはありませんでした。しかし、人魚たちは、今でもシャノン川の中の小島にいて、あわれな犠牲者の死を願って待ちうけているということです。


　この人魚伝説の訳文を拝読して思うことは、わが国の各地に八百比丘尼伝説とは別系統に伝えられている人魚の伝説とは、内容や類型がまったく異なる点である。まさに、異郷の人魚話ということなのだろう。

　また、アイルランドの人魚伝説の中で、わが国に紹介されている話に「人魚のクー」と訳された童話がある。クー（クーマラ）は男の人魚で、酒飲みのせいか、あまり人気がない。それ故、「カッパのクー」と訳した本もある。（一一六頁図参照）

スコットランドの人魚話

　アイルランドの項でも述べた通り、スコットランドもまたケルト民族の文化的伝統を色濃く今日に伝えている地である。

　もとより、アイルランドやスコットランドにはケルト民族が住んでいた。ところが紀元五世紀半から七世紀頃、現在の北ドイツやデンマークあたりからアングロ・サクソン民族がこの地に侵入。土着のケルト民族を征服してイングランド（ブリタニア・イギリス）を占領したため、ケルト民族の一部はイングランド西部のウェールズ、スコットランドやアイルランドに追いやられた。

今日、イギリスのブリテン島は、北部をスコットランド、南東部をイングランド、南西部をウェールズの三地方に分けている。

また、ブリテン島の西部に位置するアイルランド島は、後の一九四九年、南部だけ独立してエール共和国となったが、北部はイギリスの一地方になっていたことがある。以上のように複雑な過去の歴史をもつ土地柄（民族も含めて）だけに問題も多い。

「頭巾を奪われた人魚」

スコットランドやアイルランドでは、赤い三角帽子や頭巾が話の中によくでてくる。赤い帽子は魔法使いや怪物などが変身するために必要不可欠の持ち物で、神通力をもっているとされる。次の話は前掲松井魁《いさお》の著書からの引用である。

スコットランドの北端、サザランド州の城主がある日、城下の浜で美しい人魚が岸辺近くを泳ぎまわっているのを見た。

さも上陸したげな風情なので、ある日、岩の上の人魚の赤い頭巾を奪って、人魚を城へ連れ込もうと計画した。

頭巾を奪われた人魚は海へ帰ることができず、泣く泣く城主の妻になった。

いく年かが経ったある日、城主の留守中に使用人が納屋の奥から、例の赤い頭巾を発見して、奥さんに見せた。それを見た人魚（奥さん）は昔の海の想い出に矢も楯もたまらず、愛児を残したまま海へ跳び込み、二度と帰ってくることはなかったが、子供恋しさに岸近くまで泳いでくることも幾度か重なったが、子供が人魚でないことを嘆いて、ただ泣くばかりであった。

この子孫は代々、泳ぎが達者で、水には決して溺れないという。


最後に、もう二編、南太平洋（ミクロネシア）に伝えられてきた人魚話と、南米ペルー共和国のオアシス（砂漠にある緑地）にまつわる泉（淡水）の人魚話を紹介しよう。

ミクロネシアの人魚話

グアム島のシレーヌ

ここに紹介する「人魚」の話は、ミクロネシアの島々が日本の信託統治領から、アメリカの（国連の）信託統治地域に変わった後の一九五一年に、当時の高等弁務官事務所の教育担当部門が現地の子供たちに英語教育を普及するために刊行した『ミクロネシアの伝説』というテキストブックに収録されているものである。したがって、子供たちが読みやすいように、やさしい文章になっている。なお、同書の「シレーヌ」にかかわる章の完訳は、現在ロンドン在住の竹内千尋氏による内容であるが、さらに、筆者が抄訳したことをおことわりしておく。


その昔、グアム島にシレーヌという少女が住んでおりました。

彼女は、美しく、愛らしく、優しいのですが、他の女の子とは、少々変わったところが、暮らしの中にありました。

というのは、自分が好きなところには、どこにでも泳ぎに出かけてしまい、母親がとめても、それを守らないのです。

グアム島のシレーヌ（『Legends of Micronesia』より）

彼女は、水の中にさえいれば嬉しいのでした。それ故、とても上手に泳ぐことができたのです。
グアム島では、彼女のように速く泳いだり、水中に深く潜ることができる人はいませんでした。
彼女と母親が暮らしている場所は、アガナの泉に近いところでした。そこは、とても流れの速い川で、深い場所もありました。あたりは美しい樹や花でいっぱいでした。そのためか、シレーヌは、そこで一日中、川に入って遊んでばかりいたのです。

母親は一生懸命に働き、家事をこなし、ガーデニングもおこなっていました。二人暮らしの母親には、シレーヌがどうしてそんなに泳ぐのが好きなのかわかりませんでした。

母親が呼ぶと、川から返事をすることがありましたが、しばしば遠くに出かけその声を聞くことができませんでした。

そのため、「そろそろお前も何かを学ぶ年なんだよ……」と、母親は何度も何度もシレーヌに云って聞かせました。

「ここにいて、私を助けておくれ」と母親はいい、娘に食事や家内外の掃除を手伝わせたり、料理や衣服のつくり方も教えようとしました。しかし、シレーヌは、さっぱり云うことを聞きませんでした。そして、相変わらず川で泳いで遊んでいるばかりです。

その頃、グアム島のチャモロ人の多くはクリスチャンで、シレーヌも同じでした。彼女は洗礼を受けていて、母親と同様な教母がおりました。

教母もまたシレーヌをこよなく愛していましたので、シレーヌがどんなところに行っても、シレーヌの人生のことや、その幸せを考えていました。

「シレーヌは私の娘でもあるのよ……」と教母は話していました。

ところがある日のこと、母親がシレーヌを呼んでも返事がありません。

シレーヌがやっと家に帰ってきたとき、母親は彼女をしかり、「いつもお前はどこへ行っているんだ……」とたずねました。

「泳いでいただけよ……」と彼女は答えました。

母親は、「お前は泳ぐのが好きなんだから、いっそ、魚になってしまえばいいと思うよ……」。

「そうすれば、お前はいつも泳いでいられるからね……」。こんなふうに母親は娘にきつくののしりました。

シレーヌがいつもこまった時にやってきてくれる教母は、「シレーヌを魚にすることはできません……」といいました。

母親は、自分の言ったことに驚き、「シレーヌを助けてください」といいました。

しかし教母は、「彼女をまったく助けるわけにはいかないのです」と答えました。

教母は、「シレーヌは、お母さんの言葉通り、半分は魚になってしまいましたが、体の半分は私の願い通りです……」といいました。

教母は、シレーヌに「私が洗礼した時、お前の心、精神、思考をも洗礼しました。それはお前の上半身なのだから、上半身はそのままだよ……」といいました。

「お前の母親ののろいは、下半身だけを変えたのだよ……」ともいいました。

そして、教母が不思議な言葉をとなえると、シレーヌの体の半分がみるみるうちに変わってしまいました。

その姿をまだみない母親が、シレーヌに言葉をかけない前に、シレーヌは川に走り、そしてとび込むと、彼女の下半身は魚に変わりました。

シレーヌはとても嬉しそうに、それまで以上に速く、深く泳いだり、潜ったりして遊びました。シレーヌはミロンドのアガナの泉の川の最も深いところから、アガナの滝や、太平洋に向って泳ぎました。

広い海に出ると、銀色に光った人魚が月夜に泳いでいるように見えました。はじめの頃は、シレーヌは、そこここで見かけられました。

だがその後、母親も教母も、二度とシレーヌを見ることはありませんでした。

しかし、グアム島の漁師たちは、その後も彼女を見かけたり、その歌声を聞くことがあったということです。

シレーヌは嬉しそうに泳いだり、潜ったりして、時々、海岸で休んだり、歌を唄ったりしていました。

彼女は何の歌を唄っていたのでしょうか。漁師さんたちに聞けば、きっとその歌を教えてくれるでしょう。

伝説の内容からわかるように、グアム島をはじめマリアナ諸島に住んでいたチャモロ人やカナカ人は一六六八年にスペイン人宣教師（カトリック）がグアム島に教会を建てて以降、キリスト教の洗礼をうけるようになる。

ポルトガル人マゼランが、スペイン王チャールズ五世の援助をうけて航海に出た後、現在マリアナ諸島とよばれる島々に、たまたまたどりついたのは一五二一年であった。その後の航海で、フィリピンに至る。それゆえ、フィリピンは一五七一年以来、スペインの統治下におかれた。したがって一六六八年にグアム島へスペイン人たちがやって来た時には多くのフィリピン人を使用人として同行させている。

〈チャモロ〈人・族〉とは「純血のチャモロ族」とみるほかに、先住民とスペイン人やフィリピン人との混血児をチャモロと呼ぶのだともいわれる〉。

いずれにせよ、この伝説は先住民の伝えたものではない。

しかし、マリアナ諸島には同類の、原型ともいえるような伝説が伝えられている。

その内の一つ、サイパン島の伝説（民話）を見てみよう。

サイパン島の伝説

ある村に夫婦と一人の娘が住んでいたが、娘は海で泳いでばかりいて、家事など手伝わないので、ある日、母親が「そんなに泳ぐのが好きなら、いっそ、魚になってしまえばいい……」といった。

それでも、彼女は泳ぐのをやめなかった。それから幾日かたって、彼女が泳ぎ、遊んでいると、何尾かの魚が彼女の周りをとりかこむように集まり、一緒に泳いでいたので、彼女は魚たちに、「その美しい鱗を、わたしにもわけてくれないか……」とたのんでみた。

すると、魚たちは喜んで、鱗をはぎ、彼女の下半身に付けてくれた。

しかし彼女は、足が魚の尾鰭になってしまったので、家に帰ることができなくなってしまった。娘が帰ってこないことを心配した両親は、いつも泳ぎ、遊んでいるところで彼女を見つけたが下半身が魚になってしまった娘は、「家に帰りたくない……」という。

しかたなく、両親は井戸を掘って、そこに娘が暮らせるようにしたが、真水のため、娘は病気になってしまったので、海にもどしてやった。

両親は悲しんだが、娘は、「母親が魚になれといってくれたので、その通りになったが、今では魚の仲間たちと一緒で楽しい……」というので、娘をそのままにしたため、魚と一緒に海で暮らすようになった。

今でも時々、一頭の人魚を近くの海で見かけることがあるが、それは彼女なのかもしれない。

この伝説の出典について松井魁《いさお》氏は『伝説と幻を秘めた人魚』の中で、ロジャー・E・ミッチェル『アジアの民話』（六「ミクロネシアの民話」、古橋政治訳、大日本絵画、一九七九年）より引用をしたものとしている。

また、同じような伝説はパラオ諸島のコロールにも伝えられている。

パラオ諸島の人魚話

同じミクロネシアのパラオ諸島にも、「人魚の話」が伝えられてきた。

土方久功《ひじかたひさかつ》は昭和四年（一九二九年）から一四年（一九三九年）にかけてパラオをはじめ、ヤップ離島のサタワル島（サテワヌ島とも）で神話や伝説の調査をおこない、昭和一七年（一九四二年）には『パラオの神話伝説』を発表した。

鬼籍に入る前、畏友の土方氏から伺った話だが、

「その昔、ホルレイのイユングルというところに一人のお婆さんが住んでいた。ある日、川に出かけて水浴をしようと思い、水に飛び込むと、そのお婆さんは〈人魚〉（メセキュー）になってしまった。人魚になってしまったお婆さんは、川をくだって泳ぐと、やがて海に出た。岩山にたどりついて七日ほどするとお腹が大きくなって人魚の子供を産みおとした。人魚はタロ芋の花を持っているという。そして、口の下に木の実（ア・ケアム）をつけているとも。人魚はもともと人間であったお婆さんから生まれたのだから人間の子供なのだ」と。パラオ諸島にはジュゴンが多いため、人魚話もまた多い。

ペルーの人魚伝説

オアシスの泉に棲む人魚

中南米や南米に人魚伝説があることは、千葉県いすみ市御宿町の歴史民俗資料館内のメキシコ・アカプルコとの姉妹都市コーナーに「人魚像」が展示されていることでも知られていた。しかし、その伝説の詳細な内容までは不明であった。(一四六頁写真参照)

そこで、現地取材におよんだ。

地上絵で有名なペルー共和国のナスカに近いイカの町はずれのオアシスがその舞台である。地元ではワカチーナ(ワカチナ)の泉という名で知られるオアシスで、砂丘に囲まれた擂鉢《すりばち》状の底に長さ一〇〇メートル、幅六〇メートルほどの泉がある。周辺にはヤシの木をはじめ亜熱帯植物の数々が茂り、観光のスポットにもなっている。この泉は薬用効果があるとも聞いた。

このオアシスに一人の娘が住んでいた。彼女はいつも美しい声で歌を唄っていたので、皆が泉のほとりに集まってきた。だれからも愛される人気者であった。

ある日のこと、彼女はいつもと同じように髪を梳《す》きながら唄っていると、手鏡に、後ろから美しい若者が近づいてくる姿が映ったので、彼女は慌《あわ》てて泉の中に潜ってしまった。

それ以後、このオアシスの泉の中から、美しい歌声が聴かれるようになったので、彼女は人魚になって唄いつづけているのだという。(Keiko Sato de Ugarte 談)

いかにもヨーロッパ中世以降のキリスト教文化の影響をうけている伝説の内容だが、泉のほとりにはランコープという会社が、イカを訪れる人々のために「人魚像」を寄贈したので、今では、このオアシスのシンボルとなり「ワカチーナの人魚」(Sirena de Huacachna)と呼ばれ、親しまれている。人魚像には「一九九〇年三月一〇日・マルコ市長」のメッセージが添えられている。

以上、世界各地に伝わる「人魚話」のごく一部を紹介したが、人魚話の数は実に多く、枚挙にいとまがないほどである。機会があれば改めて一書にまとめてみたいほど、その数は多い。

オアシス「ワカチーナ」の人魚像

なお、人魚にかかわる話は、隣国の韓国(朝鮮)をはじめ、中国、ロシア、東南アジアはもとより、ヨーロッパの国々にもある。

さらに、上述したように、ミクロネシアのパラオ諸島にはジュゴンが多く棲息していたため、人魚と見まちがえたり、人魚そのものだと信じこんでいる地元の人々が多かったのである。実際、筆者もパラオで、人魚が「月夜の晩になるとランプの灯を求めて波打際までやって来て、悲しそうに泣く」という話をよく聞いたことがあった。（拙著『母系の島々――ミクロネシアの民具を探る』所収「酋長と人魚」太平洋学会双書、創造書房、一九八二年、参照）

　またパラオ諸島には、島民が神聖なものとして、食べてはいけないとされる木の実があり、それを食べることをタブーとしているのだが、ある母子がその実を食べてしまい、そのことを恥じて海にとびこみ、人魚になってしまったという伝説もある。

第二部　モノと人魚——美術・工芸・文化

第七章　装飾・デザインと人魚

宝飾品の中の人魚

デザイン化された人魚は数多い。高級装飾品、美術工芸品から日用雑貨に至るまで、あらゆる分野に人魚の図案、作品が登場する。屋外では公園の噴水や庭園の人魚像など、ブロンズ像や大理石像も多い。看板も目立つ。住宅の屋根には「風見」の人魚も。

屋内でも置物、花瓶や壁掛けの飾り、マントルピースの燭台、食器（皿やグラス）、スプーンや栓抜きなど、なんでもある。玄関には靴箆《くつべら》もある。

書斎をはじめとする部屋にも、額縁や電気スタンド、ペーパーナイフ、ブックマーカー、プラスター（石膏像）、飾り壺や人形（装飾品としての人魚）、文鎮、香水瓶、パイプ、時計など、数えあげれば数限りなしといえよう。しかも最近ではキャラクターとして人気の高いリトルマーメイドやキティーちゃんにかかわる玩具や食品まで製造・販売されている。

また他方、宝飾デザインの中の人魚も多い。イタリアのナポリ近郊で、貝殻などを素材として浮彫り宝飾品を作る有名なカメオをはじめ、リング（指輪・耳飾り）やブレスレッドなどのアクセサリー、ルネ・ラリック（René LaliQue）工房の作品に多い人魚のガラス工芸、ドイツのマイセン磁器などにも人魚の作品は多い。

わが国では養殖真珠によるアクセサリーが多い。しかし、ヨーロッパには天然真珠を素材にしたネックレス（ペンダントヘッド）も多く、二十世紀の初頭にジョージ・フレデリック・クンツとチャールズ・ヒュー・スティーヴンスンの共著で出版された『真珠の本』（The Book of the Pearl）には真珠のアクセサリーの美しい図版が数多く紹介されている。

人魚をデザインした時計（スイス，オメガ）

また、シルビア・マラグッジ著『真珠』（The Pearl. Silvia Malaguzzi, 2001）にも人魚の宝飾品が多数紹介されている。実物は三重県鳥羽市の「真珠の博物館」のコレクションが有名である。

なお、上掲『真珠の本』の著者の一人、クンツはニューヨークのティファニー宝石店の副社長でもあったという。（松月清郎著『真珠の博物誌』による。）

そのティファニーのステンドグラスの作品にも人魚をデザインしたものがある。

本章では、このように数多い装飾デザインの中の屋内、屋外の宝飾品の人魚や装飾品、それにデザインされた人魚のいくつかを紹介する。

ガラス工芸家として知られるルネ・ラリックの作品の中には、オパルセント・ガラスとよばれ、光があたると乳白色に輝く人魚の作品が多い。大型の飾り皿、実用的な食器（皿が多い）のほかに、人魚の置物、香水瓶、リングトレーから自動車のラジエターキャップまである。このオパルセント・ガラスをつくるためには砒素《ひそ》を使用しなければならない。美しい色彩を出そうと努力した影に、砒素の

人魚のウィンドー（ティファニー，1905年頃，ファブリル・グラス，169×154 cm，個人蔵，ティファニー展カードより）

メキシコ（アカプルコ）の人魚の置物（高さ 36 cm，千葉県いすみ市御宿町歴史民俗資料館蔵）

人魚とキューピットのベルト飾り（18 世紀頃）

銀製リング

銀製リング

銀製リング

イタリアのトーレ・デル・グレコのカメオ（チーロ・フェラーラ作）イルカと遊ぶ人魚

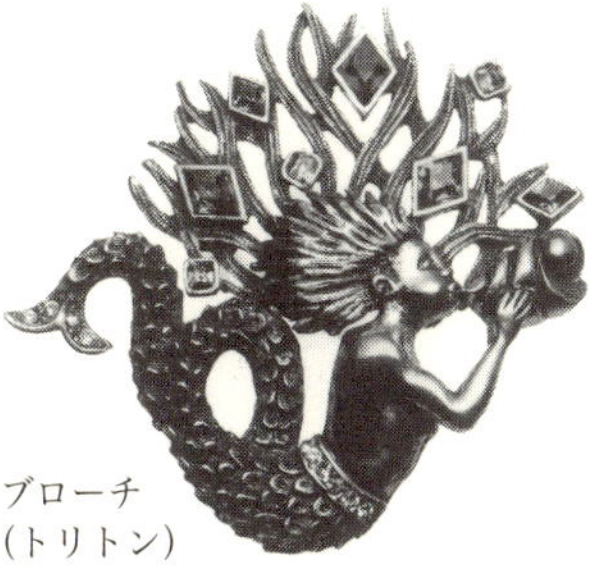

ブローチ（トリトン）

害で多くのガラス工場の職人が命をうばわれた。公害第一号だなどといわれたこともあるという。

貨幣の中の人魚

独立国のバルバドス（Barbados）は西インド諸島の南に位置する島国で、ウインドワード諸島の東端にあり、イギリス連邦に属している。

この、南米大陸に近い島国は、『小学館百科辞典』によると、面積は四三一平方キロ、人口約二四万、首都はブリッジタウンで、もとは「砂糖の島」とよばれるほどサトウキビ栽培の盛んな島で、砂糖産業が島の経済をささえてきたという。また、ラム酒工場をはじめ、関連工場も多いという。

この島は一五三六年にポルトガル人によって発見され、一六二六年よりイギリス領となり、西インド諸島でスペインの支配をうけなかった唯一の地域である。

一八八五年にウインドワード島から分離し、のち一九六六年に独立を達成した。公用語は英語で、通貨はバルバドス・ドル（1 Barbados Dollar＝100 Cents）。

バルバドスの国名は、ほとんどの人が知らない。が、この国は一九八五年に一〇〇ドル金貨に人魚をデザインして発行したことがある。（写真参照）

金貨の裏にはイルカとペリカンが描かれ、「PRIDE AND INDUSTRY」と刻印され、国民に誇りをもつことや勤勉であることを呼びかけている。

アンデルセン生誕200年の記念金貨
（10クローネ，直径約22㎜）

バルバドスの100ドル金貨
（直径約27㎜）

その後、通貨に「人魚」が描かれているものでは、筆者の知るかぎり、二〇〇六年になって、アンデルセンの生誕二〇〇年を記念し、母国のデンマークで記念コイン二種が発行されて人気をよび、あっという間に完売（？）されたとか。

デンマーク国立銀行は記念貨を発行したが、その「法定通貨」は金貨と銀貨の二種類で、額面はいずれも一〇クローネ。ちなみに、金貨は直径約二二ミリで、重さは約八・五グラム、発行限定枚数は六〇〇〇枚。銀貨は直径三八ミリで、重さは三一・一グラムで発行限定枚数は六万枚。

人魚姫のデザインはデンマークのアーティスト、ビヨルン・ノアゴールによるもので、王子への想いをはせる人魚姫の後姿を美しく描いたといわれるように、長い髪の毛が印象的。後向きにデザインされた人魚もめずらしい。また、コインの表面にはマルガレーテ女王の肖像が描かれているが、「人魚姫」ファンとしては、こちら側はどうでもいい。金貨も銀貨もデザインは同じ。（写真参照）

なお、ローマ時代にも人魚の貨幣があるという話もある。

郵便切手の中の人魚

コレクションの中で、切手ほど人気のあるものは他にないといわれる。したがって、コレクターも多い。

そのコレクターが多い理由の一つは、年齢層が厚いこと。こどもの頃から、まず、身近で、しかも特に小遣いを使わなくても、ある程度は集まるので増えていく。

それに、きれいな図柄のものが多いし、収集してもさして場所をとらない。

だが、特に切手コレクションに目覚めての収集となれば、それは別である。

その多くの切手コレクターの中でも「人魚の切手」となると、どうなのだろうか。

切手コレクターでない筆者では、その奥深さを知るよしもないが、切手収集家として高名な加藤和宏氏によると、人魚の切手はそれほど多くはないという。

本稿では、素人の筆者が加藤氏の助力を得て集めた人魚の切手を紹介する程度にとどめるほかない。

だが、世界中には数種類でも人魚をデザインした切手があるということは、これからの収集に希望がもてるともいえようか。(口絵参照)

筆者の手許にある「人魚の切手」を古い順に掲げると、まず、一九三五年発行という切手がある。

この切手はデンマークのもので、同国が誇る国際的な童話作家ハンス・クリスチャン・アンデルセ

1970年発行
（日本，エキ
スポシール）

1935年発行
（デンマーク）

1976年発行
（タイランド）

1982年発行
（スイス，「ヘ
ルベチア」）

1992年発行（タイランド，「こどもの日」の記念切手）

Sierraは峨々たる山脈の意，Leoneはライオンのような意（したがってスイスで印刷の切手か，Le 1500とある）

ンが一八三五年に刊行した作品『人魚姫』の百周年を記念して発行した切手である。今日でいう記念切手だ。それ故、切手には「1835～1935・デンマーク」と印刷されている。

ヴィック・ド・ドンテ著の『人魚伝説』によると、この時代はロマン主義の全盛期であったという。したがって、空想的・浪漫的・伝奇的な、あまい情緒や感傷的な作品が好まれる傾向にあり、夢や空想の世界に対するあこがれをもつ人々により人気がでたのであろう。

「エキスポ70・リトル・マーメイド」は、切手ではなく、シールのようである。発行年の一九七〇年は、大阪で日本万国博覧会が開催され、国内中がわいた年でもあった。その「記念シール」なのであろう。郵便切手であれば値段（価格）の表示があるのだが。

一九七六年にタイで発行された人魚の切手は、伝統的な「タイの人魚」を象徴的にデザインしたもので美しい。「インターナショナル　レター　ライティング　ウィーク」と記されており、「スパン・マト・チャ」とみえる。したがって、タイランドで国際文通週間の記念に発行されたものであることがわかる。

次は、一九八二年にスイスで発行された男の人魚の切手である。これは海王ネプチューンなのであろう。「ヘルベチア」と印刷されているのは、古い時代（古代）にスイスあたりに住んだヘルベチア族のことで、ヘルベチアンとはそれらの人々をいう。

タイで発行された「人魚の切手」がもう一枚ある。一九九二年に「こどもの日」を記念して発行された切手である。左手に鏡、右手に櫛のデザインは、今日では世界的に認知されているともいえる人魚のポーズと「小物」で、なかなか本格的といわざるを得ない。

また、にぎやかな海底の様子をデフォルメしてデザイン化したのも面白い。タイランドの海は自然も豊かなのであろう。

発行年代が入っていない「人魚の切手」がある。他の切手と二枚一組のようにして発行されたもの。一枚は「リトル・マーメイド」と印刷され、他の一枚は「シィー・ビショップ」とみえる。共通して「ファンタジー　オブ　ザ　シィー」とあり、「Sierra Leone Le 1500」と印刷されている。

残念ながら、わが国には龍宮城（浦島太郎）をデザインした切手はあるが、筆者の知るかぎり「人魚の切手」があるのを知らない。少々、寂しい気もするが。

人魚の看板（サインボード）

世界各国といっても欧米が中心だが、各国の看板のうち、共通して多いのは人魚をデザインした看板であるように思われる。我田引水であろうか。

人魚の看板にも平面的なものから立体的なものまで、その種類は多い。

また、「人魚」とよばれる架空の動物のうち、その形状から分類すると、女の人魚・男の人魚・中性の人魚（こどもや年寄り、デフォルメされたイラストなど）がある。しかし看板になって登場するのは女性（マーメイド）に限られるといってよい。というより、筆者はこれまで、男性（マーマン）や中

右：ボストンに近いセーラムの「古い港町の宿屋」の看板（Sign Language, 1979 年より）
左：イギリス南東部海岸ライの通称「マーメイドストリート」（居酒屋と宿屋を兼ねたマーメイド・イン）の看板（カレンダーより）

右：ベルギー・ブリュッセルの街並を飾る船具店（土産物屋）の看板（「小便小僧」の像の近くで）
左：デンマーク・コペンハーゲンのニューハウン（新しい港）にはシーフードレストランが多い（近くにアンデルセンが住んでいたことがあるという）

ベルギー・ブルージュのベギン会修道院に近い街角で

イギリスのコッツウォルズ近郊で，看板の上には「MORLAND」とある（人魚が岩の上に座り，左手に鏡を，右手に櫛を持って身繕いをしている。遠くに岬が見える）

湘南の平塚海岸通りにある
レストラン「マーメイド」

「葉山マリーナ」の看板

福島県小名浜のシーサイド
マリーナの看板

人魚のサインボード（アメリカ）

性らしい姿や形をした人魚の看板をみたことがない。

これには、それなりの史的背景や理由があるようで、『大百科事典』(荒俣宏、平凡社)によると、「一般に女性の人魚は、海の岩場に腰かけて、手に櫛と鏡を持ち、髪をとかしている容姿や、歌を唄っているふるまいで、琴をかなでている姿で表現されていることが多い。このうち、櫛と鏡は人魚の原形となった豊饒と愛の女神(特にウェヌス)の持ちもので、性的快楽への誘いが暗示されている。このため後世では人魚は〈誘惑〉の象徴とされ、居酒屋でも人魚の看板を出すことが流行した」という。また、港町では船乗りを誘う酒場や宿屋の看板として役立った。

そして、「最も有名なのは、ベン・ジョンソンやシェークスピアなどの詩人たちが集まったロンドンの人魚亭(Mermaid Tavern)である」という。(第三部二八八頁項参照)

シェークスピアがこの店に通ったという話は、『ハムレット』の一節に、水に溺れるオフィーリアを女妃が「人魚のようだ」と表現していることからも伺えるような気がする。

以上、本稿では、これまで各地の街角で筆者が出会った「人魚の看板」のアラカルトを紹介するにとどめた。

人魚の船首像(フィギュア・ヘッド)

二〇年も前のことだが、湘南(平塚)の海岸通りに「マーメイド」という店名のレストランがあっ

た。（一五六頁写真参照）

看板も人魚の図柄で、店に入ると奥の柱に人魚の船首像（フィギュア・ヘッド）のレプリカ（複製品）がディスプレーされていた。

マスターに、どこで入手したのかと伺ったところ、東京の晴海埠頭近くで国際見本展示会が開催されていた会場でということであった。その時はじめて、「ハハーン、船首像にも人魚がいるんだ……」と気がついたのである。

それ以後、各地（特に国外）の海事博物館などに出かけるたびに「人魚の船首像」を探してみたが見あたらなかった。

ただひとつ、ハワイのビショップ博物館で見つけたのだが、よく見ると残念ながらフラダンスの踊り子らしく、首にレイをかけ、腰蓑《こしみの》をつけていたのでがっかりした記憶がある。

ところが、ある年の夏、長崎のハウステンボスに出かけた時のことだが、その中のマリン・グッズをあつかっている店の中にレプリカの人魚（船首像）を見つけた。今では、履歴について聞いてみたが、残念ながら国籍も船名も不明の土産物ということであった。履歴については店員さんが知らなかっただけだと、気をとりもどし、売っていた場所柄、「オランダ船の船首像」だと勝手に決めこんでいる。（次頁写真参照）

船の舳先《へさき》を飾る「船首像」（フィギュア・ヘッド）は、単なる船の装飾品ではなく、大海をゆく船の安全や乗組員の生命・財産を守る神像でもあり、シンボル、マスコットでもあった。

リスボンの国立博物館にあるポルトガル王室御座船の船首像(田辺穣『船首像』より)

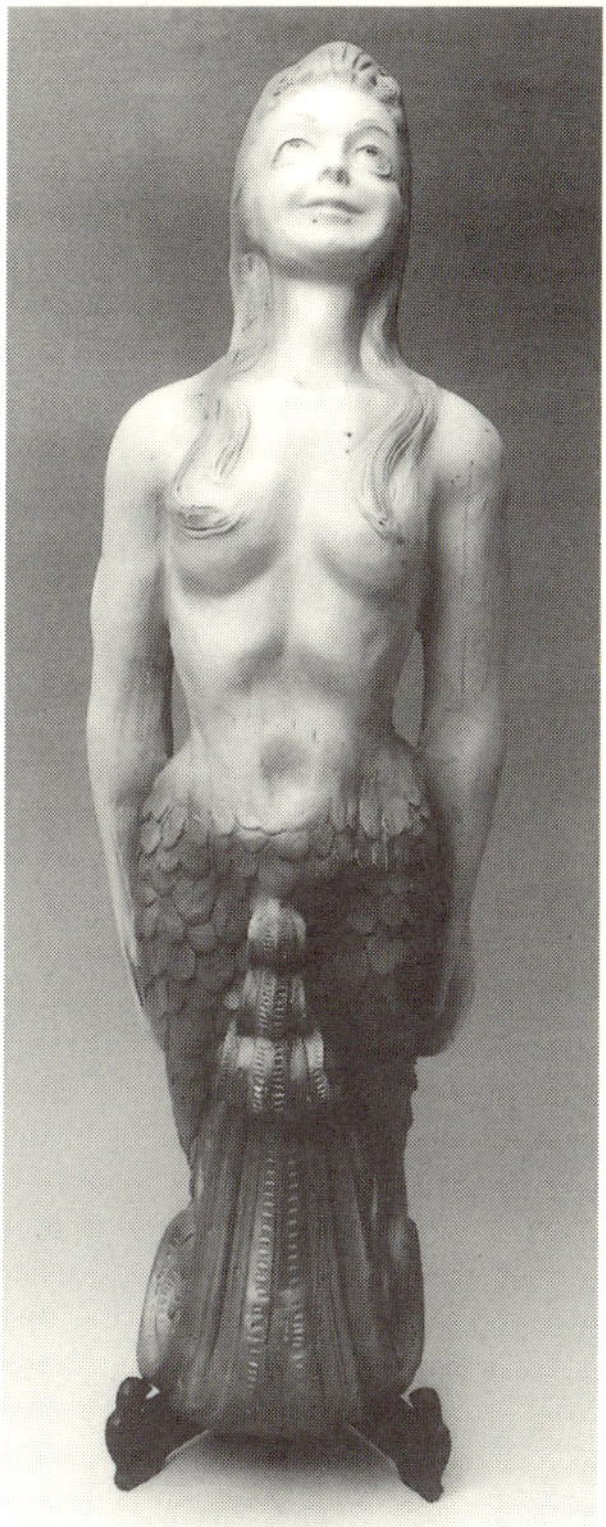

マーメイドの船首像（フィギュア・ヘッド，個人蔵）

「スピリット・オブ・アドヴェンチャー」の船首像（田辺穣『船首像』より）

田辺穣《ゆたか》著『船首像』によると、一六世紀以前の船首像は蛇や爬虫類、龍の頭、国王などの勇者の胸像や白鳥などで、紀元前の種類とあまり変わらないという。たしかに、アッシリアのコルサバード宮殿址から発掘されたレリーフの船首像は龍か馬の頭にみえる。（口絵写真参照）

それが同書によると、一七世紀にはいると船首像の特徴が、国の権威を象徴することを目的とすることになったという。

「海という大自然に対する敬けんな祈りをこめて、自然に発生した飾りが船乗りたちの素朴な、しかし真剣な象徴から離れて、國威を表現するためのこけおどしに変わった、といってもよいのである。敗けることを知らぬ百獣の王ライオンはこれにうってつけで、フランス以外の各国の船がこぞって用いた」（同書）という。

船を神聖視することや、敵や悪魔を威嚇《いかく》したり、権威を象徴したり、さまざまな願いをこめて船は飾られてきたが、船首像の主題は、時代や国によってさまざまである。特に十八世紀以降のものには美術的にすぐれているものが多いという。

なお、参考までに、ヴィック・ド・ドンテ著『人魚伝説』（一九九三年）の中に、イタリアの船首像と称する図が紹介されているが、船名についてはふれていない。

第八章　芸術・文化の中の人魚

芸術作品の中の人魚たち

静岡県熱海市の梅園町にある熱海市立澤田政廣《せいこう》記念美術館は名称のとおり、文化勲章受章者である政廣の彫刻作品をはじめ、陶彫陶画・油彩画・水彩画・リトグラフ・書・ステンドグラスなども展示している。

しかし、なんといっても入口のブロンズ像「海の讃歌」や、木彫の大作「人魚」はすばらしい。「海の讃歌」は昭和三八年（一九六三年）、六九歳の作品とされる。

本名は澤田寅吉。熱海の生まれだ。若い頃は本名の「寅」を、昭和七年（一九三二年）頃から号を「晴廣」とする。この頃、彼は三八歳であったが、昭和三〇年（一九五五年）の六一歳まで同じ号を用いた。記念美術館の名にある「政廣」の号は昭和三一年（一九五六年）になってから使うようになったものだ。

木彫家高村光雲の高弟山本瑞雲に師事する。政廣の作品中に「人魚」が多いのは、彼が若い頃、谷崎潤一郎の『人魚の嘆き』を読んで、大変興味をおぼえたからだと記された解説文を同館で読んだ記憶があった。

あらためて調べてみると、昭和四四年（一九六九年）に七五歳で完成させた「人魚」（木彫像・一二七×一二五センチ）にかかわり、談として、「人魚はですね、私は第一回目（第三回帝展）には、レリーフで出しました。それは、谷崎潤一郎の『人魚の嘆き』（短編小説）でしたね。それから着想したのです。そしてその後も、何とか人魚を作ろうと四〇年だか五〇年だか温めたのです。絵だけはずいぶん描いておりますが、彫刻でそのうちやろうと思って……それで何十年も温めて、初めてここに誕生しました」とみえる。（口絵参照）

同館が作成した年譜によれば、第三回の帝展は大正一〇年（一九二一年）で、彼はこの年二七歳。出品した「人魚」が初入選している。以後、人魚の作品は水彩画・水墨画・陶彫陶画・大作以外の木彫・リトグラフなど百点をこえる。

ところで、谷崎潤一郎の『人魚の嘆き』という作品は、大正六年（一九一七年）に『中央公論』（一月号）に掲載された短編小説である。単行本としては大正八年八月に春陽堂から水島爾保布の装画で飾られ、刊行されている。

大正六年は政廣が二三歳で、前掲年譜によれば、大正二年、韮山《にらやま》中学を中退後、東京に出て、山本瑞雲に師事していた頃のことになり、大正八年は第一回帝展に「裸婦像」を出品した年である。

「独身主義の人魚とキューピット」（1961年，油彩，横須賀美術館蔵，横須賀市民文化財団作品展図録『朝井閑右衛門の世界』1997年より）

澤田政廣作「人魚」（127×125 ㎝，1969年，熱海市立澤田政廣記念美術館蔵）

「人魚とトッカリ」（版画，「花の画房」蔵，横須賀市民文化財団特別展図録『飯塚羚児の世界』1995年より）

澤田政廣作「海の讃歌」（ブロンズ，1963年，69歳の作品，熱海市立澤田政廣記念美術館蔵）

上述したように、第三回帝展に「人魚」を出品して初入選したことが、のちのちまで、「人魚」と政廣を結びつける絆となったのであろう。

なお、彼の作品であるブロンズの人魚像は東海道線の平塚駅前の海側にもある。

これまでにも人魚をモチーフにした画家や彫刻家、あるいは陶芸家などは多い。しかし澤田政廣ほど人魚の作品を残した芸術家はいない。

逆にいえば、人魚をモチーフにした作品はどこの美術館に行っても、所蔵リストの中からすぐに検索することができるといっても過言ではないほど多いのである。しかし、所蔵資料の点数となるとごく限られてしまう。

次に、卑近な例を二館について掲げてみたい。

平成一九年（二〇〇七年）四月、筆者の住む横須賀市の観音崎にも身の丈にあった美術館がオープンした。地域美術館ゆえ、所蔵品は貧しいが、その中にも筆者が気にかけている二点の人魚の作品がある。すでに他界した朝井閑右衛門が描いた油彩画である。

「独身主義の人魚とキューピット」と題する作品は昭和三六年（一九六一年）のもの。同じテーマの作品で他の一枚は、昭和四四年（一九六九年）、作者が六八歳の時の作だとされている。絵画より、テーマが面白い。

また、海洋画の偉才とよばれた飯塚羚児《れいじ》が自から命名したと伝えられる「花の画房」〈神奈川県大和市〉には、木版画の大作「人魚とトッカリ」（一〇五×五八センチ）が所蔵されている。この作品は、飯塚が五三歳の昭和三二年（一九五七年）に制作したもの。

飯塚は生前、久里浜の海岸に在住の頃、筆者に「自分が花をモチーフにするのは、船に乗っていると生花が恋しくなるから……」と話していたのが想い出される。「花の画房」の命名は八〇歳になった昭和五九年（一九八四年）のことだとされるが、生前の言動から、「さもありなん」といえる。

主題の「人魚とトッカリ」はトッカリを擬人化して見たてたもの。「恋物語」といえよう。飯塚が北の海に棲むトッカリに興味をもったのは、燈台の補給船「羅州丸」で、北海道・千島列島・樺太《からふと》（サハリン）方面への航海が多かったためだ。

日本画家の巨匠、鏑《かぶらぎ》木清方《きよかた》（一八七八年—一九七二年）が描いた「妖魚」と題する作品は、話題の多いことで知られる。

大正九年（一九二〇年）、第二回帝展に発表された当時、春山武松は、「これはベックリンがロゼッティの妹をモデルに描いた〈海の静けさ〉を下敷きにしている」と指摘し、評したという話が伝えられている。ちなみに、ベックリンという画家は、アーノルド・ベックリンのことで、人魚を描いた作品を多く残した。有名な作品に〈波の戯れ〉などがある。

このことに関しては、昭和一八年（一九四三年）に金井紫雲が著した『東洋花鳥図攷』の中で、鏑木清方の筆になる「妖魚」（六曲半双屏風）とともに解説を加えている。

金井は同書の中で、落合朗風も六曲にこれを描いたと紹介し、さらに、増田咲二も、この作品を残したとみえる。増田は鏑木の門下であったとも。

現在、鏑木のこの作品は福富太郎コレクション中に収められているというが、野上飛雲は、平成二年一月に新設された横浜美術館が開催した最初の日本画企画展に出品された「妖魚」を鑑賞した時の印象を俳句雑誌『笛』に記している。

礁上の人魚が切れ長の蠱惑《こわく》的な眼差しで、こちらをじっと見つめている作品を評して、「〈妖魚〉と題していることからも推察できるが、鏑木は、泉鏡花と親交を結んでおり〈妖怪文学〉の影響を受けた作品をいくつか描いており〈妖魚〉もその一つ。永遠の女性を妖麗に登場させている」と。

なお、鏑木清方記念美術館は鎌倉市雪ノ下にある。


「妖魚」ではないが、「幻魚」といえば、もう一人の画家がいる。

「幻魚」を描いた澤山卓爾は、明治四三年（一九一〇年）、広島県福山市大門町の生まれ。公立学校の教壇に立つかたわら、画業を志し、「蒼海幻魚」・「孤礁の伝説」など、一連の画業をつづけ、昭和五四年（一九七九年）には、フランス・オンフルール美術館公募の海洋美術展に「海の幻想」を出品して入選している。澤山氏はのちに二科会会員（審査員）となる。「人魚」や「幻魚」はいずれも同じ画風である。「蒼海幻魚」や「孤礁の伝説」なども変わらない。

鏑木清方画「妖魚」(大正 9 年，六曲半双屏風の部分，金井紫雲著『東洋花鳥図攷』より転載)

澤山卓爾画「幻魚」(1986 年，第 71 回二科展出品，ふくやま美術館蔵)

工芸作品の中の人魚たち

陶磁器・ガラス製品

人魚を主題（絵柄）にした陶磁器やガラス製品もまた多い。オパルセント・ガラスで加工したラリックをはじめとする飾り皿や各種の置物、香水瓶などもさることながら、陶器の大皿（飾り皿）や陶板画もある。熱海市立澤田政廣記念美術館が所蔵する人魚の陶板画はよく知られている。

このような数多い作品のうち、本項では特によく知られたものを紹介しよう。それは、岡山県倉敷市の大原美術館が所蔵する「ガレナ釉筒描人魚文大皿」の名で知られる直径四八センチの大皿で、作者はバーナード・リーチ。

武蔵野美術大学教授の前田正明氏によると、バーナード・リーチに関係ある陶芸作品はイギリスのスタッフォードシャー地方のスリップウェアという名前の焼物の伝統を引き継いだものだという。このスリップウェアは、もともと、フランス中世の陶器の伝統をうけつぎ、イギリスに伝えられて以後、独自の発展をとげたもので、一時は中断されていたが、その技法を再び復活させたのがバーナード・リーチであったのだという。したがって、スリップウェアの焼物は、イギリスの風土が生んだ民芸品ということになる。二〇〇八年、リーチの工房があったセント・アイヴスに博物館が誕生した。

バーナード・リーチ作「ガレナ釉筒描人魚文大皿」直径 48 ㎝（セント・アイヴス窯，1925 年，大原美術館蔵）

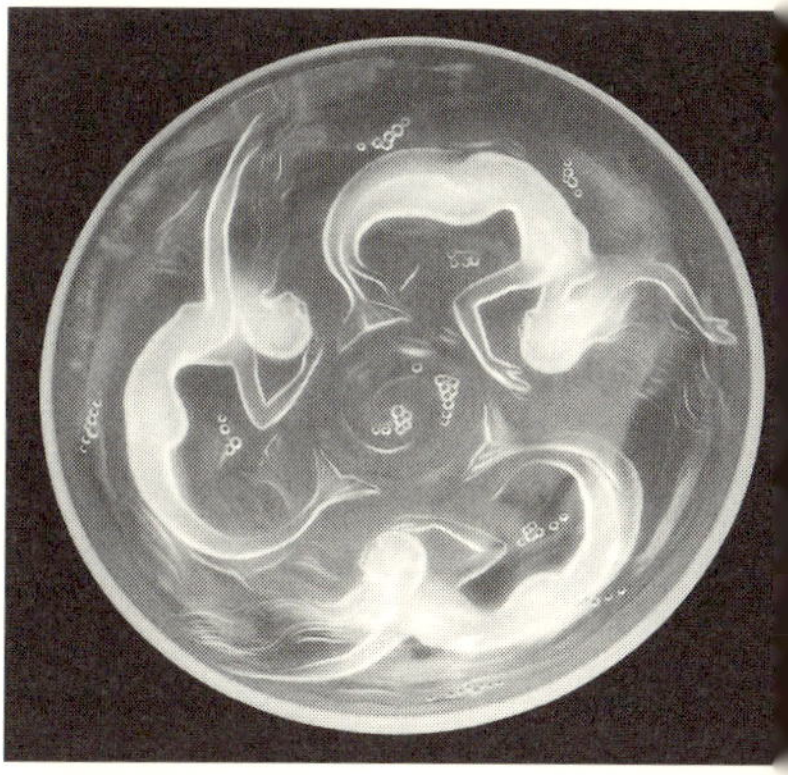

オパルセント・ガラスの人魚大皿，直径約 34 ㎝（個人蔵）

トーマス・トフトの人魚絵皿（1675 年頃の作品，直径 43 ㎝，ヴィクトリア・アルバート博物館蔵，前田正明氏の論考より転載）

陶板画の人魚（澤田政廣作，個人蔵）27×30 ㎝

大原美術館所蔵の大皿はセント・アイヴス窯で焼かれたとされるが、当時、日本の民芸運動に参加していたバーナード・リーチが一九二五年頃、セント・アイヴスに滞在して、浜田庄司と共にスリップウェアの再現をおこない、その作品を日本に持ち帰ったものだという。

七宝焼・籐工芸

木彫やブロンズ像の人魚、あるいは陶磁器、ガラス工芸品、紙粘土など、「人魚作家」のあつかう素材の種類は多い。ここでは伝統的な七宝工芸と、籐工芸の中で人魚の製作にいどんできた分野の作品をみてみる。

七宝焼は中国の秦・漢の時代からあり、わが国でも、奈良時代・平安時代にはすでに作られていた。古代の遺品としては、七世紀頃につくられた奈良県飛鳥村の牽牛子《けんごし》塚古墳から出土した亀甲形七宝金具が最も古いとされる。

しかし、七宝工芸は一時期中絶してしまい、慶長年中（一五九六年―一六一四年）に至って、再び、平田道仁が朝鮮人から製法を学び、以後、代々将軍家の七宝師として世襲してきたという古い歴史がある。七宝焼は、七つの宝をちりばめた美しい焼物を意味する。

わが国で七宝工芸の美術館といえば、まず第一に山梨県甲府市にある「昇仙峡ロープウエー美術館」をあげなければならない。(現在休館中)

この美術館に作品が特別展示されたことのある松浦良恵氏の作品の中にも「人魚」と題するテーマ

七宝焼「人魚」(松浦良恵作，個人蔵)

イスタンブールのエスナフ・サラユの工房のメアシャウム・パイプ(エイュプ・サブリ作・個人蔵)

籐クラフトの人魚(山田富子作)

の佳作がある。人魚が蝶のように大きな翅《はね》を広げ、水中か、あるいは天空かを自由に飛翔したり、泳いだりしているような作品である。きっと再生か変身を表現しているのかも知れない。人魚はまだ幼げであり、鑑《み》る人をメルヘンの世界に招待してくれているようにみえる。(写真参照)

他方、籐工芸というと、カゴの種類を編むのが一般的に思われるが、この分野も裾野が広く、籐クラフト、ラタン・アートなどと呼ばれ、人形などを編む教室も多い。

わが国の伝統的な生活文化を特徴づけてきたもののひとつに藁の文化がある。稲藁や麦藁を加工、製造して作られた藁製品の数は多い。江戸時代の末以後には武州と相州の境あたり(今日の東京都大田区大森から神奈川県川崎市あたり)で、農家の副業として麦藁細工がさかんで、特産物になるほどであった。玩具として亀・熊・犬・猫・トンボなどの動物を模したものが多い。こうした手先の器用な人々によって、藁細工だけでなく、アケビ、フジなどの蔓《つる》を素材とした工芸品も、自家用としてだけにとどまらず、商品として流通するようになる。

籐《とう》は、わが国に自生する植物ではないので素材は輸入によらなければならないため、細工物にはよいが高級品であった。

今日では比較的入手しやすい素材なので国内に産すると思われがちだが、原産地がアジアの熱帯やオーストラリア北部等にしか自生しないヤシ科の蔓性植物であるため、限られた利用となる。

上述したように、近年はその需要も増えた。人形や飾り物の作品は多いが、人魚となると、誰でもができるものではない。籐クラフトの草分け的存在である山田富子氏は、長年にわたり、自分流に編み方を工夫し、試行錯誤の結果、人魚の作品を完成させたひとりである。その作品には、動きがあり、筋肉のつきぐあいまで感じられるほどだ。しかも、素材が籐であることを忘れさせてしまうほど人魚全体がのびのびとして、しなやかである。わが子を腕に抱く母親の穏やかな表情には、生命が宿っているようにさえ伺える。（一七一頁写真参照）

海泡石の装飾とパイプ

近年、禁煙は世界的風潮だが、とはいっても、まだまだ愛煙家の数は多く、その道の老舗も健在である。中でも、一八六二年創業の古い歴史をもつロンドンのアストレイズ（Astleys）は、このような時世にあっても新店舗をピカデリー・アーケードに移し、ヨーロッパ産のシャクナゲ科のブライアの根で作った自社ブランドのパイプを中心に営業している。

禁煙派でも工芸品として見ているだけで楽しいのがパイプで、逸品を手に入れようと来店する英国紳士や、シャーロック・ホームズ（Sherlock Holmes・探偵小説家コナン・ドイルの作品の主人公の探偵の名前）まがいの風貌の客で賑わっている。店頭の貴重な名品のコレクションもみのがせない。

ところで、パイプの世界でもうひとつ有名なのがトルコ（イスタンブール）の海泡石《かいほうせき》という鉱物素材でつくった逸品である。メアシャウム（Maerschaum）・パイプまたはメショーン・パイプの名で親しまれるこのパイプは一七二三年にオーストリアの貴族がトルコからこの鉱物（海泡石《かいほうせき》、ケイ酸五五パーセント・マグネシウム二五パーセント・水分一八パーセントを含むメアシャウム）を持ち帰り、乾燥するとかたくなるので、水につけながら靴屋につくらせたのがこのパイプの最初だという。

色は白いが（一七一頁写真参照）、使っているうちに琥珀色に変わる。白い時は、手のあとがつくので白い手袋をつけ、執事にタバコを吸わせて色を美しくさせたというほど貴族趣味のお洒落なパイプとして知られる。

イスタンブールのグランド・バザールには海泡石の工房や店も多く、パイプ装飾の他に各種のアクセサリー、数珠なども売っている。特に海泡石細工（エスキシェヒル）のパイプ装飾で有名なのは喫煙具専門店エリックポート。ケネディー大統領も生前、この店に立ち寄ったという。

人魚をデザインしたパイプには一人（体）のものはあるが、四人（体）の人魚が波間に遊ぶデザインは類例をみない貴重品である。（一七一頁写真参照）細工や質により価値も変わる。

日本の伝統工芸と人魚

人魚の根付

以前、アメリカ東海岸のボストンに近いセーラムのピーボディー博物館で収集したモース・コレクションを調査・研究する機会に恵まれたことがある。

その時、動物学者のエドワード・シルビスター・モースが日本で直接収集したかは不明だが、当博物館のコレクションの中に「マーメイド」の根付が一点あった。外国ではじめて実見した日本生まれの人魚であったため、しみじみと見たのを記憶している。

それ以降、機会あるごとに各国の博物館等で根付のコレクションを見ているうちに、ロンドンの大英博物館をはじめ、数々のコレクションがあることがわかってきた。同館のフル・グランディー根付コレクションもその一つで、立派な図録も刊行されている。

近年、日本でも骨董ブームを背景に「骨董市」などがさかんで、会場に出かけると、かなり多くの根付が展示・販売されている。

最初は、「人魚の根付」など、まさか入手できるとは思ってもいなかったが、長い年月をかけて探しているうちに、その数は数十点におよんだ。

このように、入手したもの以外にも法外な値段がついた「人魚の根付」もあり、購入をみあわせたものもあるので、その数はかなりにのぼると思う。ちなみに、これまで購入を見合わせた根付の中には数十万円のものもあった。

本項では、入手した人魚の根付を含め、これまで古文献等で広く知られているものをいくつか掲げることにしよう。

まず最初に紹介しなければならない書物がある。それは江戸時代の元文五年（一七四〇年）に生まれ、天明六年（一七八六年）没したとされる稲葉新右衛門が、天明元年（一七八一年）九月に大坂で刊行した『装劔奇賞』と題する書物である。この全七巻の書物は表題の通り一巻から五巻までは刀装具に関する記述であり、六巻には「唐皮類図抄と印籠名譜并《ならびに》図」が示されている。そして最後の七巻に「附録」として「根付師名譜并図譜卜玉石類」が示されている。

この中に「小笠原一斉　紀州人の作品」があり、「右雲樹洞刻図　橘保年写《うつす》（印）」「近来無双《ぶそう》の名人にして、現在の人なれども得易《えやす》べからず、すべて象牙鯨《ぞうげくぢらのきば》牙等を用いて雕刻すること《（ママ）》、至て細密にして人工の及びがたき手際なり、下に六図を写す象牙の色を付ざる素刻《すぼり》なり」として描かれている根付の中に、うれしいことに人魚が宝珠を胸もとにかかえている図がある。（一七八頁図参照）

この書物は、「根付師」や「根付の図柄」にかかわるわが国で最初にまとめられたもので、根付に関する古典的な書物として知られている。

また、同書の中には「根付工《ねつけし》并図」の項があり、天明初期に根付を制作していた五十四名の根付工の名があげられている。また、「印籠巾着等すべて佩垂《さげもの》の墜《つい》に用いるを根付という」と解説している。

ちなみに、根付は、江戸時代に男子が巾着・印籠・煙草入などを帯にはさんで腰に下げるときに、落ちないように、その紐《ひも》のはしに付ける飾り具のことである。材質は彫りやすい木（ツゲなど）の細工物、象牙をはじめとする動物の牙《きば》・角《つの》、珊瑚《さんご》・瑪瑙《めのう》などを用いて精巧に彫刻したものが多く、主題は人物・動物をはじめ百般にわたる。

なお、「刀装具」にかかわる小道具については後述の「人魚の目貫」の項（一八一頁）であつかうことにする。
　また、人魚の根付の中で特筆すべきことは、母親が乳呑児に乳を含ませていたり、乳児をあやしているなど、愛情の深さを表現した作品が多いことである。ここでは特にこの点に注目し、その作品のいくつかを写真で紹介しよう。（一七九頁写真参照）
　根付工の小笠原一斉が手本になる図柄として人魚を彫刻したことなどが影響してか、江戸時代以降に彫られた根付の中には「人魚」が意外に多い。思うに、作家が紀州の出身であることが、人魚を主題にした背景にあるのかも知れない。
　そこで「人魚」と「紀州」とのかかわりを調べてみると、一つは、高野山の表参道にあたる学文路《かむろ》・苅萱堂《かるかやどう》（仁徳寺）に人魚のミイラが安置されており、古くから石堂丸の伝説とともに高野聖《こうやひじり》などによって流布されていることなどがあるので、その影響をもうけているのかもしれない。

根付のコレクション

　世に根付の愛好家は多く、したがってコレクターも多い。そこで、「人魚の根付」に関する情報をもう少し詳細に記しておこう。

　日本が世界に誇る根付芸術のコレクション中で特筆すべきものに、上述したフル・グランディーコレクションがある。

　大英博物館（ブリティシュ・ミュージアム）から一九八七年に刊行された図録の中に三点の「人魚の

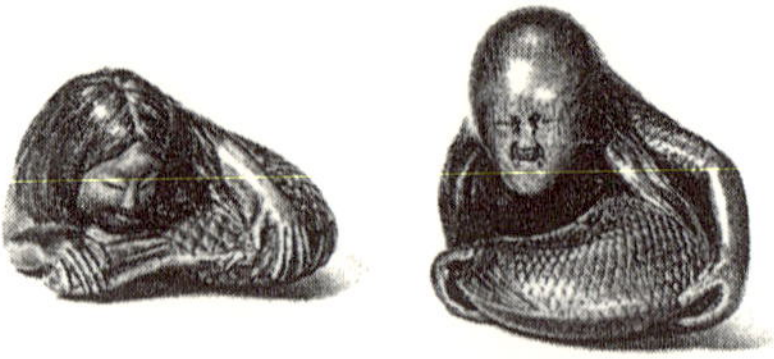

大英博物館所蔵の根付（木製，高さ左：2.2 cm，右：3.1 cm，18-19 世紀，同博物館図録より）

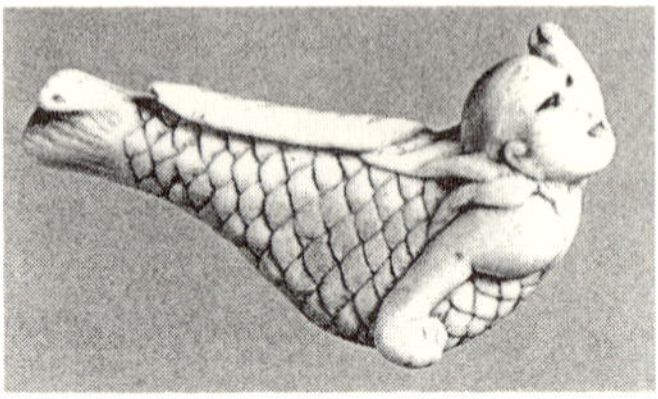

大英博物館所蔵の根付（一虎作，鹿角製，8 cm，寛政頃の人，同博物館図録より）

ピーボティー博物館所蔵の人魚の根付（象牙，7.6 cm，18 世紀頃）

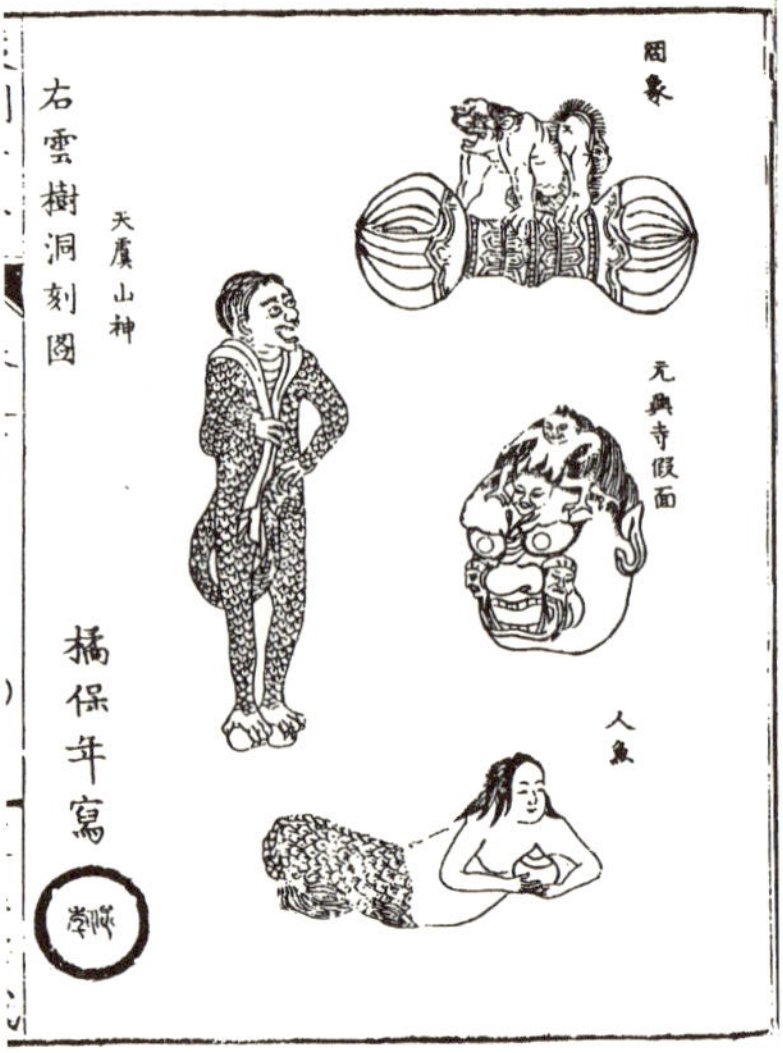

宝珠を持った人魚の根付図絵『装劍奇賞』（天明元年）より

著者所蔵コレクションより

乳を含ませる人魚の根付

友忠（天明頃の人）作（木製もあり）

岷江（江岷とも，1735–1816）作
（木製，4.3 ㎝）

根付」が紹介されている。十八世紀から十九世紀にかけて制作されたもので、そのうち二点は木製。他の一点は雄鹿の角製《つの》とみえる。

木製の一点の解説に「マサナオ」というサインがあると記しているところから彫師は京都の「正直」か。十八世紀から十九世紀にかけての作品。高さ二・二センチ。ただし、伊勢にも同名の「正直」という彫師がいたので、どちらともいえない。

他の木製一点は十九世紀の作品で、高さ三・一センチ。同じく「正直」の作であるようだがサインについてはふれていない。

また、雄鹿の角で彫った人魚には「イッコー」のサインがあると記している。十九世紀の作品で長さが八センチある。

また、一九七一年にレイモンド・ブッシェルが刊行した七〇〇点におよぶ『ネツケ・コレクター』には、「トモタダ」(泉屋「友忠」「七右衛門」のサインがあると記される。人魚の母親が横たわり、わきの乳呑児に乳を含ませている木製、長さ七・八センチ)が紹介されている。この作品については一七九頁で写真を紹介した。ただし写真の母子根付はコピーなのでサインはなく、大きさも一一センチと実物より大きい。

また、同書には同じく人魚の母親が乳呑児に乳を含ませている根付が紹介されており、木製の、長さ四・三センチの根付には「ミンコウ」のサインがあると記している。

作者の田中岷江《みんこう》は一七三五年から一八一六年までの彫師。サインに「珉江」の表記もある。

人魚の両目貫
上：セット
夫婦で，右の母親は赤子を抱き，左の父親は餌の魚を持つ
下：片目貫
（赤銅地容彫色絵）

また、参考までに、この他にも「人魚の根付」が紹介されている著書がある。一九六二年にハンブルグで刊行された、ベンウェルとワウスの共著による『人魚の研究』の中に一九世紀の作品として「二枚貝をかかえた人魚」の根付が紹介されている。この根付とまったく同じポーズのものが、ヴィック・ド・ドンデ著『人魚伝説』（一九九三年、創元社）の中に、別の角度から撮影され、裏焼きの状態で、「貝に乗った人魚を表した日本の根付」として紹介されている。

人魚の目貫《めぬき》

「刀装具」といえば、なんといっても第一にあげられるのは「鐔《つば》」であろう。刀の鐔のコレクターもまた多く、精巧にして芸術的に高く評価され、高価なものも多い。

博物館等で鐔のコレクションを拝見する機会が多いわりには、これまでに人魚を図案化したものに出会ったことがない。したがって、これからの出会いを楽しみにするしかない。

というのも、同じ刀装の小道具としての目貫には人魚をデザインしたものがあるからである。

刀装具のうち、小道具の主なものとしては上述の鐔の他に目貫や金具がある。

目貫は刀剱類の柄《つか》にすえる飾りの金物で、刀身を柄に固定させる目釘《めくぎ》の鋲《びょう》頭や座の飾りとする飾目貫（直《まこと》目貫）などがある。また、刀の柄の左右に同じような目貫の飾りを付ける両目貫や、片面だけしか飾らない片目貫などさまざまな好みにあわせて制作された目貫があり、これまた図柄は百般にわたっている。したがって、数あるデザインの中から人魚の作品をみつけだすのは根気がいるどころではなく、至難の業であるといった方があてはまる。だが現実に「人魚の目貫」はあり、一点だけにとどまらない。

その他の刀装具の小物としては兜《かぶとがね》金とか金具とよばれる柄を飾る装飾金具もあるが、小さな彫刻が多く、これまでのところ、人魚をデザインしたものは見たことがない。

以上のように、日本独自の伝統工芸の中に、各分野で人魚が図案化されているのは嬉しいかぎりである。このような事実は、人魚がわたしたち日本人の暮らしにとけこみ、精神的、感情（感覚）的に、なんの抵抗もなく容認されてきた証《あかし》であり、結果であるとみることができよう。

第九章　美術館の中の人魚

世界各国の数ある美術館の中には人魚たちが大勢住みついている。絵画・彫刻はもとより、あらゆる種類の工芸品の主人公として暮らしている他に、博物館にはミイラになった人魚もいるのだ。

したがって、このような大きなテーマを掲げてみたが、正直なところ、内容は小さくまとめるしかないのである。

それでも筆者は若い頃、博物館に勤務していたことがあるので、世界各国の有名な博物館（美術館）は訪れている。とはいえ、常設展示されている「人魚」以外にも、収蔵庫の中に保管され、眠っている「人魚」も数知れずあることだと思う。したがって、本項では、展示されている数少ない「人魚」を紹介するにとどめるしかないことをお許しいただきたい。

というのも、実は日本国内における博物館（美術館）で所蔵している「人魚の住民票」さえできあがっていないし、たとえば、東京上野の国立博物館の一館におけることもわかっていないのであるから。このテーマは筆者にとっても将来の課題になりそうだ。

しかも、東京国立博物館に所蔵されている鏑《かぶらぎ》木清方《きよかた》作の「妖魚」（大正九年＝一九二〇年、絹本着彩、六曲半双屏風、第二回帝展）などは、昭和一八年に金井紫雲が『東洋花鳥図攷』（大雅堂、一九三三年）の「人魚考」で紹介しているにもかかわらず、筆者による取材調査はまだ行なっていないし、同じ東洋館一階にも「両足の人魚」（二股の人魚）の化粧皿（片岩・一部分破損、パキスタン・クシャーン・ペシャワール周辺出土、二～四世紀、加藤宏氏寄贈）が収蔵展示されているが、まだ正式には取材調査が終っていない。

こうしてみると、筆者がおこなっていることは種蒔き以前の耕作程度にすぎないと自省している。しかし本項では勇気を出して、これまで鑑賞したり、調査をしてきたいくつかの館園における「人魚たち」を紹介しよう。

ルーブル美術館（フランス）

世界の六大美術館の一つといわれ、ドイツのミュンヘンが誇るアルテ・ピナコテークは、十四世紀から十八世紀にかけてのヨーロッパの名画を数多く集め、保管・展示している。

この美術館に、ピーター・ポール・ルーベンス（一五七七年―一六四〇年）の描いた「マリー・ド・メディシスのマルセイユ上陸」と題する五〇号にもみたない大きさの油絵の下絵が展示されているのを知っている人はあまりいない。

それは、完成した作品がパリのルーブル美術館にあり、ルーベンスの他の大作品シリーズと共に一

ルーベンス「マリー・ド・メディシスのマルセイユ上陸」
(『世界の博物館　ルーブル博物館』講談社より)

室を飾り、並んでいるのがあまりにも有名なためであるからだ。

フィレンツェ・メディチ家の娘、マリーはフランス国王アンリ四世と結婚した。その生涯をルーベンスが描いた一連の作品の一場面が「マリー・ド・メディシスのマルセイユ上陸」と題する大作である。

マリーがイタリアを船で離れ、マルセイユに上陸した時の様子の前景に、女王の海路を安全に守ってきた海神ネプチューンや豊満な肉体の三人の人魚(セイレーン)、トリトンなどが描き添えられている。トリトンは法螺貝《ほらがい》で作った笛を吹いて、海の波を静める役目をはたしてきたのであろう。

ルーブルの一室を飾る、この一連の歴史絵巻は、大きさが縦約四メートル、横約三メートルもあるので、アルテ・ピナコテークの下絵が忘れられてしまうのもむりはない。

なお、バロック時代の画家ルーベンスが一六一六年から亡くなるまで暮らしたアトリエ兼住居はベルギーのアントワープ市内にあり、「ルーベンスの家」として公開されている。

エルミタージュ美術館（ロシア）

筆者が博物館に勤務していた時代に入手した『エルミタージュ博物館』（世界の博物館13、講談社、一九七九年刊）という本がある。

その中の写真の一枚に、「人魚の把手《とって》つき飾りつぼ」という写真があり、解説に「一八〇三年、ウラルのエカテリンブルク琢磨《たくま》工場で制作された。素材は石英である。この工場の作品は芸術的価値の高いものが多く、万国博覧会にも出品されて高い評価を受けている。高さ一一三センチ」とあった。

この高さが一メートル以上もある大きな飾りつぼは、石英の乳白色の「つぼ」の本体と、黄金色に輝く二人（匹）のエンゼル風の羽をつけた人魚のコントラストがすばらしく、その華麗に輝く飾り壺を見た時、数日間は眼底にやきついてはなれなかった記憶がある。

いつの日か、チャンスがあれば、サンクトペテルブルクにある美しい「つぼ」を、ぜひ自分の目で実際に確かめ、鑑賞してみたいものだと思ったのもその時であった。

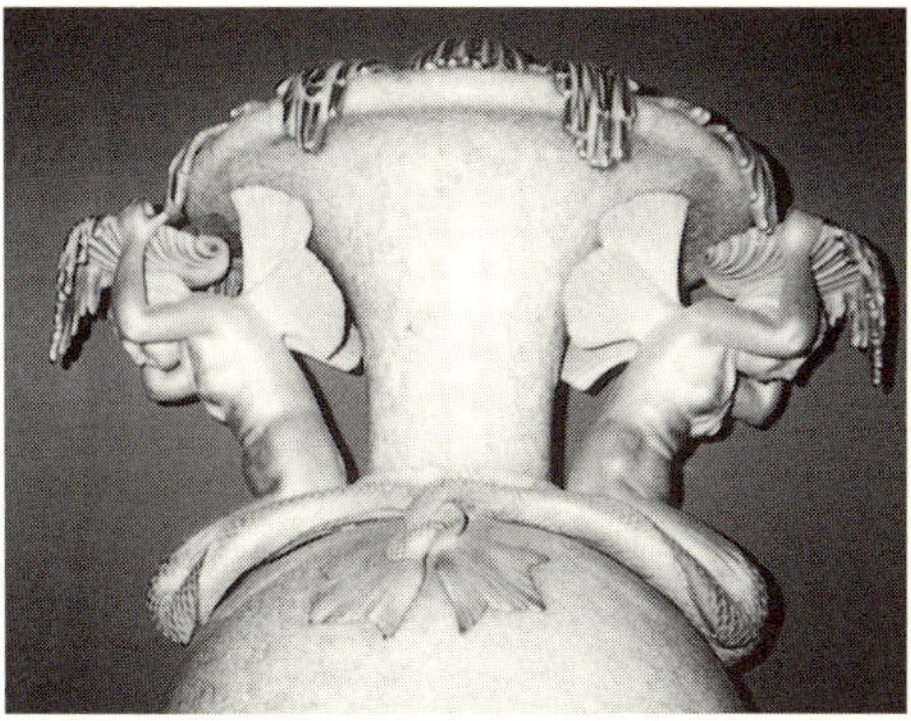

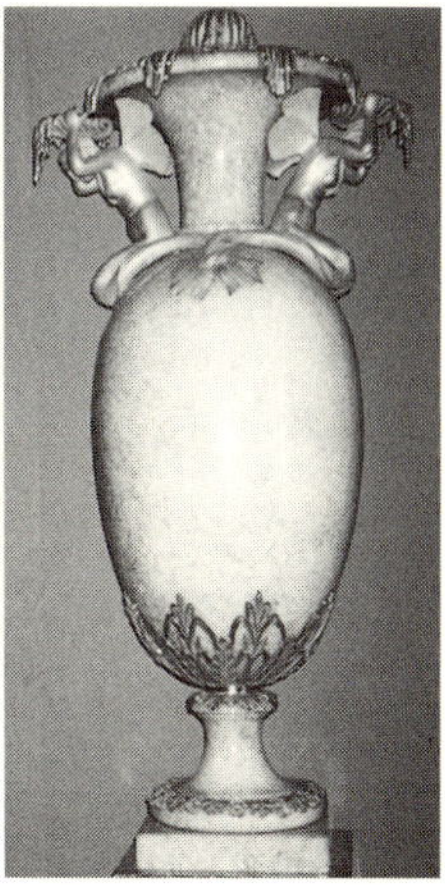

人魚の把手つき飾りつぼ（高さ 113 cm。素材は石英。1803 年，ウラルのエカテリンブルク琢磨工場で制作された。この工場の作品は芸術的価値の高いものが多く，万国博覧会にも出品されて高い評価を受けている。エルミタージュ美術館蔵，筆者撮影）

その願いが叶ったのは、それから二十三年たった平成十四年（二〇〇二年）のことであった。

驚いたことに、エルミタージュ美術館には、その他にも眼を奪われるばかりのまばゆい数々の人魚の彫像が床の上にも柱の上にもオン・パレードであったことだ。

その一つに孔雀《くじゃくせき》石の大きな「つぼ」があった。エメラルド色の孔雀石のつぼに黄金色の人魚がとりついて美しい。孔雀石は、鮮緑色で光沢のある孔雀の羽に似ているところから名づけられたが、「孔雀石のつぼ」が飾られている以外にも、室内のいたるところに人魚の彫像があるのには驚かされた。ロシア人がこんなに人魚を愛しているとは思ってもいなかったのである。

そういえば、ピョートル大帝の宮殿にも「人魚の噴水」があった。そのことについては項をあらためて述べたい。

メトロポリタン美術（博物）館（アメリカ）

ニューヨークのメトロポリタン美術館は、ロンドンの大英博物館、パリのルーブル美術館などとならぶ、世界有数の美の殿堂である。その、所蔵品三〇〇万点ともいわれる中に、注目すべき「人魚」の美術・工芸品がいくつかある。

まず第一は「儀式用のヘルメット」だ。解説によれば、このヘルメットは戦闘用のものではなく、

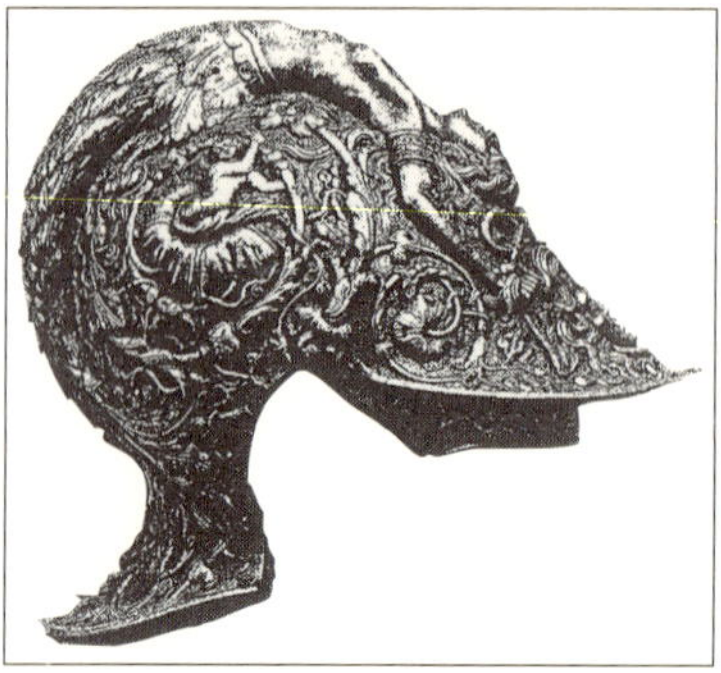

儀式用のヘルメット（友部直編『世界の博物館　メトロポリタン博物館』講談社より）

チェンバロ（部分，メトロポリタン美術館蔵）

メトロポリタン美術館の入口

右：人魚三姉妹（壁掛け）
左：人魚のリングトレイ
（メトロポリタン美術館蔵）

ミラノの名工、フィリッポ・ネグローリが一五四三年に制作したと伝えられている。イタリアの甲冑の黄金時代を代表する傑作とも。

注文主は、おそらくフランス王フランソワ一世といわれる。ヘルメットの上部に天空を仰ぐように人魚が寝そべった状態でデザインされている。鋼鉄板を内外から打ちだし、のみで細部をほって、要所に鍍金してあるという。（一八八頁写真参照）

第二は「チェンバロ」である。メトロポリタン美術館は、楽器のコレクションでも世界第一級を誇り、収集された楽器は、見た目にも美しい工芸品として高く評価されている。中でも華麗なのは鍵盤楽器で、イタリアで一七世紀に制作された黄金色に輝くチェンバロには、本体を肩で担ぐ海神ネプチューン（ポセイドン）とトリトンの親子、その様子を見守る二人の人魚（ニンフ）がデザイン化されている名品。

チェンバロはイタリア語で、フランスではクラブサン、一般にはハープシーコードの名がある。ピアノの前身で、一六世紀に考案され、一八世紀のはじめにピアノが発明されるまではよく用いられた。

この美術館の数多い収蔵品の中から「人魚」を探し出すことは至難である。したがって本項では、筆者が展示室で出会った数点のブロンズ像やリングトレイの工芸品を紹介するにとどめる。

マルク・シャガール美術館（フランス・ニース）

南仏のニースは、コート・ダジュール（紺碧の海岸）の中心地であり、リヴィエラの女王と称讃されるほど人気が高い保養地として知られる。

その美しい天使の湾（アンジェ湾）の山側（北方向）にニース・ヴィル駅がある。シャガール美術館は駅の北東方向に位置する場所にあり、散歩を兼ねても行ける。大きな美術館ではないが、多くの観光客に人気がある。特に、この美術館に展示されているシャガールの大作一七点は、「ノアの箱舟」などの聖書物語をテーマにした作品であるため、キリスト教にかかわりの深いヨーロッパをはじめとする人々で混雑している。

シャガールが寄贈した所蔵品の中には、銅版画（石版画・リトグラフ）・水彩画・彫刻・ステンドグ

上：「シレーヌ」リトグラフ
下：「ニース」リトグラフ，1970 年
（ともにシャガール美術館蔵）

ラス・モザイクなど幅広い作品がある。一九七三年にオープンした。シャガールが愛した南仏特有の開放的な雰囲気やロマンチックな追憶、夢などが盛り込まれた作品が多い。

中でも「ニース」（一九七〇年）または「ベイ・オブ・エンジェル」と題するリトグラフの作品や、「シレーヌ」または、「松の木とシレーヌ」と題するリトグラフの作品は、コート・ダジュールの空と光、海風などに満ち溢れ、鑑賞する人々の心に、ロマンと安らぎを与えずにはおかない。（写真参照）

東京国立博物館・東洋館（東京・上野）

パキスタンの人魚（化粧皿）

東京上野の国立博物館（東洋館）一階の展示室に一枚の小さな化粧皿が展示されている。直径二〇センチほどの皿の一部は欠損しているが、図柄の人魚は両脚を左右に広げた状態で二叉（股）である。その解説文に「出土地・パキスタン・ペシャワル周辺・クシャーナ朝時代二―三世紀・片岩・加藤宏氏寄贈」とみえるのは上述の通り。

パキスタンのペシャワルは、インダス川の上流でカーブル川に近い。この地は北にヒンズークシ山脈が広がり、海とはまったくかかわりをもたない地域だ。

しかし、こうした大河の流域に近い場所から、人魚がデザインされた化粧皿が発掘された事実からして、「昔、人魚は河にいた……しかし今はいない……」ということを改めて考えさせられる。

人魚は海に生棲しているという、今日の西洋的な発想以前に、中洋や東洋では、人魚は川（河）や池沼にいるという発想が根強くあったように思われる。（「プロローグ」参照）

彫刻の森美術館（神奈川・箱根）

「美術館の中の人魚たち」といっても、建物に中に展示されている人魚ばかりではない。神奈川県の箱根にある「彫刻の森美術館」は、屋外展示が多い美術館として知られている。

その数多い展示品の中に「太陽の輝き」と題するカール・ミレス（Care Milles・1875–1955）の作品がある。この作品はイルカに乗った二股の人魚のブロンズ像。躍動感にあふれ、とても美しい。一九一八年に制作したものだと解説板にみえる。ミレスはスウェーデン生まれで、のちにアメリカへ渡ったらしい。（写真参照）

カール・ミレス作「太陽の輝き」1918年
（箱根・彫刻の森美術館蔵）

第十章　街角を飾る人魚

人魚と噴水

ロシア・海神ネプチューンの噴水（ピョートル宮殿）

「噴水好き」ともいえるヨーロッパの国々を旅行すると、昔の宮殿や城の庭園はもとより、公園や広場には必ずといってよいほど噴水がある。そして今では観光名所として一般に開放されたり、市民の憩いの場所になっている。

水のある場所は心に安らぎをあたえてくれるので、人々は水辺に集まり、恋の華も咲く。

その最も規模が大きく、世界に誇る噴水がロシアのサンクトペテルブルク近郊にある。現地ではペトロドヴァレッツと呼んでいるが「ピョートル宮殿」といった方が日本人にはなじみ深い。

ピョートル宮殿はその別名を「噴水の宮殿」とも呼ばれる。その規模は壮大で、フィンランド湾までつづいている。

上右：ピョートル宮殿内の「海神ネプチューンの噴水」
上左：オーストリア・ウィーンの博物館前の噴水
下：ロンドンのトラファルガー・スクエア北側にあるナショナルギャラリー前の人魚の噴水（イルカとたわむれる人魚の足は両尾鰭になっている）

「海神ネプチューンの噴水」（ペテルゴーフの大噴水）は人魚たちのオン・パレードで、人魚の彫像はすべて金箔でおおわれているため、陽光に輝き、美しさをとおりこしてまぶしい。これほどまで絢爛豪華な人魚の庭園（噴水）は世界広しといえど他にない。

ロンドンの噴水と人魚

ロンドンを代表する広場といえばトラファルガー・スクエアだ。それは、ロンドンから地方への距離を表記するとき、この広場に立っているネルソン提督記念像から計っての距離が基準になっていることからもわかる。

その北側にあるナショナル・ギャラリー前の噴水を飾っているのは母子像の人魚である。噴水の背景となる美術館の建物はコリント式の列柱に、丸いドームがよく似合う。噴水を囲む一帯が野外美術館とでもいえようか。

この場所にある噴水の人魚像はイルカと戯れる母子の人魚（写真参照）である。こども人魚の両足が尾鰭状になっているのが面白い。

ローマ・ナボーナ広場の人魚

イタリアのローマも噴水の多い街である。その数多い噴水の中でも最もよく知られているのが「トレビの泉」だといえよう。バロック様式の美しい噴水というより、ロマンチックな伝説で知られるが

パリ・コンコルド広場の人魚の噴水

トレビの名はトリビオ（三叉路）に由来する。

噴水の中央にある海神ネプチューンがトリトンたちに海馬をあやつらせ、駆馳《くち》させている様子は勇壮そのものだ。

この他にもローマにはナボーナ広場にある三つの噴水は有名である。ムーア人の噴水・ネプチューンの噴水・河の噴水がそれで、ムーア人の噴水にもトリトン（ネプチューンの息子）が四人（頭）あしらわれている。

また、シチリア島のパレルモは自治州の州都。街の中心「プレトリア広場」にはシンボルとしての巨大な噴水がある。この広場の噴水には男女の立像（人魚の男女）が配されていることで知られている。

パリ・コンコルド広場の人魚たち

パリのコンコルド広場の中央にはエジプトから贈られたオベリスクが立っている。その南北には二つの噴水があり、南側は「海洋の航行」を表わしているとされる。ちなみに、北側の噴水は「河川の航行」を。

当然のことながら、海といえば人魚がモチーフに選ばれている。

大噴水をとり囲む六人（頭）の人魚。その人魚たちがそれぞれ胸もとにかかえる大魚の口から、勢いよく水が噴き出している。

だが、この噴水はローマのサンピエトロ広場のもの（オベリスクの南北に二つの噴水がある）をまねしてつくられたといわれ、あまり人気がない。

このように、ヨーロッパ各地の公園・広場には、どこに行っても噴水があり、水といえば魚（人魚）ということになる。

インカ帝国の古都クスコを飾る人魚

今日、ペルー共和国の首都はリマだが、インカ帝国時代の首都はクスコであった。だが、一五三三年にはスペイン人たちによって征服された。

クスコの中央広場を飾るトリトンの噴水も夜中・早朝は水を止められる

その後、スペイン式の街造りがおこなわれ、太陽の神殿（コリカンチャ）の上に、サント・ドミンゴ教会が建つなどした。しかしスペイン人たちは、この教会をはじめ、インカ帝国時代の石組みまで崩すことができなかったので、クスコの街は古い石組みがそのまま残り、その上にスペイン風の街並みが建造されている。

こうした街中で唯一、インカ帝国時代から今日に伝えられたものに「広場」がある。というのは、インカ帝国時代の街造りも「広場」が中心で、ワカイパヌ、アウカイパタと呼ばれる二つに区切られた神聖な広場が街の中央にあり、広場には金銀でできた像がいくつも建っていたと伝えられている。

幸いなことに、スペイン風の街造りも、街の中心部に広場を配置することからはじまったので、広場そのものにあったインカ帝国時代のモニュメントの数々はことごとく破壊されたが、その跡のアルマス（軍隊）広場にはヨーロッパ風の噴水がつくられ、現在では、スペイン人が建てたカテドラル（教会）などが周辺をとり囲んで並ぶ。

そして、このアルマス広場の大噴水をささえているのが四人（頭）のトリトンなのだ。トリトンは海神ポセイドン（ネプチューン）の息子である。

この広場は多くの人々が集まる市内の中心であることは今日でも変わることなく、クスコの観光スポットの一つでもある。筆者が訪れた時は、教会で結婚式を終えたカップルが大噴水やトリトンをバックに記念撮影をおこなっていた。広場中央の噴水は夜になるとライトアップされる。

残念なことに、クスコにはスペイン人によるインカ帝国の破壊や、黄金を略奪した歴史は残っているが、新しい街づくりのことは、あまり知られていない。

フランクフルトの噴水と人魚像

ドイツのフランクフルトは、今日では多くの金融機関の集まる国内最大の商業・金融都市であるが、文豪ゲーテの生家なども残り、フランクフルト学派を生んだ文化都市でもある。

市内を貫流するマイン河畔の北に旧市街が広がり、中世以来の文化遺産が復元され、整備されている。旧市街の中心、レーマーベルク広場は十二世紀頃から市民の集会場としての役割をはたしてきたという。

その中央にある噴水は「正義の噴水」と呼ばれる。その理由は、女神が正義を象徴する剣を右手に持っているからである。左手には天秤を持っているが、これは商取引を象徴しているのであろうか。

フランクフルト・レーマーベルク広場の噴水と人魚像

歴史的にみて、平等な社会を表現しているというには問題が残りそうである。女神はレーマー（旧市庁舎）の方を向き、毅然として立っているが、その四角な台座上部には四人（匹）の両足（二股）をもった人魚があしらわれており、市民はもとより、今日、この街をおとずれる人々の眼を楽しませてくれている。

なお、この「正義の噴水」からは、かつてワインが流れ出していて、市民にふるまわれていた時代もあったと聞いた。酒飲みにはうらやましい話が伝えられている「人魚の噴水」でもある。

ローテンブルグの人魚

ドイツの中でもローテンブルクほど完璧に中世都市の姿を再現できた街はないといわれる。というのは、第二次世界大戦中に街の約半分近くも焼失してしまったというのに、街の中心部はほとんど被害にあわなかったためでもある。

今日、「中世の宝石」などと賞されるこの美しい街の歴史は古く、十世紀ごろにさかのぼる。

その美しい街並みを囲む城壁（市壁）、監視塔、赤茶色の破風屋根や色とりどりの壁と木組み。かつて、タウバー川から水を汲みあげたという貯水塔のグリシゲン門も残っており、観光にひと役かっている。

ルネッサンス様式の市庁舎近くにマルクト広場があり、「聖ゲオルグの噴水」（ヘルテリッヒスの噴水）をはじめ、街中のいたるところに噴水がある。その「街角の噴水」を飾っている主人公がいずれも人魚であることが嬉しい。

ドイツは北部地方が北海に面しており、デンマークとも国を接しているので「人魚」とも大いに関係がありそうだが、中南部に位置するローテンブルクでは、一般的にみて「人魚」とはなじみがないように思われる。しかし、街の中で人魚たちは人気者である。どこの噴水にも人魚がデザインされている。水飲

上：ローテンブルクの噴水を飾る人魚像
下：ニュールンベルグ中央広場「美しの泉」鉄柵の人魚

み場をはじめ、水にかかわりがあるところに人魚像があるのは、ギリシア神話に起因し、その影響をうけているように思われる。というのは、海神ポセイドン（ネプチューン）の妻は水神オケアノスの娘アムピトリテだからで、その二人の間には「トリトン」という息子もいるためだ。

あるいは、わが国のように、人魚は海に棲んでいるだけではなく、かつては川（河）や湖に棲んでいたためかも知れない。

ニュールンベルグの人魚

ニュールンベルグの旧市街の中心である中央広場には「美しの泉」の愛称で親しまれてきた約二〇メートルもの高さにおよぶ噴水がある。数多くの彫刻で飾られている泉を、さらに美しい鉄柵がとりかこんでいるが、その中に人魚をデザインした部分がある。（写真参照）

この鉄柵には、継ぎ目のない黄金の輪がはめられており、その輪を三回まわしながら願いごとを唱えると、願いごとが叶うと伝えられてきたこともあって、市民はもとより観光客にも人気のある噴水である。が、「人魚」のデザインに気をとめる人はほとんどいない。「黄金の輪」（金色）に眼をうばわれてしまうためだ。

また、この鉄柵には次のような話も伝えられている。「この飾りの美しい鉄柵は、職人の親方（マイスター）が、自分の娘と結婚したいと思う弟子がいたら、自分より腕のよい仕事の業績をあげなければだめだ」と云ったところ、一人の弟子が娘と結婚したいと思う一心に発憤して、一夜にして仕上げた名品であるといわれ、どのようにして継ぎ目のない「黄金の輪」が制作されたのかは、今になってもわからないのだと。

同じニュールンベルグの中央広場にほど近い「ザンクト（聖）セバルトス教会」は、この街で最も古い教会である。一三七九年に完成し、後期ロマネスク様式からゴチック様式への移行が随所にみられる見事な建物である。「花嫁の門」と呼ばれる教会の入口の左側に、道路に面し、三メートルほどの高さの場所に人魚の飾りがある。（三〇五頁写真参照）

この石造りの人魚の彫刻は、二人の修道士らしき男性が左右から「二股の人魚のレリーフ」をささえている。「二股の人魚」については、尾形希和子氏による「二叉の人魚像をめぐって」（『イメージの解読・怪物』所収・「海の豊穣」）などがあるので、第三部でみることにしたい。（第三部三〇三頁「キリスト教会と人魚像」・二〇九頁「トルコの古代遺跡と人魚」の項参照）

コペンハーゲンの「小さな人魚像」

二〇〇六年、世界的に有名な童話作家アンデルセン（ハンス・クリスチャン・アンデルセン・一八〇五年〜一八七五年）の生誕二〇〇年にあたり、母国のデンマークでは記念のコイン二種が発行され、他の国々でも各種イベントが催された。アンデルセンは一六〇余編もの童話を書いたといわれているが、やはり、人気の代表作といえば『人魚姫』ということになろうか。

ここでは生誕二〇〇年を機会に、あの有名なコペンハーゲンの港にたたずむ「小さな人魚像」について想いをはせてみたいと思う。

なにしろ、この像が制作され、人々に親しまれてからもすでに一世紀の年月が流れていることに驚かされる。

一九一三年に作者のエドヴァルド・エリクセン（Edvard Erichsen）によって鋳造されたブロンズ像は、「小さな人魚像」といわれるわりには乙女っぽくて、大きな作品だと筆者は思っている。

この像を制作するにあたり、作者は、「可憐な姫を魚体にすることを不憫に思い、膝から上は乙女の身体にととのえ、脚はひれ状にデフォルメしたと伝えられている」という。（神谷敏郎著『人魚の博物誌』思索社、一二頁、一九八九年）

しかし、その真偽のほどは定かでないが、この像は、一九一三年の完成に近い当時、「人魚姫」というテーマのバレエが上演されており、そのバレエを踊っていたデンマーク王立劇場のプリマドンナをモデルにした像なのだという。

島田荘司著『溺れる人魚』によると、「このバレエを観劇して感動した地元のカールスペア・ビールの二代目社長、カール・ヤコブセンが、彫刻家のエドヴァルド・エリクセンに注文して彼女の像を造らせた」のだという。したがって、「この像は、アンデルセンの高名な物語に捧げられたものではなく、一九一〇年代にその主役を演じ、踊っていたバレリーナを讃えた像なのだ」といわれている。が、『溺れる人魚』自身が小説の一作品にすぎないので、その真偽については保証のかぎりでないことをおことわりしておく。（島田荘司著『溺れる人魚』所収「人魚兵器」原書房、二〇〇六年）

コペンハーゲンの「小さな人魚像」

トルコ・アドリアヌス神殿の「二股の人魚像」(?)

あわせて、この「小さな人魚像」も、これまで一〇〇年のあいだに、いろいろなことがあった。その中でいちばん悲惨だったのは、前掲書によると、一九六四年の四月に首が切断されたことであり、その後も爆薬が仕掛けられたりしたことがあったという。

また、二〇〇三年九月には再び首が斬られたうえ、像が海中に押し落とされるという事件もあったという。「だからその頃にここを訪れた観光客は、像がすわっていた岩だけを観て帰ることになった」というが、ありうることだ。ところで、この事件は〈人魚姫の悲劇〉という記事を書きたいための、ある新聞記者の自作自演だったというが、これも前掲の作品中のことなので、その真偽についてはどうこういえない。

ただ一つ、はっきりと言えるのは、一九八四年の右腕切断の事件についてである。それは同年（一九八四年）の七月二二日の未明のことであった。

心ない若者二人が、小さな人魚像の右腕を切断し、持ち去った事件である。さいわい、すぐにいたずらでやったことが判明し、同市の鋳造師ベント・ローランド氏が二五日に溶接し、「人魚・傷いえて」と題して『朝日新聞』が七月二七日に報道したものである。（AP通信、七月二五日発）

こうしてみると、世界的に有名になったが故に、悲劇の主人公になってしまうこともありうる。ランゲリニエとよばれる五角形の城郭のある近くの波打ち際の岩の上で、いままでと同じように、これからも静かに座って観光客に愛されつづけてもらいたいと、遠い日本から祈らざるをえない。

ところが話はまだ続く。本稿執筆中の平成一九年（二〇〇七年）三月七日のニュースで、数日前、「小さな人魚像」はまたしても赤い塗料でいたずらされてしまったと報じられた。なぜ人魚像の受難はつづくのだろうか。人間のやることとは思えないのが悲しい。

トルコの古代遺跡と人魚

地中海の沿岸に面したトルコのエフェス都市遺跡は、地中海文明の中で最も重要な遺跡の一つであるとされる。紀元前二世紀にはローマ帝国の属領となったが、帝国内では有数の都市として繁栄をみた。紀元前三三年、港に近いこの都市にクレオパトラが二〇〇艘もの船をつけて上陸し、ローマのアントニウスを助け、束の間の恋を楽しんだという伝説もある。

その、エフェス遺跡のクレティア通りと呼ばれる街の下に位置するアゴラ（古代ギリシア都市の市民の集会場所・市場などの意）の高級住宅街に近い場所にあるアドリアヌス神殿は紀元後一三八年頃に完成したといわれている。

この神殿をアドリアヌスと呼ぶのは、二世紀のローマ皇帝アドリアヌスに捧げられたためで、献上したのは裕福な市民クインテリウスであるという。

美しく繊細な装飾が施された神殿の二つのアーチの奥の門の正面上部にメドゥサ（女神）が彫刻されている。

よく見るとメドゥサは両手を左右に広げているが、腰下から両足を左右に広げ、上にあげているかのように見えるのはアカンサス（西洋アザミ）で、アカンサスをデフォルメさせ、両足のようにデザイン化している。これはあきらかに「二股の人魚」を思わせる。（二〇七頁写真参照）
メドゥサはギリシア神話の中のゴルゴン三姉妹の一人で、蛇の頭髪をもち、これを見るものを石に化した恐ろしい女神。英雄のペルセウスはアテナやヘルメスの援助を得て、三人のうち不死身でないメドゥサを退治した。その首（頭）はアテナに贈られたが、その胴からポセイドンの子、翼のある天馬ペガソスとクリュサオルが生まれた。見ただけでも恐怖のあまり石に変わるという女怪メドゥサの死後、ポセイドンの子が生まれたのは、醜いメドゥサだが、かつては誇り高き美人三姉妹として神々のあいだでたいへん評判であり、とくに末娘のメドゥサは美しく豊かな髪を自慢していたので、好みのひろいポセイドンが彼女と交わった結果なのである。
ちなみに、ポセイドンと「人魚」とのかかわりを記せば、ポセイドンはゼウスの兄弟でゼウスの兄にあたり、海神。海底の宮殿に住み、妻は水神オケアノスの娘アムピトリテである。二人の間には「トリトン」という男の子のほかに女の子も二人いる。ポセイドンは英語でネプチューン、ローマではネプトゥヌスという。
「二股の人魚」の原点はこのようなところにあると云ってよい。「二股」または「二本足」の人魚については第三部の三〇三頁「キリスト教会と人魚像」を参照のこと。

その他、各地の人魚像

人魚の伝説地をはじめ、各地の人魚像については、これまで各項においてそのつど紹介してきたが項目からもれた人魚像もある。ここではそのような人魚像のうち、筆者がこれまでに出逢うことのできた若干の人魚たちを中心に、その主な像を写真をとおして紹介したい。

まず、国内の人魚像のうち、よく知られた「人魚の像」は八百比丘尼の伝説で名高い福井県小浜市にある堀川橋を飾る人魚像である。欄干にある二体の青銅製の人魚は観光に一役かっており、人気も高い。一九八五年に誕生した。人魚はまだ、義務教育の学校に通っている年齢であろうか。（二一三頁写真参照）

新潟県上越市の雁子浜における人魚伝説については第五章の「人魚塚と人魚伝説」の項で詳細に述べたが、その近くにある鵜の浜温泉には、「温泉とプール・大潟健康スポーツプラザ」という施設があり、その名も「人魚館」という。同館をはじめ、近くのホテルの入口には看板娘ならぬ看板人魚のシンボリックなモニュメントが置かれているが、アート的には、鑑賞にたえるものではない。やや離れた海岸にもブロンズ像があり、なにもない長汀で、観光資源として一役かっている。（写真参照）

同じ新潟県の佐渡市両津にある欄干橋には「いさりび」と題する人魚像がある。潮風に豊かな髪をなびかせている。夕闇せまる頃になると、右手に持つトーチランプに火が点り、幻想的な幽玄の世界に人々を誘う。

日本海沿岸は太平洋沿岸に比較すると、人魚にかかわる話題がなにかと多いように思える。それは八百比丘尼の話に関係があるのかも知れない。

森崎和江が『海路残照』という本の中で、江戸時代の『蒹葭堂雑録《けんかどうざつろく》』や木崎惕窓の『拾椎雑話』、あるいは『稚挟考』からさらに柳田国男の「山島民譚集(二)」や「東北文学の研究」を引用して八百比丘尼伝説のことをいろいろと書いていることなども話題として一般うけしているのかも知れない。

写真の人魚像は「日本海」と題され、富山市の県立図書館前にある。海がまったく見えない山の中に置かれているのが残念な気もする。(写真参照)

わが国はもとより、旅先の諸外国で人魚像に出逢うことは数々あった。サンクトペテルブルク(ロシア)のエルミタージュ美術館へ取材の際、対岸で見かけた人魚をデザインしたモニュメントがあるのを見た。(二一五頁写真参照)

筆者はまだ現地に赴いたことはないが、畏友・堤俊夫氏によると、タイ南部のソンクラーのシンボルは金色の人魚像で、タイ湾のサミラ・ビーチの東端にあるという。

ソンクラーには飛行場がないのでバンコクからバジャイを経由しなければ行けない。同氏によると、

佐渡両津の「いさりび」と題する人魚像（欄干橋）

福井県小浜市堀川橋親柱の人魚像（1985年）

富山県富山市県立図書館脇の「日本海」と題する人魚像

新潟県鵜の浜温泉の海岸にある人魚像

ソンクラーの海岸一帯は松の木が植林されているので、日本人にとってはおちついた雰囲気が漂っているとか。

人魚像のある付近の海辺はレジャー客の集まる中心地で、観光客で賑わっているとも。

タイは人魚像の多い国で、バンコクの土産物店などでも人魚をデザインした壁掛け、人魚を模した人形をよく見かける。羽根のある人魚、尾鰭が龍か蛇のような人魚、民族衣装をまとった人魚などさまざまである。そうした中で特筆すべきはブロンズの大きな人魚像を制作し、海外へ輸出していることである。大きなブロンズ像は高さが一メートル以上もある。このようなブロンズ像制作の工芸技術はもとよりタイ国民の中の仏像など仏具に関係した制作技術の伝統が今日に伝えられているためだが現在は仏像の海外持ち出しは禁止されているので、宗教に関係のない美術工芸品を多数制作して外国へ輸出している。(写真参照)

わが国における人魚像のうち、もう一つ特筆すべきことは、二〇〇〇年一一月三日に滋賀県で「人魚サミット」が開催された時の参加協力市町の記念人魚像である。

参加した自治体は新潟県大潟町、福井県小浜市、和歌山県橋本市、滋賀県日野町・蒲生町であった。会場は蒲生町のアカネ文化センター。商工会の後援をえた。写真の記念人魚像は滋賀県蒲生町川合の願成寺境内に建てられている。

サミットのテーマは、もちろん「人魚たち」がいかにしたら観光資源と結びつき、地域おこしのバ

上右：サンクトペテルブルク（ロシア）の人魚像
上左：タイで制作されたブロンズの人魚像（三姉妹の人魚，筆者蔵）

タイ湾ソンクラーのシンボル（人魚像，サミラ・ビーチ東端，堤俊夫氏撮影）

願生寺境内にある「人魚サミット記念」の人魚像

ネになってもらえるかであった。人魚の記念像は仁徳寺の境内にもある。（二四一頁写真参照）

この他、世界各地に点在する人魚像について、筆者が入手した情報を簡単にまとめると、以下の通りである。

(1)九州大分県の高崎山は、サル山として有名だが、その高崎山海岸にある水族館「マリーン・パレス」に、コペンハーゲンのシンボル「人魚姫の像」の複製がある。

デンマークの人魚姫の像は高さが一メートル二五センチ、重量は一七五キログラムといわれているが、横浜市の山下公園に近い海岸通りに、高さ五〇センチほどの「人魚姫の像」がある。これはレストランのシンボルになっているミニアチュアである。

また、アメリカ・カリフォルニア州のソルヴァングには、損壊をうけていない人魚姫の像の複製があるという。

(2)ニュージーランド北島のウェリントンから海岸を北上するとホーク湾に至るが、そのネーピアの海岸にある「パニアの像」は、人魚姫の像に似ているという。また、マオリ族が伝えるパニアの物語は内容的に人魚姫の物語に共通するところがあるともいう。

近年、世界の各地で観光資源としてだけではなく、新たな人魚像が誕生していると聴く。「人魚サミット記念」の人魚像などはその代表で、このサミットに参加した和歌山県橋本市の学文路《かむろ》にある仁徳寺境内にも誕生しているのは前述の通りである。今後も各地に多くの人魚の誕生地が増えることを期待したい。

以上、筆者が研究旅行などをした際に各地で邂逅《かいこう》した人魚像を掲げた。その数は、貧しいといわざるを得ないが、今後は「人魚ファン」諸氏との情報を交換して、その数を増やす努力をするしかないと思っている。それに、人魚像には個人的な好みもある。

憐れみをさそうイルカに乗った人魚像（フロリダ，キー・ウェストで）

上掲の写真のように、フロリダのキー・ウェストを散策中に、個人住宅の小さなプールでイルカに乗って遊ぶ人魚像をみつけ、おもわず嬉しさのあまりカメラのシャッターを。しかし、結果は御覧のとおりだが、ご参考までに登場していただいた。

第十一章　現存する人魚

わが国における人魚の見世物

上述したように、わが国において「人魚」または「人魚のミイラ」は、民間において信仰の対象となっていたこともあり、秘仏と同様に秘蔵されてきた例も多い。

しかし、幕末期になると、しだいに信仰の対象という枠をはずれ、世にも不思議な生き物、あるいは、「めったにお目にかかれない、めずらしい生き物のミイラ」としての地位を確保するに至った。その理由の一つは、各地の城下町をはじめとする当時の町（都市）に人口が集中するようになり、いわゆる、町人層の増加が、新しい職業や階層構成をつくりあげたことにより、世の中に対する、すべての「ものの見方や考え方」に対する価値観のちがいが生まれ、暮らしが多様化したためであるとみてよいだろう。

したがって、「見世物」として、幸か不幸か商売道具のひとつとして興行師の手に渡ったものも多かったのである。

「人魚の見世物」には二種類ある。その一つは、生け捕りしてきた「生きた人魚」を見せる興行であり、もう一つは「乾物の人魚」を見せる興行である。後者は「人魚のミイラ」がその代表ということになる。

本稿では、まず、興味のもてる「生きた人魚」の見世物から紹介したい。

『花紅葉二人鮟鱇《あんこう》』という黄表紙本は文化二年（一八〇五年）の作で、その中に「大坂下りだる満男」や「天竺渡り迦陵頻伽《かりょうびんが》鳥《ちょう》」（頻伽鳥は仏教で極楽にすむ想像上の鳥をいう）にまじって、「正銘　龍宮渡り　人魚の生捕」の幟《のぼり》を立てた図がある。（図参照）

筆者は、この黄表紙を実見していないが、花咲一男著『江戸の人魚たち』によると、『花紅葉二人鮟鱇』の作者は茅場町の帆網問屋の主人で、内新好（俳号・魚堂）という。

同書には、「……つぎは舞台に水ぶねをしつらいまして、ぶゑんの（うぶな、正銘の意）人魚をおよがせて御らんにいれます。こしらへものでなく、生

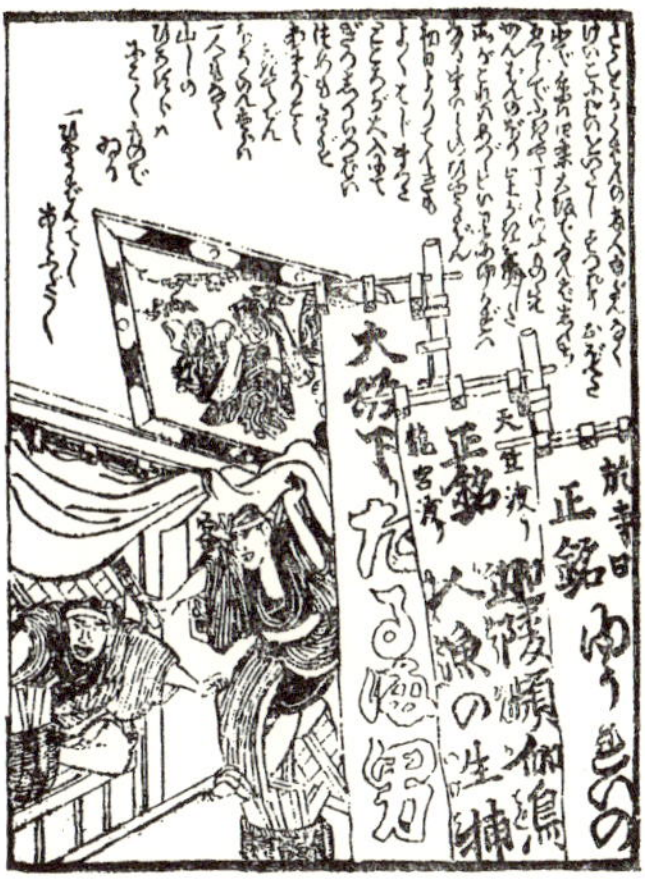

幟に「正銘　龍宮渡り　人魚の生捕」とみえる（花咲一男著『江戸の人魚たち』太平書屋刊より）

「めん屋にんぎやう」の図（花咲一男著『江戸の人魚たち』太平書屋刊より）

水槽の中で泳ぎながら煙草を喫う人魚と見物客（花咲一男著『江戸の人魚たち』太平書屋刊より）

きておりますという証拠に、たばこをのみながら泳ぎます。これを名づけて、人魚の遊山泳ぎと申します。此すひつけた煙草のつけざしを一ぷくおあがりなさると、百年ッ、うけやって生きのびます。御用ならあとへ残って楽屋へおいでなさりまし。金次第にして何服もさし上ます。

さて又、かやうにばかり申ても、これよりあしは半身の魚のかたちにてかくし、まことの人間をいつわってみせると、思召すお方もござりましょう。その非をはらすために、半身は人、はんしんは魚と申す、正銘の大事のところを、御目にかけます。としっぽをもって、ひっぱると、まん中より二つに切たるごとく、図のごとくわかるれば、これにて見物感心する。腰より上は人、腰より下は魚、これを合《がっ》して人魚と申ます。そのため口上、どなたもさようじゃ」とみえる。（同書、二一〇頁）

また、同書によると、享和元年（一八〇一年）刊の『昔男生得這奇《こはめづらしい》見勢《みせ》物語《ものがたり》』（北尾重政画、蔦重版）があり、その中に「ちんぶつの見せもの」として、「めん屋にんぎやう」が陳列されている図がある。女の子のような可愛いらしい人魚がビードロらしきものを口にして台の上に乗っているが、花咲一男氏によると「この人魚の像は、日本橋十軒店の雛《ひな》人形店、面屋に置看板としてあったものと推察される」（同書）としている。同氏は同書の中で、謙遜されて、管見ではあるがなどと記されているが、実に博識多才である。

また、江戸時代宝暦七年（一七五七）の刊行になる雪蕉斉著・寺井重房画の『増補絵本国見山《ぞうほえほんくにみやま》』には氐人《ていじん》国の人魚の見世物の図会があり、その解説には、

「氐人国其のかたち人の面にして魚の身也。足なし。世に人魚の図に描くは此図のすがた也。
○あるとき中国の人此国へ至りしに大人の独身なる者中華《もろこし》が一覧しつれゆきくれよとたのむ心あり。請合つれかえり。扨《さて》中華の人の風俗皆よびあつめ見すべしと氐人を誑《たぶらか》し大相国寺の境内に戯場をかまえ、見せ物にしける。髭《ひげ》のながきおやじ木戸にたちて氐人国の魚人ハ是じや、見るも慰《なぐさ》み見るも慰みとわめきける。」とみえる。

この絵図をよく見ると、解説のとおり、木戸の入口で「髭のながいおやじ」が人寄せをしており、その右隣りに座っている男は木戸銭を取っている。また、入口には人魚の看板が掲げられ、木戸の奥には竹の檻《おり》があり、中には女の人魚が一匹（人）おり、長靴をはいた異人風の男から魚の餌を与えら

れ、それを食べている様子が描かれている（次頁図参照）。

さらに眼を凝らすと、遠くの垣根の中から覗《のぞ》き見している子供らしき顔も見え、なかなか手のこんだ絵本である。

『増補絵本国見山』に見える「氐人《ていじん》」または「氐人国」とは、中国古代の地理書（著者は不明。最も古い部分は戦国時代＝紀元前五世紀から紀元前三世紀頃にまとめられたとされる）の『山海経《せんがいきょう》』のうちの「海内南経」に見える「氐人国」のことで、「氐人国は建木の西にあり、その人となり、人面で魚の身、足がない。」（高馬三良《こうまみよし》訳、平凡社ライブラリーによる）にもとづいている。『山海経』に描かれている「氐人」は男で両手があり、両耳の部分は毛のようなものをはやしているが、髪の毛も髭もない。

ちなみに、寺嶋良安が日本で最初に著した図入りの百科辞典『和漢三才図会』（一七一三年）によると、「氐人」の項には、男で両手があり髭をはやした「半人半魚」の図が描かれており、別項「人魚」には女で両手がある「半人半魚」の図が描かれている。（五一頁図参照）

（なお、本稿における『増補絵本国見山』の項に関しては、笹間良彦氏の著作『海と山の裸女――人魚と山姥物語』、雄山閣、一九九五年、八六頁を転載させていただいた。）

江戸時代末期（天保時代）に、当時、尾張藩士であった小田切春江（歌月庵喜笑）の描いた絵入り日記が『名陽見聞図会』と題して、愛知県郷土資料刊行会から復刻出版されてから、まだ日は浅い。

著者の小田切春江は『尾張名所図会』をはじめとする著名な作者であり画家として知られている。

その内容は、天保三年（一八三〇年）から天保十年（一八三九年）にかけて、名古屋城下の珍事や奇事をはじめ、見世物・祭礼・飾り物・新商売（商い）・大相撲・ご開帳・洪水とさまざまだが、その図絵二百余枚のうちの一枚に「人魚の見世物」を描いたものがある。

そして「人魚」の説明に、「人魚ハ折々見せ物として出《いづ》るという（中略）頭ハ猿の如く、尾の先いたって長く手も二本あり……」などとみえる。（図参照）

「氐人国」の人魚の見世物
（『増補絵本国見山』より）

「人魚」の見世物（『名陽見聞図会』より）

この図絵や解説文から、当時、名古屋の城下町で、「人魚の見世物」がでていて、人々を驚かせたり、喜ばせたりして話題になっていたであろうことがわかる。

また、こうした人の集まる「町中」での「見世物」とは別に、今日でいう地方巡業ともいえる「見世物商売」もあったようで、江戸に近い相模国三浦郡太田和村（現在の神奈川県横須賀市太田和）の名主をつとめていた「浅葉家文書」（安政四年・一八五七年）の中の「日鑑」（「浜浅葉日記」）に、「正月十八日　江戸小伝馬丁大坂屋治兵衛代文七人魚持参り、尤《もっとも》大久保よりの手紙ニ而《て》本家より姉・嘉十郎其外不残参り候、文七外ニ壱人へ中喰（昼食《ちゅうじき》・ひるめし）出し、夫《それ》より芦名《あしな》薬種屋へ行、長井（村名）之者五六人参り、是も右の人魚見ニ参候」（傍点及びカッコ内は筆者による）とみえる。

このことから、各地方の豪農や豪商、村の有力者である名主（庄屋）をはじめとする村役人宅を、正月になると獅子舞や万歳と同じように巡って興行したのであろう。（「相州三浦郡太田和村浅葉家文書」第二集、浜浅葉日記㈡横須賀市立図書館、一九八一年）

ヨーロッパ・アメリカの人魚の見世物

このように「生きた人魚」を見世物にしたという話は、わが国ばかりでなく、外国にもある。

ヴィック・ド・ドンテ著『人魚伝説』の中に、一七五八年、パリ市内で、生きた人魚が公開されたという話がある。

「水を満たした大きな水槽に飼われた海の女が見られ、彼女はそこが気に入っているようだった」と解説している。

この話の出典はロビネ著『哲学的考察』（一七六八年）だとしている。

このことに関して、荒俣宏氏は同書の解説で、もう少し詳細にかつ正確に記している。

それによると、「活発で敏捷だった。体長は二フィートだった。水の中でたいへん器用に潜ったり跳ねたりし、じっとしているときは、身体を真っすぐに立てて胸の下まで水面上にあらわすのが普通であった。人々が与えるパンと小さな魚を、両手を使って口まで運んで食べた（以下略）」と記している。そして、この引用文献の原典についても正確に、ジャン・バティスト・ロビネ著『生物の形態の自然階梯についての哲学的考察』一七六八年、パリ刊より、とみえる。

また、前掲の『人魚伝説』の中には絵図も挿入されているが、それで見るかぎりでは、大きさは二フィートどころではなく、水槽の人魚は見物人よりも大きく描かれている。

この他、ヨーロッパやアメリカにおける「人魚の見世物」に関する諸外国の事例については、次の「人魚のミイラ」の項にゆずることにする。

人魚のミイラ

この世に実在しないはずの「人魚」だが、なぜか現存するとされる「人魚のミイラ」は多い。筆者もこれまでに数体のミイラと直接対面したことがある。

アメリカの興行師P・T・バナームの一座が一八四二年に展示した「フィジー人魚」は一大センセーションを巻き起こし、ニューヨークのアメリカン・ミューゼアムをはじめ、各地の博物館が「人魚のミイラ」の偽造品とは知らずに奪いあったという記事がある。（荒俣宏、平凡社『大百科事典』「人魚」の項）

わが国は世界の中でも人魚のミイラが際立って多く、実際、その製造・販売は江戸時代にはじまり、明治時代も後期まで続いたらしい。

畏友・近藤雅樹氏（国立民族学博物館教授）によると、オランダのライデンにある国立民族学博物館には五体ないし六体の人魚のミイラが収蔵庫内に眠り、保管されているという。筆者も同博物館を訪問したことはあるが、収蔵庫内の人魚のミイラに対面することはできなかった。

また、同氏によると、ヨーロッパ各地の博物館には、人魚のミイラと称する日本製品が実際に展示室内のケースに展示されている例もあるという。その一例がロンドンのホーニマン博物館である。それは、わが国のように信仰の対象になっていないためで、遠い東洋の国で、その昔、捕獲された人魚のミイラなのである。したがって、日本には、ほんとうに人魚が棲んでいた時代があったが、今日では絶滅してしまったと信じているヨーロッパ人がいても不思議ではない。絶滅した「日本オオカミ」の存在と同じようなものと思われているのであろう。

事実、ヨーロッパでは、こどもたちのあいだでも「人魚人気」は高く、ファンも多い。フィンランドのヘルシンキにある諸文化博物館では、世界各地の人魚の図像を集め、見学にきた児童や生徒たちのために「ぬり絵」として用意していたものを近藤氏から参考資料に送っていただいたことがある。

人魚のミイラは、その多くが上半身は猿で、顔や両手を残し、下半身はサケ・マス・コイなどの魚の胴体をつけたものが多い。こうして加工すると下半身に尾があり、鰭《ひれ》や鱗《うろこ》が残るので、半人半魚になるのだが、日本の職人は器用なため、そのつぎ目がわからないものが多い。松井魁氏によると、

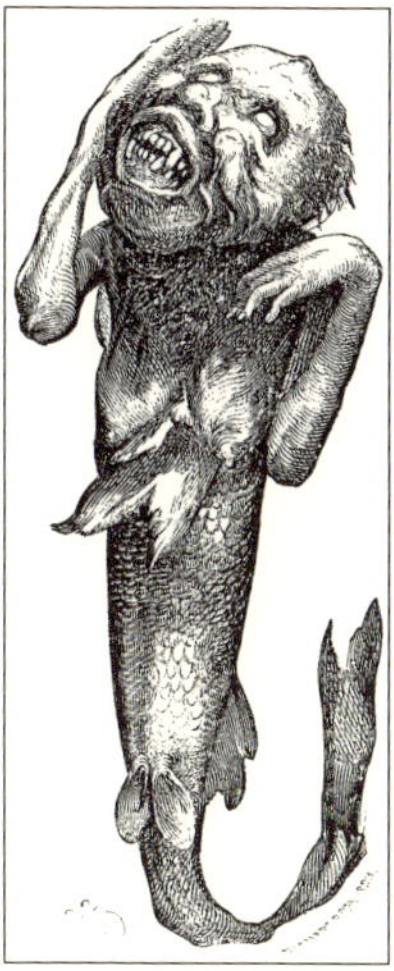
アメリカン・ミューゼアム（ニューヨーク）に1842年に展示されたという「フィジーの人魚」図（『マーメイド』より）

「岩倉公らの欧米回覧日記には、竜と人魚の乾物をオランダに贈ったが、その細工の巧妙なために日本人の技能が評価された」とある。（松井魁『伝説と幻を秘めた人魚』条例出版、一九八三年、七一頁）しかし、この『欧米回覧日記』からの記事は、もとは

といえば南方熊楠が書いたものだという。（花咲一男『江戸の人魚たち』大平書屋、一九七八年、一〇六頁）

しかし、近藤氏がオランダのライデン国立民族学博物館で調査した人魚のミイラの中には、中身のパンヤ（パンヤノキの種子に生えている綿状のやわらかい長い毛で、保温性がよいため、蒲団《ふとん》や枕などに用いる）がはみだしてしまっているものもあったと聞いた。

しかし、人魚のミイラは燻製にしてあるものや、長いあいだ信仰の対象としてあつかわれてきたわが国では、線香の煙でいぶされた結果、燻製状になってしまった個体もあるため、虫害予防の効果もあって今日まで立派な状態をたもち、保存されてきたものも多い。

だが、すべての「モノ」と同じように、数が多くなり、度をすぎて制作されると稀少価値は低下してしまう。湯本豪一氏によると、明治三十二年（一八九九年）八月九日の『新愛知』という新聞に、日本からイギリスに人造「人魚」が数多く輸出されて、最初は好事家によろこばれていたが、次第にありふれるようになって値段も下がり、今では骨董店にさらし置かれているという記事が掲載されているほどだという。（二〇〇二年九月二十一日、『神奈川新聞』「妖怪物語」より）

ちなみに、ライデン国立民族学博物館に所蔵されている日本関係の資料は、シーボルトをはじめ、長崎の出島にあった江戸時代のオランダ商館に勤務していた商館長のヤン・コック・ブロムホフ、J・F・ファン・オフェルメア・フィッサーらがそれぞれ持ち帰ったコレクションだが、人魚のミイラ等は商館長のブロムホフが日本人から購入したものだとされる。

オランダ・ライデン国立民族学博物館（シーボルト・コレクションが保管・展示されている）

また、「人魚が棲む日本」と題して、『芸術新潮』（新潮社）が一九九〇年七月に誌上で紹介した「人魚のミイラ」には上掲したように、ロンドンのホーニマン博物館蔵「マーメン・Mermen 体長五〇・二センチ」とみえる。

「人魚のミイラ」に関しては、ヴィック・ド・ドンテも『人魚伝説』（富樫瓔子訳、創元社「知の再発見」双書三三、一九九三年）という著書の中で、「一八二二年、ロンドンのターフというコーヒーハウスで見せた〈東インドの海の女〉は、注意深い見物人に、猿の上半身に鮭の尾を付けたものと見破られた。このようなセンセーショナルな趣味は、フィニアス・T・バーナムにはもっけの幸いだった。彼は一八四二年夏、〈一週間に限って〉ニューヨークのブロードウェイで〈フィジーの人魚〉を展示し、大成功を収めた。物見高い人々が詰め掛けたが、あのロンドンの猿と鮭の合成品で担がれたことに気付いた人は誰もいなかった。（中略）こういう偽物を作ったのは、中国や日本の漁師たちだった。当時、この手の代物はアンヴェルマ（アントワープ）の港からイギリスに送られていた。」とみえる。同様の記載は前掲の松井氏の著書の中にもあるが、ブロードウェーのコンサート・ホールでの興行は一八四三年のこととしている。

わが国における「見世物としての人魚」や「薬としての効用」については、本章のはじめの項などで述べたが、わが国のように信仰の対象としてではなく、たんに「海の怪物」、あるいは「珍奇な海の動物」として展観されているにすぎないところに事情の異なる背景がある。

筆者は科学・化学等のことに不案内故、真偽はさだかでないが、このような「人魚のミイラ」の制作にあたっては、「猿の上半身に、切った鮭の下半身を挿し込み、双方にヒ素で防腐加工を施しながら冬の外気中で天日干しにすれば、腐敗は起こらず、ごく自然に両者は接着する」（島田荘司『溺れる人魚』原書房、二〇〇六年、一三六頁）という指摘がある。

蛇足ながら「木乃伊」と表記して「ミイラ」と読むのはポルトガル語の Mirra・Mummy の漢訳語で『六物新志』などにみえる。ミイラは人間または他の動物の死体が死後も永く原形に近い形で保存されているもので、人工的なミイラ以外に天然のものもある。

ところで、このような「人魚のミイラ」の制作・販売元となっていた日本にも、現在なお実在するのであろうか。

次に、わが国に「現存する人魚のミイラ」のうち、筆者が対面することのできた数体のミイラや、世に知られた「有名」な人魚のミイラについて、以下、紹介することにしよう。

滋賀県蒲生町・願成寺のミイラ

近江路は「人魚の故郷」ともいえる一地域で、琵琶湖の周辺には「人魚」にまつわるいい伝えが多く残されている。

旧北国街道にそって琵琶湖の東を南下すると、米原、彦根とつづくが、さらに近江鉄道に乗り換えると八日市、そして日野に至る。

日野は江戸時代から「近江日野商人」を輩出した地としてよく知られている。

近くに、近江鉄道の路線と名神高速道路が立体交差している場所があり、そこが目指す目的地の「川合」である。

マイカーを利用した場合は名神八日市インターチェンジでなければ高速道路をおりることができない不便な場所である。

人魚のミイラが安置されている願成寺は、この名神高速道路が、門前で寺に至る参道と交差しているので、気をつけていれば、すぐにわかる。

願成寺の「略縁起」によれば、この寺は、聖徳太子による草創の古刹で、推古天皇二十七年（六一九年）に開基せられたという。

太子御作の本尊聖観世音菩薩立像は、太子の母君の姿をうつしたと伝えられている。しかし、今日まで秘仏とされてきたため、像の高さなどは、まったく不明であるらしい。

のちに、天台宗となり、川合六坊の第一と称せられたが、永禄年間（一五五八年～一五六九年）、織田信長が比叡山を攻める当時に消失したといわれているが、ご本尊の聖観世音菩薩だけは、村人の手により裏山深く隠され、危うくその難を逃れたと伝えられている。

以後は、草庵にすぎなかったが、寛永元年（一六二四年）に青木十郎兵衛、植田長右衛門などの人たちが中心となり、当時、巡錫《じゅんしゃく》中であった、三河の国（愛知県）足助《あすけ》町香積寺住職の三栄本秀禅師を招いて寺の再興を計り、以後、曹洞宗となって今日にいたっている。

願成寺に安置されている「人魚のミイラ」の由来については、次のように伝えられている。

「願成寺の末庵に、それはそれは目を瞠《みは》るほど美しい尼僧様が居られまして、三丁程離れて建つ本寺（願成寺）へ毎日お手伝いに通われていました。

心のやさしい、匂うばかりの尼僧様は、誰れもが好意を持って接してはいましたが、いつ程か可愛らしいお小姓《こしょう》さんが何処からとも無くやって来て、尼僧様のお供をするようになりました。

かいがいしく立ち働く尼僧様の後には、いつもお小姓さんがつききりで何かと手助けをする姿に、

願成寺の本堂と「人魚のミイラ」この寺の境内に「人魚サミット記念」の人魚像がある

（右側が頭部）

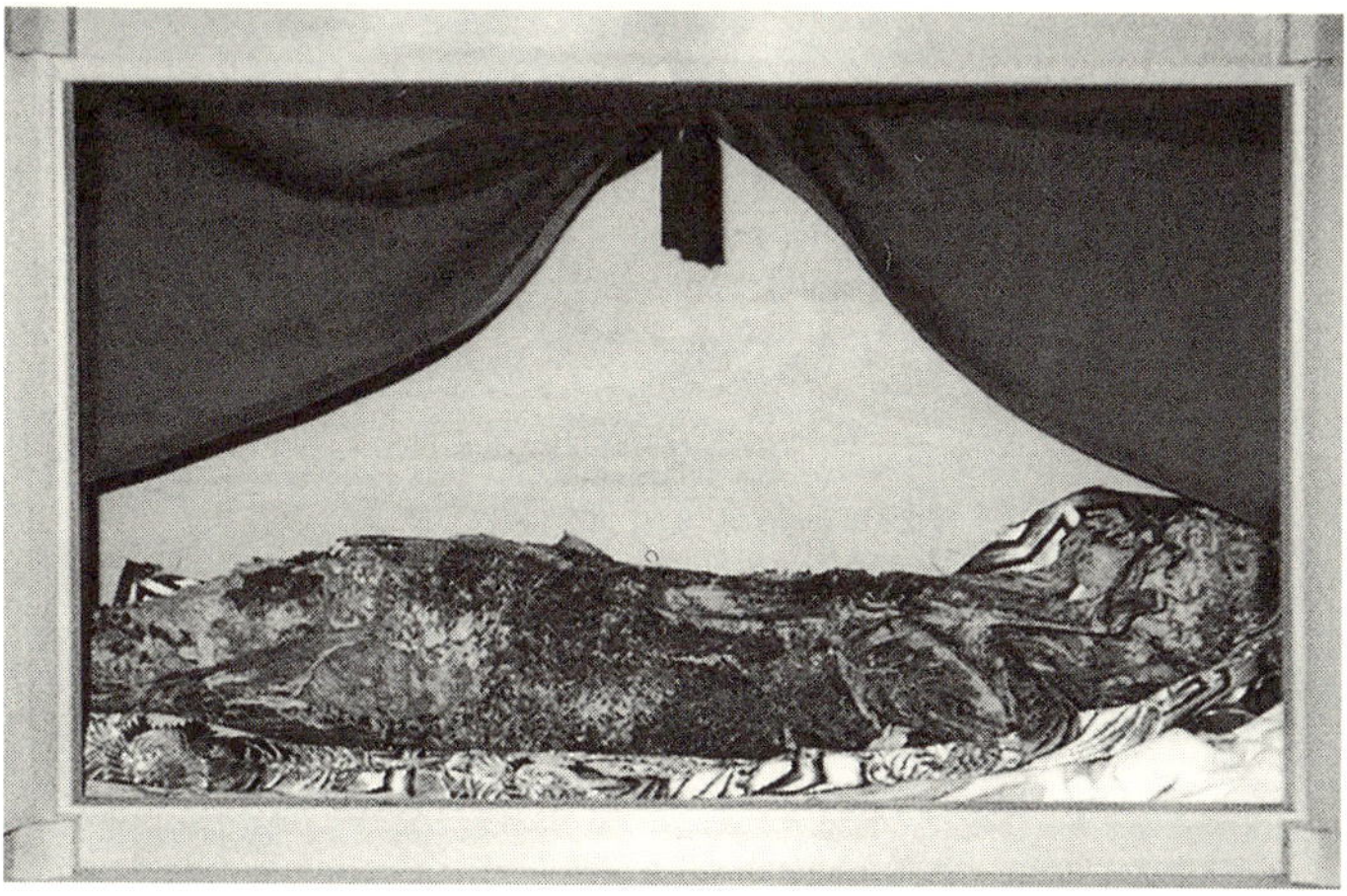

初めはほほ笑ましく思っていた村人たちも、だんだんと羨ましくなり、〈どこのお方だろう〉、〈どうして毎日通って来るのだろう〉と、人々の話しに上るようになり、どうやら尼僧様に懸想《けそう》しているらしいと判り、深く佛門に帰依しておられます尼僧様は大変にお困りになりました。

或る日、寺武士がこっそり後をつけますと、寺村の佐久良川の川淵の青々とした水の澱《よどみ》へと、すっと消えて行き、驚いた寺武士の急報で村人たちが投網しました。その結果、網に絡められて捕えられたのは、〈魚にして、魚にあらず〉、〈人にして、人にあらず〉、哀れな人魚だったのです。

動物の身で有りながら、尼僧様に懸想し困らせし人魚を懲《こ》らしめのためと、とうとう〈ミイラ〉にされてしまったのだそうです。

今に考えてみれば、可哀想な話しですが遠い昔の事です。世にも不思議な動物として、その後、諸大名や豪商の手に渡り、見せ物（因果な物として）になって伝わって行ったそうです。

ところが、夜になると〈しくしくと泣き、大きな声、小さな声〉と止むでも無く、消えるでも無く、屋敷内に満ち満ちて、人々の心を狂わせて行ったそうです。

たまりかねた人たちの手により、人魚の故郷へ帰してあげようと、今は亡き尼僧様の眠る願成寺へ帰ってきたのでした。遠い遠い、長い長い旅でありました。

今は、朝に、夕に、読経の聞こえる観音堂で、観世音菩薩の慈悲心に包まれて、静かに眠っております。」（願成寺「人魚の由来」より）

ちなみに、参観させていただいた願成寺の「人魚のミイラ」は、顔の長さ約六センチ、尾がやや右側にまるまっているが、全長約七二センチほどであった。厨子の横幅は約六四センチ。

新潟県鯨波のミイラ

新潟県柏崎市の信越本線柏崎駅から直江津方面へ向って約五分ほどの、一つ目の駅が鯨波《くじらなみ》で、駅前はすぐ海水浴場になっているため、夏季はにぎわう。

このあたり一帯は海岸線と鉄道の線路が平行して走っており、青海川《おうみがわ》は二つ目の駅だが、駅舎が海岸にあり、山から流れる滝が直接海中に落ちているというほど、「米山」をはじめとする山がせまっている。それ故、車窓からの風景は美しく楽しい。

鯨波駅で下車し、前川橋を渡ると線路より山側に集落が見えてくる。目指す妙智寺《みょうちじ》はこの集落内にあるが、山側の奥まった場所にあるため、地元では「上ん寺《うえんでら》」と呼ばれて親しまれている。ちなみに、「下ん寺《したんでら》」とは竜泉寺のことだが、里の人々は寺号で呼ぶことはない。寺までは、ゆっくり歩いても約三〇分。どの家の庭にも花が植えられている。手向花《たむけばな》なのであろうか。周辺の景色も牧歌的でほっとさせられる。

妙智寺は曹洞宗で普門山慈照院という。一般に寺院は山号・院号・寺号の三つで呼ばれるが、すべてがそろっていることは由緒、格式があるためであろう。永禄二年（一五五九年）の創建で、開基は上杉謙信の伯母小少将、開山は源巨と伝えられる。釈迦如来像を本尊とするが、観世音菩薩像も有名で、越後三十三観音霊場の第四番の札所である。筆者は平成一八年（二〇〇六年）に、この寺の住職である小林信隆《しんりゅう》氏にお願いして「人魚のミイラ」を参観させていただいた。

この寺に供養されている「人魚のミイラ」に関しては、次のような来歴がある。

まず、参観させていただいた「厨子」ともいえる桐の箱蓋の裏側に「茲《ここ》ニ人魚所有ニナル事歴ヲ書ス」とあり、その概要を拝読させていただくと、

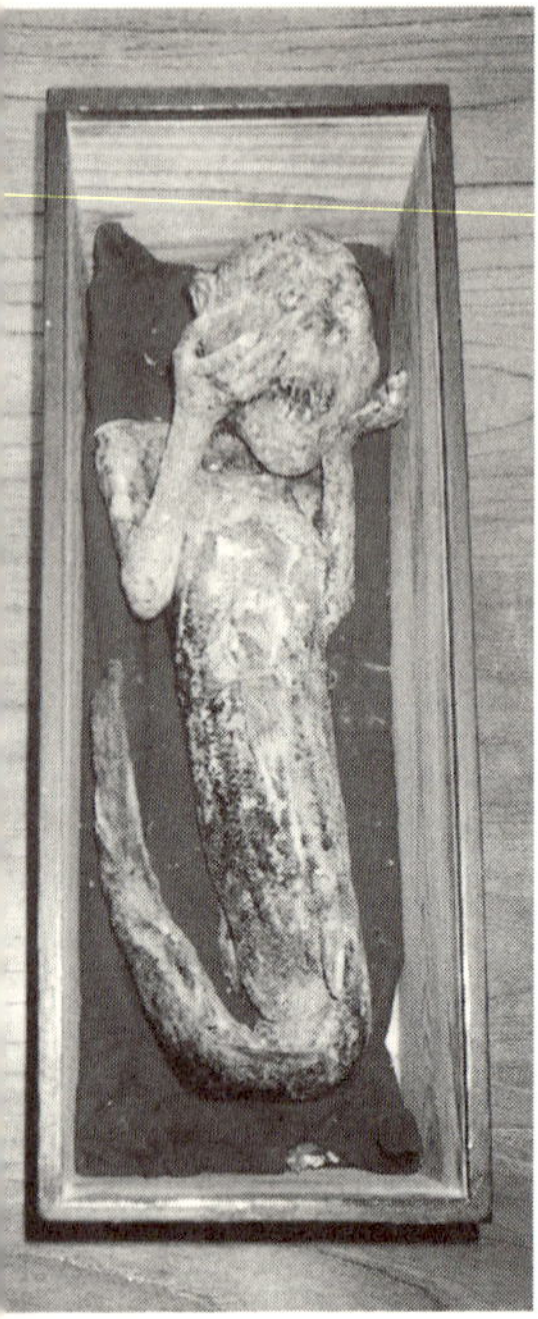

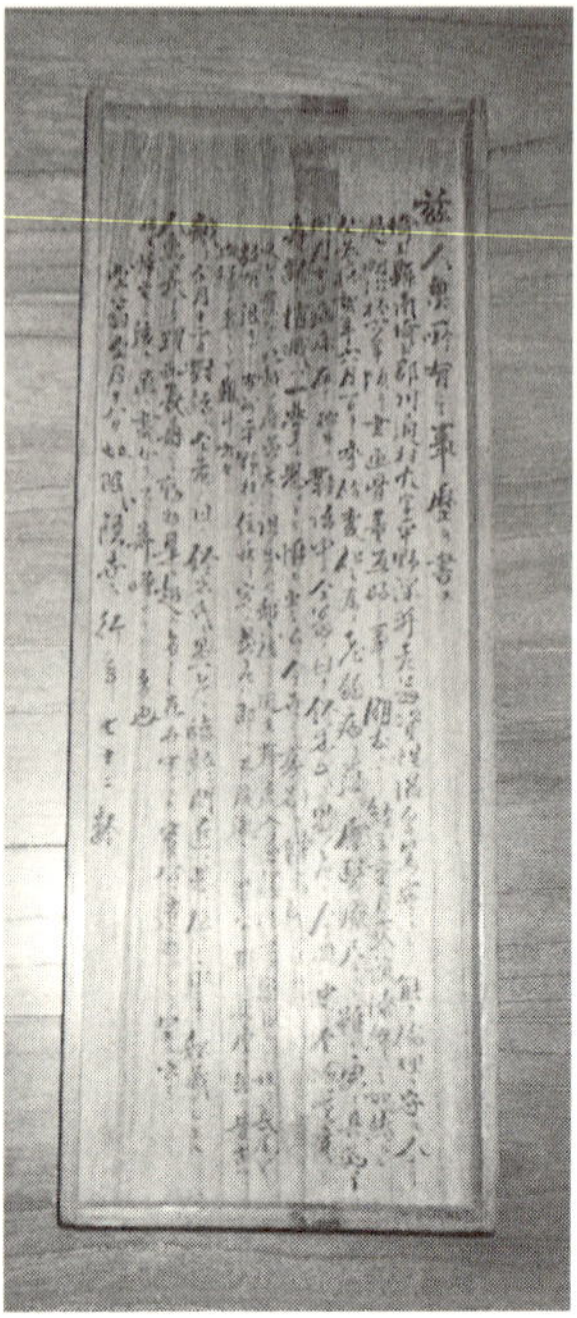

妙智寺の山門と「人魚のミイラ」
写真右は箱蓋の裏に書かれた来歴

「埼玉県南埼玉郡川通村大字平野、深井老翁は生まれつき性質が穏やかで実直であり、立派に道徳をまもる人である。

　過ぎ去った明治十六年（一八八三年）頃より、書画や骨董を互いに好むことから仲のよい友達となり、年を経、月を重ねる毎に親しみの情が深まり、大変親しくなった。

　明治三十二年六月一日から気候変化のため、体の弱い老翁は、病気となり、常に医者にかかり治療を施したけれど効果はない。明治三十二年六月十日、遂に床について私と対話中、老弱の老翁が言うには、鈴木氏に今回の病気はどうしても全快するとおもわれない、長生きできないことは、残念で唯の夢にしか思われないが、君とこの世の寂しい別れを惜しむだけである。

また言うには、君は越後に生まれ愚老の祖先は越後の領主輝虎、仏門に入った謙信公の家臣で姓を長尾という。理由があって落ちぶれ、当村の平野村に住居を定めた。愚老はつまり謙信公の祖先から血筋をひいている。君との厚い交友を想うにずっと昔は血縁の者であるかも知れない。

日が過ぎたる六月十二日、また対話する。老翁が鈴木氏に言うには愚老も息を引き取ることも間近いと思う。ここに私が永年秘蔵していた人魚がこれである。今の世において長生きの動物はこの人魚が一番すぐれている。この世に生きるお前に死んだ後に残された品物として差し上げる。

私が帰宅した後早速、老翁の妻の手により寄贈されたものである。

同翁同月十八日眠るように亡くなる。行年七十七歳」とみえる。

このように箱蓋の裏面に記載があり、妙智寺に安置されている「人魚のミイラ」は、もとは深井翁の所有であったが、その後、柏崎の鈴木某氏がもらいうけたものなのである。

深井翁が「私が永年秘蔵していた人魚」というのは約二五〇年も前のものだとも伝えられている。深井翁と鈴木氏は「書画骨董を互いに好む」とも記されているところをみると、深井翁はその方面から入手し、秘蔵するようになったのかも知れない。

その後、明治時代もしだいに終り頃になってのことだが、柏崎の鈴木家に「人魚のミイラ」が伝えられてから、同家では不幸が続くようになってしまった。家業の造り酒屋は経営が不振におちいり、あわせて当主が次々に他界するなどしたため、およそ五〇年前に、最後の持ち主の鈴木家が同地の鯨波にある越後観音霊場第四番の由緒ある妙智寺に供養を頼まれ、あわせて奉納されたものであるというのがその由来である。

小林信隆現住職によると、祖父の代に奉納された「人魚のミイラ」は、当時、青海川（大潟町）に在住していた鈴木伸一《のぶいち》氏からのもので、伸一氏は鈴木家当主の分家にあたる。伸一氏は当寺の檀家なので、檀家の親戚から奉納されたということになる。

その後、現住職の岳父もはやく鬼籍に入られ、祖父についで叔父が寺を継いだため、叔父にひきつがれ、現住職で三代にわたり供養をされてこられたと伺った。

上述したように、鯨波の夏は海水浴客で賑わう。終戦（昭和二〇年）後まもない頃は、まだ大勢の客を宿泊させる施設がなかったため、お寺を利用させてもらっていたこともあった。

夏休みになると、長野県の須坂市などのように、海のない市町村の学校や、海を見たり、海で遊んだことのない児童や生徒のために臨海学校（教室）などと称して、子供たちが大勢やってきた。こうした時、寺は大勢の子供たちを宿泊させるのには、うってつけの環境でもあったため、利用者側からも喜ばれたのである。

しかし、せっかく海辺に遊びに来ても、運悪く、低気圧の通過で風雨が強かったり、台風が接近してきたりすると海には行けない。お寺の本堂や庫裏で、うらめしそうに空を仰ぎ、天候の回復を待つよりしかたがない日もある。

そんな時、前住職の時代まで、庫裏のわきの倉に安置されていた「人魚のミイラ」が役立つようになったという。

雨の日など、退屈でこまっている子供たちに、住職が気をきかせて倉から「人魚のミイラ」を持ってきてみせたり、「人魚伝説」などを含めた講話をするようになると人気が高まったと聞いた。

なにしろ、この地に近い上越市は『赤い蠟燭《ろうそく》と人魚』の童話作家小川未明の故郷なのだ。したがって人魚にかかわる話の原点の地でもある。このことは第五章の「人魚塚と人魚伝説」の項で述べた。

和歌山県学文路・苅萱堂（仁徳寺）のミイラ

JR和歌山線に橋本駅がある。この駅から、さらに南海電鉄の高野線に乗り換え、極楽橋という終点に至り、高野山の金剛峯寺に参詣する人々は多い。

その橋本駅から電車は、紀の川の鉄橋を渡り、山際をはしりはじめる。このあたりは、どの山の斜面も果樹園としてよく手入れされており、特産物の柿が多い。

取材時は三月二十四日だったので、新緑の季節の柿の若葉がことのほか美しかったが、実がたわわにさがる秋もみごとな風景を楽しませてくれるのであろう。

目指す駅は学文路《かむろ》である。なぜ、三月二十四日の訪問かというと、この日は年に一度の「千里《ちさと》ノ前《まえ》」の法要で「人魚のミイラ」のご開帳の日であるため、この日の参観となった。

人魚のミイラが祀られている苅萱堂までは山路を歩いて一五分ほどのところだが、途中、見逃してはならないのは旅籠屋「玉屋」の前を通るときである。

その理由は、苅萱堂《かるかやどう》に祀られている人魚のミイラは、もとはこの旅籠に石童丸《いしどうまる》の母親である千里御前《ちさとごぜん》が、下女の雲井《くもい》に笈《きゅう》で背負わせてきたという伝説があるためだ。ちなみに「笈」は行脚僧《あんぎゃ》や修験者などが長旅をする際に物を入れて背負って持ち運ぶための竹で編んだ箱をいう。（図参照）

学文路《かむろ》という地名は、めずらしい。錦地の郷土史に造詣の深い岩橋哲也氏のご教示によれば、この地名がはじめて史料に見えるのは平安時代末期の文治四年（一一八八年）で、村名の初見は、鎌倉時代末期の文暦二年（一二三五年）であるという。いずれも出典は「高野山文書」にあり、当時、高野山の寺領で、その時代には地名も村名も「禿《かむろ》」の文字があてられているという。

また天正十三年（一五八五年）、豊臣秀吉の紀州征伐の時、高野山領は全て没収されてしまう。その後、天正十九年から二十年にかけて、東隣りの南馬場や、西隣りの九度山などは高野山領として復活が認められたが、「カムロ」はそのまま紀洲藩領として引き継がれ、その頃から「学文路」と表記されるようになったらしい。

江戸時代の「学文路」は高野山参詣の表口としてにぎわい、『紀伊続風土記』によれば、家数は一七九軒、八歳以上の人口は七〇九人とみえる。

ところで、全長約六三センチほどの大きさの「人魚のミイラ」が「什寳人魚函」の中に安置されて

「人魚のミイラ」を笈で背負う雲井（左）と千里ノ前（右）（『苅萱親子一代記』より，岩橋哲也氏提供）

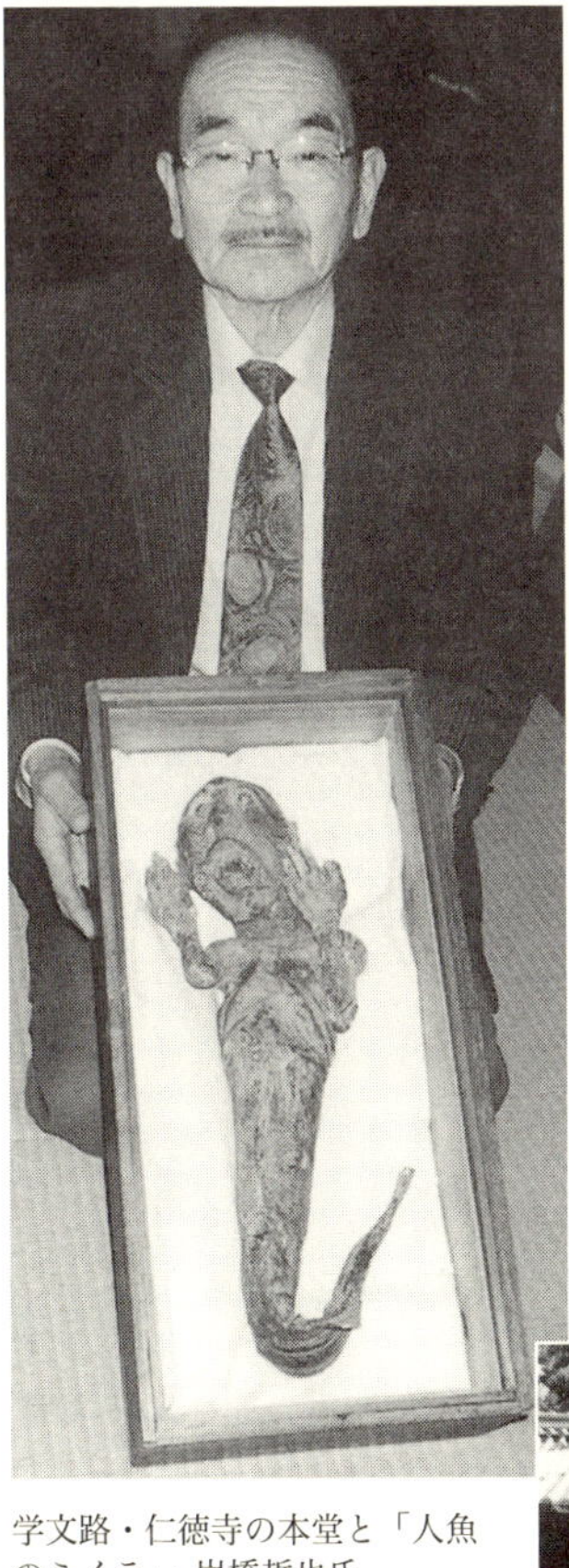

学文路・仁徳寺の本堂と「人魚のミイラ」・岩橋哲也氏

いる「学文路《かむろ》苅萱堂《かるかやどう》」という名前のことだが、旧名称は「仁徳寺」といった。昭和の時代から無住で本堂の雨漏りもひどく、廃寺になる寸前であったが、平成四年に寺堂の大修復がなされた。再建後、保存会の会長の岩橋哲也氏により、上述した地名を冠して改称したのであるという。

旧名称は「仁徳寺」だが、さらに、江戸時代の中期の元文五年（一七四〇年）以前は「如意《にょい》珠山《しゅざん》能《のう》満院《まんいん》」という山号や院号でよばれていたことが寺伝によりわかる。

そして、「人魚のミイラ」がこの「苅萱堂」に祀られるようになったいきさつには、次のような伝説がある。

平安時代末期（十二世紀後半）頃のこと。九州筑前博多一帯（今日の福岡県あたり）の守護職の任にあたっていた加藤左衛門《さえもん》繁氏《しげうじ》という人がいた。

繁氏は桂子《かつらこ》という名前の妻との二人暮らしであった。ある時、父（繁昌《しげまさ》）の友人で、近江《おうみ》の国（今日の滋賀県あたり）に住む朽木《くち(つ)き》尚光《なおみつ》という人の娘で、遺児になってしまった千里《ちさと》の不幸な身の上話を聞いて同情し、千里を近江の生家から筑前にある自分の館によびよせることにした。

千里は生家を発つ時、近江の国の朽木家に先祖代々、大切に伝えられ、崇拝してきた家宝である「人魚のミイラ」を守護仏として授かり、九州へおもむいたのである。

この、筑前にとどいた箱の中の「人魚」は、五〇〇年ほど前の推古天皇御宇《ぎょう》二十七年（六一九年）四月四日、近江の国の蒲生《がもう》川の上流で捕獲されたものであった。

生家では、人魚は死後ミイラになり、醜い形相をしているが、それはいわば人間の身代わりになって、人間の苦しみをとりのぞいてくれる仏のようなものだと伝えられていた。繁氏は人魚をだれにも見せずに匿《かくま》って、たえず傍《かたわ》らに安置し、有難いという感謝の気持を深めつつ、崇拝し、広く世の人々の不老長寿や無病息災を祈るよりどころとし、やがては信仰の対象、有難い仏様として、日夜をとわず崇拝するようになった家宝であった。

その後、千里を加えての加藤家では平和に歳月が流れた。

だが、ある日のこと、繁氏は妻の桂子と、のちに石童丸の母親となる千里が「双六《すごろく》」をしている様子を見て驚いた。というのは、表面的には二人仲良く遊んでいる顔とは裏腹に、二人の髪の毛が蛇身となって争っていたのである。それは恐しい夢であったのだが、繁氏には夢とは思えなかった。「二人の女性はこんなに心の中では争っていたのか……」と思い、これも、もとをただせば、すべて自分のおかした罪だと考え、出家し、五欲に執着することなく、清く暮らそうと決意し、それを実行したのである。

繁氏が出家後、「千里ノ前」には男の子が生まれ、祖父（繁昌、繁氏の父）の幼名をとり「石童丸《いしどうまる》」という名をつけたが、千里ノ前は館を追われることになってしまった。

その後、石童丸が成長して十歳になった頃のこと、自分が生まれる前、すでに出家していた父の繁氏が高野山で修行をしていることを風のたよりに知り、父に会うために母子は高野山に登ることになったのである。

この時、千里ノ前は、近江の生家から授かり、崇拝してきた「人魚のミイラ」を雲井《くもい》と呼ぶ朽木家譜代の家人の妻に笈《おい》に入れて背負わせ、高野山の表口である学文路（禿）の旅籠屋「玉屋与次兵衛《よじべえ》」にたどりついた。

ところが、玉屋の主人より、高野山には女人禁制の掟があることを聞き、しかたなく、千里ノ前と雲井の二人は宿の玉屋にとどまり、石童丸が一人、高野山に登り、父親を探して歩いたのである。

その間、宿にとどまった千里ノ前は、旅の疲れや、愛する人に会えないままで落胆し、傷心の結果、病床に伏してしまった。そして、石童丸が父親を探しあてることができずに玉屋にもどってきたときにはすでに他界してしまっていたのであった。

寺伝によれば、一一六五年、石童丸の母、千里ノ前の没後、玉屋の主人「与次兵衛」が、「千里御前」の遺品として同堂に奉納されたものの中に、故人が常日頃かたわらからはなさず、日夜をとわず大切にし崇拝していた「人魚のミイラ」があった。それ故、「人魚のミイラ」は仁徳寺の宝物として今日までこの地に伝えられているのだという。今日では「見仏聞法《けんぶつもんほう》」（目に大悲の仏を拝し、耳に微妙な教法を聞くこと）の功徳を授けると伝えられている。

羽前・羽後の人魚のミイラ

ここでもまた、人魚にかかわる人物を紹介しなければならない。

なぜ、人魚のことに関しては、こんなに入れ込む人がいるのだろうか。やはり、人魚には、人を魅了する力というか魔力というか、それなりの魅力があるのかもしれない。しかも、人魚のことに入れ込みが強い人物というのは、男性が圧倒的に多いことも事実であろう。

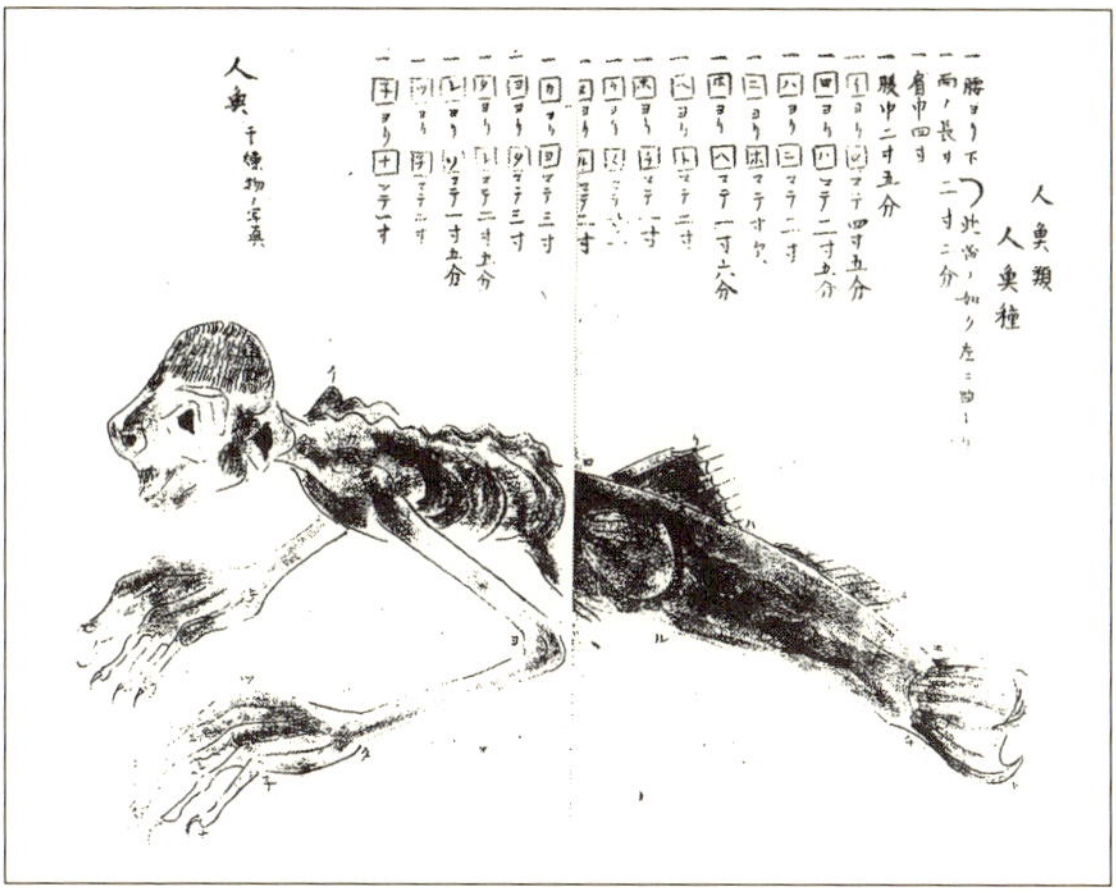

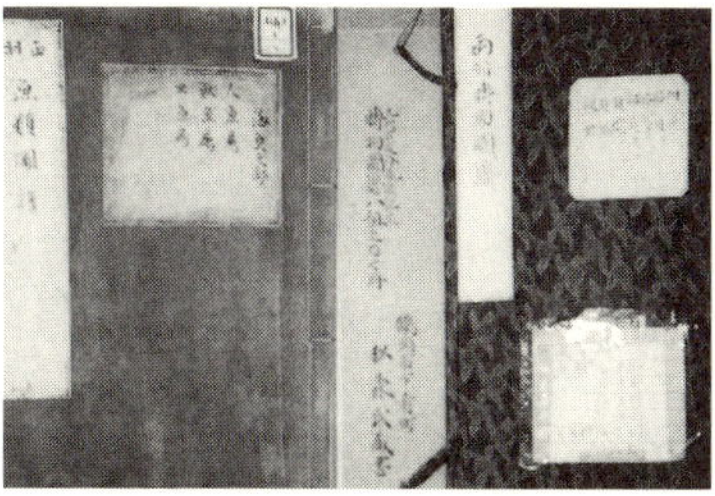

上：人魚類・人魚種（松森胤保著『両羽博物図譜』のうち「魚類図譜」〔海魚部・人魚属〕より，酒田市立光丘文庫所蔵・山形県指定文化財〔典籍〕）
下：右は『両羽博物図譜』の表紙，左は『両羽魚類図譜』の表紙

ここで登場していただかなければならない人というのは、現在の山形県鶴岡市に明治時代まで住んでいたことのある松森胤《まつもりたね》保《やす》である。

同じ山形県の酒田市立光丘文庫の資（史）料によると、胤保は「文政八年（一八二五年）に、今日の鶴岡市二百人町で生れた。姓は長坂といった。庄内藩物頭二百石であったが、文久二年（一八六二年）に家督を相続。同年三月、支藩である松山藩主の付家老を命じられた。庄内戊辰戦争などに従軍して、その功労が認められ禄高が増加。この時、松山藩を守ったという意味から「松守」と改姓してはどうかといわれたが「松森」にとどめたといわれる。それで「長坂」から「松森」となった。

その後、明治一二年（一八七九年）には鶴岡にもどり、そのあと県会議員などもつとめた。胤保は、この頃から本格的に執筆活動をはじめたようであるが、実は本項では、この著述にたずさわっていた時代のことが重要である。

胤保は明治二五年（一八九二年）四月三日に鶴岡の自宅で六六歳で没したが、それまでに何回か東京へ出かけていることが日記のような解説を加えた著書の中から伺える。「東京山下博覧会」にも出かけている。後掲する明治一六年の『郵便報知新聞』の記事も、上京の折に見たものと思われる。

このような略歴の胤保を紹介するのは、上述の光丘文庫に、彼の著作（四一部一八七冊）が「松森文庫」として保管されており、山形県指定文化財（典籍）となっているものの中に『両羽博物図譜』があり、その「魚類図譜」の中に「人魚類・人魚種」が描かれているためである。

その図にそえられた解説文を掲げると以下のとおりである。

両羽魚類圖諸第一
海魚部
人魚属

「予人魚ノ事ヲ略論スルニ漢土ニ於テハ秦ノ始皇カ驪山《リザン》ノ陵ニ其油ヲ以テ火ヲ點セシト云フヲ始トシテ我カ国ノ雑書俗談ニ掛ルモノ一トシテ不経ノ妄説ニ係ラサルモノヲ知ラス従テ其物ヲ見ルコト一ニシテ止ラスト雖皆擬物タルニ過キ洋人ハ舄《セキ》有ノ物トナス毛真ニ故アリ然《シカ》ルニ独リ此図スル所ノ原物ハ皀《(ママ)》モ人造ノ跡ヲ踪スヘキナク殊ニ人面ニシテ隠然トシテ獣相ヲ備ヘ綻《(ママ)》令人造ナラシムルモ浚《(凌カ)》シテ看過ス可キモノニ非ス依テ暫ク趾ニ列ス

此人魚ハ安政三年写真スル所ヲ明治十六年一月八日ニ覆写スルモノナリ其産所ハ詳ナラスト雖モ其頃ヨリ我カ庄内ノ物トナレリ物ヲ見シ時ハ丙《(ママ)》ノ如ク頭面及指間胸骨ノ辺ニ毛薇《ゼンマイ》 綿ノ如キ毛アリシガ二十七年カ程ヲ歴テ昨年再タヒ之ヲ見シ時図ニ在ル所ノ細毛ハ剝脱殆ト尽クルニ至レリ

又云自然ノ物ニシテハ独不都合ナルモノアリ人ノ胸尽タランニハ魚ノ腹之ト属スヘキノ理ノ如シ然ルニ否セス人胸尽ヲ魚胸次ク理果シテ如何ントス。

なお、描かれた人魚図の各部分の寸法、以下の通りである。

人魚類人魚種

一、面ノ長サ二寸二分（六・六センチ）

一、肩巾四寸（一二センチ）

一、腹巾二寸五分（七センチ）」

以下、各部の詳細な寸法が図に示されており、さらに続けて、次のように記されている。

「明治十六年七月二十六日ノ郵便報知新聞ヲ見ルニ云神奈川縣下久良岐郡根岸本牧村ノ漁父田沼九十郎カ三四日跡金澤沖ニ於テ漁業ノ際綱(網カ)ニカケテ引揚ケタル魚ハ体ノ長サ二尺五寸ニテ頭ハ猿ノ如ク顔面ノ模様ハ人ニ彷彿トシテ全身ニ黒キ短毛ヲ生シ尾ハ疊針ヲ十二本列ヘ種(植カ)タル如クニテ胤保案スルニ是レ全ク尾ノ骨ヲ云ナル可シ蹼ニ毛胤保案スルニ鰭ト云ハスシテ蹼ト云ヲ見シハ通常ノ鰭ニ非ルコトヲ知ヘシ中本ノ大針アル異形ノ魚ナレハ怪シトテ其趣ヲ戸長役場エ届ケ出シト云フ胤保案スルニ亦此人魚ノ一ナルヘシ頭ハ猿ノ如ク顔面ノ模様人ニ彷彿トシテト有ルハ左要所ナリ人面ニシニ蓋シ獣相ナルモノナルヘシ予カ此ニ図スル所ノモノ乇則前ニ誌スカ如ク隠然トシテ獣相ヲ備ヘ夫造ノ如人工ノ及ハサル所ヲ有ス

因ニ云フ橘ノ南渓カアラワス所ノ西遊記ニ日向ノ国カノ山中ニ於テ鬼路弓《ウチ》ヲ以異物ヲ斃ス全体全ク女ニシテ裸体色白ク髪黒ク人間ニ異ナラスト雖獣相アリ之ヲ山女トスルヨシ見エタシト人為之ヲ疑フモ予ハ其獣相ノ字アルヲ以テ其真物ヲ見シコト有モノニ非レハ知ルコト能ハサル所ト信シ併セテ其コトノ虚談ニ非ルヲ信スルナリ

人魚変類

シンジョ種

東京アイナメ」

以上が「海魚部・人魚属」の解説の全文である。

解説では、著者が人魚の存在を信じているふしがあることを読みとっていただけると思う。人魚図の中に「人魚干燥物の写真」と記して、詳細にわたる細部の寸法が記入されているのは、実物の「干燥物」を見てのことであると思われる。

「人魚の干燥物」、それはとりもなおさず「人魚のミイラ」である。ミイラと云わずに「干燥物」としたところが、いかにも胤保らしい。

ただ、残念ながら胤保が実見した人魚のミイラの所在については、現在のところ不明である。

静岡県富士宮市・天照教本社の社宝

静岡県の富士宮市に宗教法人の天照教本社がある。この本社の社宝として祀られている「人魚のミイラ」には次のような伝えがある。

今からおよそ一四〇〇年も前の推古天皇の御世のことである。聖徳太子が琵琶湖のほとりにある石山寺に籠って一七条の憲法の草案をおこしていたある日、湖に近づくと、湖上に「人魚」が躍りでた。その人魚が言うのには、「自分はこの湖で長年にわたり漁師をやっていたのだが、多くの魚などを殺したので、殺生の罪でこんな姿に生まれ変わってしまった。この姿を後世に伝えて、殺生の恐ろしさを人々に教え、伝えてほしい……」と。

人魚はそう言い終ると昇天してしまったのである。太子はこの人魚の亡骸を湖水に近い石山寺に運び、祀った。

その石山寺に伝えられていた人魚が、のちに兵庫県の室津の寺に移され、さらに約一〇〇年前に天照教本社に伝えられたという。

筆者は天照教本社の「人魚」をまだ拝観していないが、参観した人の話しによれば、人魚の下半身はかなり大きい鱗《うろこ》がたくさんついており、上半身は獣のような顔でもあり、人のような顔にも見えるという。また、頭髪も残り、尾鰭《びれ》・胸鰭も大きくしっかりしているという。生前は漁師だったので当然のことながら性別は男性ということになるのであろうが、ミイラになる前は二倍の大きさがあっただろうとされ、体長は一六九センチもあると記されている。（体長については笹間良彦著『人魚と山姥物語』による）。

ところで、この由緒書は有名な『観音霊場記図会』（厚誉著、享和三年＝一八〇三年刊）の内容をなぞられたものである。

『観音霊場記図会』巻五の近江国神崎《かんざき》郡石場寺村の項に、「推古天皇の皇太子で摂政である聖徳太子が、近江国の神崎郡に仏法を広めに来ていた時のある日、芦原から姿は見えないが、救いを求める声がするので一行が足をとめると、芦原から出てきたのは人魚であった。その人魚がいうのには、もとは堅田に住んでいた漁師であったが、殺生の報いで、今では水底で種々の魚や蛭《ひる》までが鱗《うろこ》の間から吸血するしまつで、毎日その苦しみに耐えて暮らしている。千手観音を安置して、殺生する者のいましめにしてほしいといった。

それを聞いた聖徳太子は、建立十二寺の一つの観音寺をたてたので、その功徳で人魚は成仏した。

『観音霊場記図会』（享和 3 年＝1803 年刊）より

この人魚の亡骸を拾いあげて寺に納骨したのである」とみえる。（四四頁参照）

近江国神崎郡は、今日の滋賀県神崎郡石場寺村がその地としてあてられているが、観音寺の所在地に関しては筆者が調べたかぎりでは不明であった。

しかし、前掲の笹間良彦氏の著書の中に、『観音寺縁起』の一部分の引用があり、「今も亦西海大洋の中に往々これあり、頭婦女に似て以下は魚身、麁《そ》鱗《りん》にして、浅黒色、鯉に似たり。尾に岐《また》あり。両鰭に蹼《みずかき》あり。手の如くにして脚無し。暴風雨将に至らんとする時見《あら》わる。漁夫網に入ると雖も奇として捕へず」とみえるところから「観音寺」はそのあたりにあるのであろうと思われる。

いずれにしろ、上掲の話（由緒・縁起）は引用であることが伺える。

なお、『扶《ふ》桑《そう》略記』（一〇九四年〜一一〇七年）にも同様の記載がある。

滋賀県・観音正寺のミイラ

滋賀県安土《あづち》町石寺にある観音正寺《かんのんしょうじ》は、西国三十二番札所で、その険《けわ》しさは巡礼中の難所として知られている。

この寺は、前述のとおり、聖徳太子が人魚に哀願されて建立したと伝えられる由緒ある寺としても知られる。

同寺には永年にわたり「人魚のミイラ」が祀られてきたので、平成一八年（二〇〇六年）の夏、筆者が、「ぜひ参観させていただきたい」と電話でご依頼申しあげたところ、「残念なことに、平成五年五月二二日の本堂の火災により、〈人魚のミイラ〉も焼失してしまった」ということであった。再興を祈念したい。

大分県別府・怪物館のミイラ

大正時代から昭和にかけてのことであるが、温泉観光地として名高い大分県別府市の「八幡地獄《はちまんじごく》」に、「八幡地獄怪物館」という博物館があった。博物館というより「怪しい見世物小屋」といった方が正しい。

その館内に「鬼の骨格」や「鵺《や》」（ぬえともいう。白鵺《はくや》は雉《きじ》に似た、めずらしい鳥とされる）のミイラにまじって、「人魚のミイラ」が展示されていたことがある。

現在は開館当時に同館が発行した絵はがき（写真）しか残っていない。

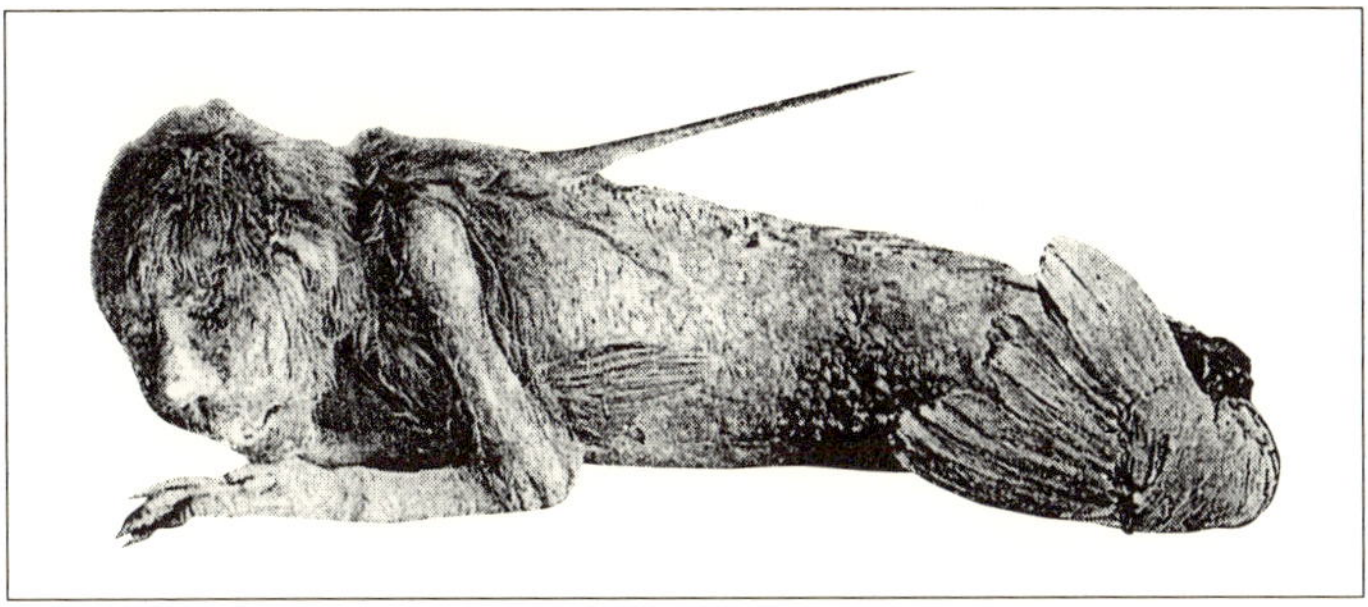

別府・八幡地獄「怪物館」内の「人魚のミイラ」（当時の絵はがきより）

その写真によると、展示されていた「人魚のミイラ」には背鰭《せびれ》のような長いものが、ピンと一本立っている。他の「人魚のミイラ」には見かけない特徴である。（写真参照）

本稿に掲げた以外にも、大阪府の瑞龍寺をはじめ、個人蔵のものなど、筆者がまだ参観していない「人魚のミイラ」も多いと思う。東京大学の理学部動物学教室にも保管されているということを伺ったことがある。

いずれにせよ、今日、しかるべき安住の地を得るに至るまでには「人魚のミイラ」も長いライフ・ヒストリーがそれぞれにあったのであろう。

以上のように、わが国における「人魚のミイラ」は信仰の対象になっていることが多いため、特別のご開帳の日などに参観させていただけるものもあるが、逆に、秘蔵されているため、実態が不明というものもある。また、橋本市の学文路《かむろ》・苅萱堂《かるかやどう》・仁徳寺の「人魚のミイラ」のように、過去においては信仰の対象として門外不出とされ、ご開帳の日に限って参観が許されていたが、教育普及活動や学術研究に役立つのであればと、神奈川県の川崎市民ミューゼアムに出張・展示されたことがあるなど、さまざまであることに注目したい。

さらに、満田良順氏が指摘したように（満田良順「日野町小野の〈人魚塚〉の成立――鬼室集斯碑銘の真偽をめぐって」、滋賀県地方史研究家連絡会『滋賀県地方史研究』第十三号、二〇〇三年）、かつては「萱《かや》堂聖《どうひじり》」が唱道・勧進活動の小道具として、「人魚のミイラ」を各地に持ち歩いたうちの一体であったであろうとし、「高野聖」の唱道・勧進活動が背景にあったということで一致するとみている。

江戸時代には、多くの「人魚のミイラ」が信仰の対象となっていたという事例は多いが、江戸時代も末期に近づくにつれ、長崎の出島をはじめとして、オランダや中国経由で欧米の近代的・科学的、あるいはその影響をうけた「ものの見方や考え方」が庶民のあいだにもしだいに普及しはじめたため「人魚」も信仰の対象から「見世物」の対象に移行してきたといえよう。

個人所有の「人魚のミイラ」

東京の世田谷区にも個人で「人魚のミイラ」を保有している人がいることが知られている。東京都や神奈川県にある複数の博物館学芸員から伺ったことによると、以前、川崎市民ミューゼアムで「妖怪」に関する特別展をおこなった際に出展していただいたことがあるという。ただし、所蔵者匿名ということであったという。

出展の際、箱書に「人魚のミイラ」にかかわる由緒が記されており、由緒書によると、文政年間に紀州白浜へ、現在の佐賀県呼子《よぶこ》から贈られたものであること。その理由は、呼子の鯨組の漁師が白浜付近の沖で遭難し、白浜の漁民に救助され、世話になったことがあり、後日、呼子に無事に帰ることができたお礼に、常日頃、「海の守り神」として信仰してきた人魚のミイラを、世話になった白浜の漁師宅に贈ったものであるという。

したがって、今日の所蔵者は紀州白浜とかかわりのあるお宅なのだという。

以上、今日まで伝えられてきた「現存する人魚」についてみてきた。他にも、保存管理されている「人魚のミイラ」に関しては、まだ多くが秘蔵されていることであろう。なにしろ「人魚のミイラ」の故郷はわが国が圧倒的に多いのだから。

第三部　人魚百話

瓦版紙上の人魚

江戸時代に、事件の急報等に用いるマスコミニュケーションの手段に、粘土に文字や絵画などを彫刻して瓦のように焼いたものを原版とした一枚摺りの粗末な印刷物があり、一般に「瓦版」と称した。急ぎのため、版木の代りに用いたが、木版のものも、一枚摺りなどは、この名でよばれる。

「瓦版紙上の人魚」とは、今日でいう「マスコミ紙上の人魚」という意味だが、江戸時代の「人魚図」に関しては、単に報道ということにとどまらず、喧伝《けんでん》という意図も大いにあった。

常光徹氏は『奇事異聞』の中に、「人魚の予言」という記事があるとし、江戸の『藤岡屋日記』の中に記されている嘉永二年（一八四九年）の人魚出現にかかわる瓦版を、次のように紹介している。

嘉永二酉年閏四月中旬

越後福島潟人魚之事

越後国蒲原郡新発田城下の脇ニ、福島潟と云大沼有之、いつの頃よりか夜なく〵女の声にして人を呼ける処、誰有て是を見届る者無之、然ルニ或夜、柴田忠三郎といへる侍、是を見届ケ、如何成ものぞと問詰けるに、あたりへ光明を放ちて、我は此水底に住者也、当年ゟ五ヶ年之間、何国ともなく豊年也、且《(但か)》十一月頃より流行病ニて、人六分通り死す、され共我形を見る者又ハ画を伝へ見るものハ、其憂ひを免るべし、早〻世上に告知らしむべしと言捨つゝ、又水中に入りけり。

　人魚を喰へば長寿を保つべし
　見てさへ死する気遣ひはなし

右絵図を六月頃、専ら町中を売歩行也。

同氏は上掲の紹介文の中で、「沼の主である人魚が現われて、世の中の豊凶を予言したあと再び水中に隠れたという。流行病の発生する時期やその被害の程度まで予告していて、いささか薄気味悪い内容ではある。同記事には奇怪な人魚の絵が付されている」という。

さらに同氏によれば、江戸ではしばしば流行ったものらしいとしている。この紹介文の中にも「六月頃」とあるのは、当時、世界的に有数の大都市であった江戸では、夏になると食中毒や伝染病が多かったのであろう。そうした流行病を封じ込むために〈夏祭り〉などをおこない、神仏に祈願することもさかんにおこなわれてきた。

同文中にも、「文政二年の夏に赤痢が流行した折にも、人の顔に魚の胴体を描いた絵図が出回ったと、加藤曳尾庵が『我衣』の中で述べている」とみえる。その話の内容は、

当四月十八日九州肥前国去る浜辺へ上りしを、猟師八兵衛と云もの見付たり、其時此魚の曰《いわく》、

我は竜宮よりの御使者神社姫という物也。当年より七ヶ年豊作也。此節又コロリといふ病流行す。我姿を畫に写して見せしむべし。其病をまぬかれ長寿ならしむると云々。海神のせわやき給ふか、いか成事にや。丈二丈余、はら赤き事べにの如しとぞ。

このような絵図は、各家々でこれを写し持っていたというから、かなり重宝がられていたであろうことは想像がつく。

ようするに、科学的な知識も治療法ももたなかった江戸の庶民にとって、流行病ほど怖いものはないのであるから、藁をも摑むおもいで、このような奇怪な絵図の呪力にたよらざるを得なかったのであろう。

また、このような庶民の弱みや、社会全体の不安な状況や心理に目をつけて、異形の絵画を大量に刷り、さかんに喧伝して、売り歩くことを商売にしていた輩もいたであろう。

以下に掲げる「瓦版・人魚図」をはじめ、「第五　富山捕怪魚」、表題（見出し・タイトル）は定かでないが「瓦版の人魚図」など、当時、マスコミュニケーションとして報道された「瓦版紙上の人魚」の出現ということ以外にも、上述したような江戸時代の世相を象徴的に反映しているとみることができよう。

そして、このような商売がなりたつということは、江戸城下町に人口が集中し、都市として機能し、繁栄していた証でもあるとみることができる。

人魚図（一名海雷）（文化三年の瓦版）

人魚図（一名海雷《かいらい》）

越中国放生渕四方浦《よものうら》（現在の富山市内の四方《よかた》）ト申所にて猟船をなやましさまたげ候ゆへ　鉄砲四百五十挺ニ而《て》うちとめる

頭《かしら》三尺五寸　丈《たけ》三丈五尺

髪ノ毛長サ壱丈八尺　両腹《りょうのはら》に目三つ宛有　角丸ク二本金色也　下腹《げふく》朱の如く赤き也　鰭に唐傘の如き筋有　尾は鯉のごとし　なく声は壱里もすぎ行　此魚一度《ひとたび》見る人は寿名《（ママ）》久し　悪事災難をのがれ　一生仕合せよく福徳幸を得るとなり

文化二（一八〇五年）丑五月

また、笹間良彦著『人魚の系譜』によれば、内閣文庫の『街《かい》談文々集要《だんぶんぶんしゅうよう》』にも、同じ文化二年（一八〇五年）の、以下のような「瓦版」の記事があるという。

第五　富山捕怪魚

一文化二乙丑五月越中国　富山領放条津余潟《イニ》濱ノモより　四形之濱江渡ル海一日ニ二三度ツツ出テ
海ヲ荒シ其浦々　漁一向無之其上此魚之　出ル濱村火災有之ヨシ　御領主江訴依之鉄砲数多　被
抑付打留ルウナル声三十町程聞ユルとて
惣丈　三丈五尺　顔三尺
髪一丈四尺　腹鰭六尺余
背薄赤　腹ハ火の如し
按本草綱目有人魚二種鯑曰　鯢異物志ニ云　古諺ニ人魚ヲツクト云事アリ　是ハイラヌ世話ヲヤ
ク事ト云譬《タトエ》ナリ　豊芥捕

奥州の海辺　竹駒大明神の神主ニ娘有リ　七ヶ年巳前行衛《いくえ》しれず相成出し日を命日として法会いとなみけり　当年八年回ニ当り　近寺の憎を集めせがき供養いたし候へハ　右の娘海上に浮み出　言舌さわやかに語て曰ク　我七ヶ年巳前入水するといへ共不死して大海神に仕へ　一方の守護神と成奉る　今年ハ別而あしき病流行いたし　当りたる人一人も助かる事なし　依而《よって》是ヲ三コロリといへり　我姿を能々見置《よくよくみておき》　絵ニ写し諸人に知らしめよ　我姿絵壱度見る人ハ流行病のうれいをのがれ　無病息才(ママ)なりと　言終《いいおわって》而海中にしづみけり（送り仮名は筆者による）

「奥州の海辺　竹駒大明神」というのは、吉岡郁夫氏によると、現在の宮城県岩沼市にある竹駒神社のことで、「古くから衣食住の守護・豊漁・商売繁昌・除災招福など多くの御利益のある神社である」という。

当時は三日コロリ（コレラ）などの疫病が流行することも多かったので、各地の神社や寺院で、このような無病息災の護符（御札）が出されることも多かったのであろう。

『街談文々集要』の人魚図（『人魚の動物民俗誌』より）

瓦版の人魚図（大江聡子「人魚図」『歴史海流』1996 年，『人魚の動物民俗誌』より）

また、そのような世相に便乗して、「瓦版」などが数多く発行されたとも考えられる。

この他にもう一葉、瓦版を紹介しておく。（次頁の図参照）

阿蘭陀渡里人魚の図

夫人魚は本草に鯷《てい》魚或は鯢《がい》魚と呼びて　声は小児のごとくとあ里　又射仲主《しゃちゅうしゅ》といふもの　水中に婦人を見る　腰より下皆魚なり　是を則人魚といひ　一説に査道海沙の中に一婦を見る　肘後紅鬣あ里　是又人魚なりと出て其顔あまたありと見えたり　今紅毛《おらんだ》より渡来の人魚図のごとくにして　是を食する時は長寿は百歳を保ち　是を一度みる者はもろ〱の病疾を除キ無病延命ならしむ　実に希代の珍魚なり　此人魚の儀ハ西国表は貴人方より御出入之町人江被下置候ニ付　東国江持行道すがら　余里珍敷物故強て是を乞求メ　諸人にひろうし　我人ともに長寿なさん事を祈る而巳《のみ》　面光女のごとく頭紅毛有両手猿に似て又水かき有　其形蛇の如く丈四尺五寸あ里。

風刺画と人魚

『生態平和とアナーキー』（U・リンゼ著・内田俊一・杉村涼子共訳、叢書・ウニベルシタス、法政大学出版局刊）は、生態平和（エコパクス）運動がはらむ諸問題と、これからのあり方を展望する内容の書物である。

「阿蘭陀渡里人魚の図」（瓦版より）

リンゼ『生態平和とアナーキー』より

具体的には、ドイツにおけるエコロジー運動の歴史やその思想の流れを検証しつつ、森林の汚染、核の危険など、工業発展に伴う環境の悪化を一九二〇年代に警報した先駆者であるロビーンの業績などを紹介した内容のものである。

同書の中に、産業化の進展にともない、郷土破壊の風刺画が描かれており（図参照）、その説明に、「さあ、人魚の生活はもう終りじゃ。今度は工場で役に立ってもらわにゃならん」と、官憲職員によって岡（陸）にひきずり出され、衣服を着せられるさまが表現されている。

人魚の持ち物

人魚が手にするいろいろな持ち物の中で、最も多く見かけるのは櫛と鏡であろう。上述してきたように、古代の地中海世界以来、人魚は誘惑者のようにうけとられ、また、中世キリスト教社会では魅惑的な娼婦あるいは淫婦のような存在に位置づけられたこともあって、もとより娼婦の象徴的な持ち物であったとされる櫛や鏡を持たされる運命を歩んできたといえよう。しかし他方で、こうした持ち

上段右：
櫛と鏡を持つ典型的な人魚
(『マーメイド』より)
上段左：
魚を両手につかむ人魚
(エドワード・ブルーンジオン作,
19 世紀)
中段：
マーメイド・オン・ステージ
(「Entry of Sirens'」an engraving from Le Balet Comique de La Reyne, by Balthazar de Beaujoyelx, 1581)
下段：
「三叉の鉾」を持つ海神ポセイドン(ネプチューン)と息子のトリトン(下)
(大英博物館蔵)

物は、古い時代から理想的な美と愛の女神であるヴィーナス（ウェヌス）の持ち物だともされること
から、こうした小道具も、ひとたび持たされてしまうと、これがまた、なかなか似合うのである。も
とより人魚は、美の持ち主で、豊かな髪をたくわえているというイメージがあるため、これらに変わ
る持ち物は他に数が少ないともいえようか。画家アングルが一八四八年に描いた「アナデュオメネの
ヴィーナス」には、ヴィーナス（ウェヌス）がその子キューピット（エロス）に鏡を持たせている。

中世のキリスト教会などでは、人魚に櫛や鏡を持たせた彫像を建物のあちこちに配し、七つの大罪
の一つである色欲をいましめるための象徴としてきたという史的背景もある。

この他、弦楽器の竪琴（リラ）やチタラ（チター）、ギターをはじめ、笛やラッパ、トリトンの持つ
ホラ貝やツノ笛など、楽器を持っている人魚が多い。これは、人魚が美しい声で船員たちを魅了する
という伝説的な話をうけて表現されたものであろう。また、トリトンは角製の杯を持っていたりもす
ることがある。

その他、子どもを抱く母親の人魚が、楽器とはいえないが、「子育てをする人魚」の項（二七〇頁）
でも後述するが、デンデン太鼓など和風の玩具で子をあやしていたり、授乳したりしているものや、
魚を持つものもある。

さらに小魚を片手や両手に摑んでいる人魚や、持ち物ではないが、イルカと戯れている人魚や椀の
ような器をもつ人魚などさまざまである。

他方、海神ネプチューン（ポセイドン）は海王らしく王冠を戴き、「三叉の鉾」を持っている。また、女王の冠を戴いている人魚をみかけたりもする。近年ではブラジャーをつけている人魚がやたらと多くなった。こうなると「人魚とはいえないのではないか」と筆者は密かに思っている。あるいは人魚も世の中の移り変わりとともに、変わるものだと解することが必要なのだろうか。頭に花環を戴いている人魚なら、まだ許せるのだが。

筆者はまだ実見していないが、島田荘司著の『溺れる人魚』という小説の中に、ポーランドのワルシャワの市街地の中にシンボルとしての人魚像があるという。右手に剣を、左手に楯を持った勇ましい人魚なので勝利の女神像といったところだと記されている。小説なので、信憑性は定かでないが、ワルシャワはビスラ川のほとりにあった川漁師の村が発達した街だと聞けば、人魚がいてもおかしくはない。それに、昔この川で、漁師の網に人魚がかかったことがあると伝えられていると聞けば、なおさらである。

八百比丘尼の入定洞

「人魚をたべた娘」は、若狭国の故郷へ帰り、後瀬山中神明社の傍に住んでいたが、齢凡そ八百歳にして後瀬山の洞窟（今の空印寺境内）に入定したという。時の人々が名づけて八百比丘尼と呼び、

八百比丘尼の木像（小浜市空印寺蔵，「空印寺略記」より）

また八百姫とも玉椿の尼とも云った。

入定後、福徳長寿を祈願するものが多い。洞窟の入口は高さ約一・五メートル、幅約一・三メートル、奥行は約八メートル。奥は畳三〜四畳敷ぐらいの広さがあり、中央に、「八百比丘尼」と刻んだ花崗岩の碑が立てられている。

入定洞穴のある空印寺の境内は、今日、観光的な名所でもある。（八一頁写真参照）

子育てをする人魚

人間社会では最近、「子育てばなれ」などという言葉がまかり通る世相だが、人魚社会では、かなり古くから立派に子育てをしている様子を描いた絵図が残っている。

それは絵画だけにとどまらず、別項（一八一頁）でも紹介した「刀の目貫」や「根付」にデザインされたものがある。人魚が子育てをしている作品の多くは、母親が赤児に授乳している様子だが、「根付」だけでも数十点はある。（一七九頁写真参照）

本項で示す子育てをする人魚は、『相模灘　海魚部』（相之三嵜）という表題の史料で、嘉永元年

（一八四八年）七月に村山長紀が著した中におさめられている。著者は彦根藩士で、当時、三浦三崎を海防のために彦根藩が支配しており、近海の魚類や海底地形などを図示したもの。現在、原史料は彦根城の井伊家文書にある。

母親が赤児の人魚に乳を含ませている姿だが、子供をあやすために持った「デンデン太鼓」が人魚の持ち物として、いかにも和風であるのが面白い。

上：
村山長紀述『相模灘海魚部』(「相之三寄」とあり。嘉永元年 7 月，彦根藩井伊家文書)
中：
『龜画早手本』(文化 2 年刊，河内屋喜兵衛・塩屋忠兵衛版)
下：
人魚の母親と子供（部分，『マーメイド』より)

「デンデン太鼓」も最近は見かけなくなった。小さな張子の太鼓に柄を付け、左右に豆や鈴などをつけた糸をたれて、柄を持って振ると、豆や鈴が鼓面を打って鳴る玩具で、振鼓《ふりつづみ》を模した、「子守唄」にある、あの太鼓である。

次に掲げる『麁画早手本《そがはやてほん》』は絵図を描く見本というか、手本になる各種の図柄を紹介したものである。「麁《そ》」は「粗」を意味する俗字で、こんな漢字があるのかと思うような本字は「麤《そ》」と表記する。この漢字は「鹿」の字が三つあるが、鹿の群れは羊のように密集しないことから、遠く離れている、あらい意味を表わすのだという。文化二年（一八〇五年）の刊である。優しそうな母親に、赤児の人魚があまえている図柄で、河内屋喜兵衛・塩屋忠兵衛版による。（二七一頁図参照）

こうした母子の人魚の図柄は、わが国特有のものではない。『マーメイド』に掲載されているこの絵図は一三世紀に描かれた額縁の装飾の一部分を筆写したもので「マーマザー・アンド・チャイルド」(Mer-Mother and Child) と題され、授乳する人魚が描かれている。そして、母親の尾の上で遊んでいる猿はペットなのだと解説されている。（二七一頁図参照）

このように、人魚を描いた「母子像」などを見ると、次に探しあてるのが楽しみになる。

また、どうして人魚の赤ちゃんが生まれるのかも知りたくなるのは、人心の動きにさからえないしぜんの人情であろう。

人魚とヒトとの交接（『伝説と幻を秘めた人魚』より）

人魚とヒトとの交接

『江戸の人魚たち』の中で花咲一男氏は、「春画の題材として、空想上の海獣である人魚と性交する場面は、画家の意欲をそそったものではないかと考えて、百方手をつくして探してみたが、まだ努力が足りないらしく、この原稿が出来るまでに遂に発見できなかった」と述べ、勝山春英の「あかえい」との交合図を掲げている。（二八七頁図参照）

この「赤鱏と交わる漁夫の図」について、同氏は「絵師は勝川春章ではないか」としているが、この図は上述したように勝川春英の『御覧男女姿《おみなめし》』（寛政元年＝一七八九年）の墨摺半紙本三冊の中に収められているものである。

筆者も、およばずながら八方手をつくしたが探し出すことができず、やむなく松井魁氏が『伝説と幻を秘めた人魚』の中に掲載されている作品を引用させていただいたが、残念ながら絵師や刊行年は不詳ということである。

なお、中国の古文献である『洽聞記《こうぶんき》』や『華夷考《かいこう》』、『太平廣記』（九六〇年―一一二七年）、さらには『徂異記《そいき》』、ナヴァレッテ著の『支那志』（一六六〇年）、わが国の『六物新志』などに記載されているヒトと人魚との交合の内容については第二章「古文献の中の人魚たち」を参照していただきたい。

人魚を祀る神社

沖縄県一帯で「ザン」といえば「ジュゴン」の方言だが、そのザンにまつわる民話や伝説は多い。「ザンの恩返し」や「ニライからきた人魚」と題して語られてきた民話や、「ザントリユンタ」も有名である。

西表島《いりおもてじま》の大原港から見える海上に新城島《あらぐすくじま》はある。かつては「離り《ぱな》」（パナリ）とも呼ばれていた。西表島から約七キロほど南東に位置するこの島は、海抜が低いので、正しくは新城島から西表島は望まれても、その逆はあやしい。島は新城上島（上地《かみじ》）と、そのすぐ南にある新城下島（下地《しもじ》）の二つの平坦で小さな島からなっており、春の大潮の時は、二つの島の間を歩いて渡れるという。

上述したように、島は西表島に近いのだが「パナリ」（離島）と呼ばれてきたのは、八重山諸島の

新城島の「人魚神社」

中で、最も交通の便が悪いためであった。それ故、以前にこの島で焼かれた素焼の壺などには「パナリ焼」の名があった。

上地は面積約二平方キロメートル、周囲は約六キロメートルで、島の最高標高は一三メートルである。また、下地は面積約一・五平方キロメートル、周囲約五キロメートル、最高標高は約二一メートルの島である。

この二つの島のうち、下地は全島が牛の放牧地になっており、今日、人は住んでいない。他方、上地には筆者が出かけた昭和六一年（一九八六年）には二軒の家族が暮らしていたが、一九八〇年の役場の統計では人口九人、世帯数七となっていた。

この島の人たちが石垣島などに挙家離村する以前の一九六〇年には、家数約六〇軒、人口約一二五人を数えていた。

かつて、この両新城島は約五〇〇年間にわたって琉球列島を支配してきた琉球王朝の下にあって、ザン（ジュゴン）の捕獲を王朝から許された唯一の島であった。

沖縄では、明治一二年（一八七九年）まで琉球藩（王国）が続き、税の制度は旧慣にのっとり明治三六年（一九〇三年）まで続いた。したがって人頭税は明治政府になっても継続され、その人頭税としてきたのがザンの皮や肉であった。

小さな島に住み、これといって特に産物もない新城島の人々にとってみれば、近海で捕獲できるザン以外に、人頭税として貢納できるものは、なにひとつとしてなかったのである。琉球王朝としても、献上物がなにもない住民にザンの捕漁を認め、皮と肉を煮て日光にさらし、あるいは塩づけにして首里城に献上させることを許す以外に取りたてるものがなかったのである。ザンの皮や肉は不老長寿の妙薬として珍重されたといい、中国へも輸出されたらしい。

そして、残った頭蓋骨をはじめとする骨は「磯嶽」（イショウガン）に祀り、絶対に粗末にあつかうことなく、これからもザンがたくさん捕獲できることをひたすら祈り、また、ザンが捕獲できたことに感謝しながら暮らしてきたのであった。

ザンは琉球列島一帯の海に生棲しているが、なかでも八重山諸島中、西表島・小浜島・石垣島の沿岸には特に多かったという。

というのも、この周辺海域は西表島での年間降水量が多いため、大原港にある仲間川をはじめ、前良川、後良川は水量が豊富で、大量の雨水が島周辺のリーフ（サンゴ礁）内に流れ込むため、真水と潮水がまじり、汽水湖のようになるので、ウナギ草とよばれる海草が繁茂するのによく、この海草を好物とするザンが満潮になると集まってきたためだという。

そのため、両島民は粟まきや田植が済むと、男たちは一週間から十日間位も島を離れ、島々の沿岸を次から次へ刳り舟で回航してザンを捕獲したという。

ザンは動作のにぶい動物なので、海水の濁っている海域で身をかくすように暮らしているといい、アダンの気根の繊維で編んだ網で捕漁してきた。ザンの捕獲方法は「ザントリユンタ」（ザン獲《と》り歌）という新城島の民謡の歌詞にくわしく唄いこめられているように、アダンの気根を切りとり、四日間ほどさらし、その繊維で縄をない、網に仕上げた。そして満潮の時に網をしかけておくと、干潮になったときにザンがかかっているので、浅瀬に追い込んで捕漁するという漁（猟）法であった。

安里武信著『新城島』（パナリ）によると、「網にかかったザンは巨大で、簡単に人手で捕えることができない。そこで腕ききの漁夫がザンの尾びれのつけ根を刃物で切りつける。するとザンは、その痛さに堪えかねて、力強く尾びれを上下あるいは左右に振るので、尾びれが折れ、力尽きたところを舟に積みあげた」という。

「ユンタ」は、この地方の古謡の形式名で、男子集団と女子集団が歌いあうものをいう。（拙著『網』〈ものと人間の文化史〉参照）

新城島の人々は、こうした風土の中でザンと共に暮らしてきたのであるから、島の人々にとっては当然のことながらザンに対する心もちがちがう。

島では「ザン」を「ザヌ」と呼ぶ。

生き物を捕獲して生命を断つことへの悲しみは、ザヌが哺乳動物であってみればなおさらのことであり、『中山伝信録《ちゅうざんでんしんろく》』（一七一九年）には「海馬」と記され、身近な生き物とされてきただけに、捕獲したときの喜びや、感謝の気持なども上乗せされて、しだいに蓄積された気持が信仰心にかわり、育っていったのは、ごくしぜんなことであったろう。

島民にとって、ザヌが一頭（匹）でも多く捕獲できることが、直接に豊かな暮らしに結びついていたのである。

島の人々はザヌを捕獲すると、ザヌの頭蓋骨をはじめとする骨を、定められた場所に集め、感謝の気持をこめて祀り、これからも豊漁であることを願い、祈りつつ供養をした。

こうした暮らしがしぜんにザヌに対する信仰に高められてきたが、その信仰が琉球列島に伝えられてきた「ニライ・カナイ」の信仰と結びついていることはみのがせない。それがしだいにザヌだけに対する信仰対象を醸成していったとみることができる。

そのザヌの頭蓋骨をはじめとする骨を祀った場所が今日「イショウガン」とよばれる拝所になっている。「イショ」は「磯」であり、ウガンは拝所（嶽）を意味している。

「イショ」の意味は海・磯のほかに漁《すなどり》をする（潮干狩《しおひがり》をする）ところなどの広い意味をもっているが、大局的には「海の漁《いさり》」を意味するわけで、こうしたところに、漁に対する信仰の分離・独立していく過程を垣間みることができる。

今日、「イショウガン」は通称「人魚神社」と呼ばれ、そのウガンには、いつの時代のものとも知れないザヌの頭蓋骨をはじめとする骨が堆《うずたか》く積みあげられ、苔生《こけむ》した状態で祀られてる。このように、海の幸を求めることに対する素朴な願望を成就させることを神に祈り、霊に祈るところに漁神の誕生があるということができるし、その原郷的な風景や、根源的な信仰形態を八重山諸島の「イショウガン」にみることができる。

それはすなわち、海にかかわる信仰の原点なのであるが、今日では「人魚神社」と愛称されて観光客に親しまれるようになっている。とはいっても、この島を訪れる人の数は少ない。

新城島両島は琉球石灰岩からなる平坦な島であり、現在、この人魚神社に祀られているザヌの骨は石灰岩と同じような色をしているので、良く見ないと琉球石灰岩の石とまちがえてしまいそうである。

妙薬としての人魚と真珠

大槻玄沢《おおつきげんたく》（名は茂質《しげたか》・号は磐水）が天明六年（一七八六年）に著した書物に『六物新志《ろくぶつしんし》』がある。玄沢（一七五七年―一八二七年）は、有名な杉田玄白（『解体新書』という、わが国最初の西洋解剖書の翻訳をした一人）の高弟であった。仙台で藩の大医をしており、江戸後期の蘭学医としても知られている。

この『六物新志』という書物はオランダより伝えられた妙薬のもととなる六種類の薬の原料について解説されたもの。上下二冊本（二巻二冊）のうちの下巻に「人魚」が含まれているのが興味深い。

ちなみに「六物《ろくぶつ》」とは、一角《いっかく》(ウニコーン)・泊夫藍《サフラン》(サフラン)・肉豆蔻《にくづく》(ナツメグ)・木乃伊(ミイラ)・噎蒲里歌(エブリコ)・人魚の六物をいい、玄沢が翻訳したものである。

肉豆蔻《にくづく》はニクズ(ヅ)ク科の常緑喬木で、マレー原産とされる。また、噎蒲里歌《エブリコ》はサルノコシカケ科のきのこで、主としてカラマツの幹に生えるとされる。

なお、『六物新志』には司馬江漢が模写した絵図(江漢馬峻写)がはいっているが、「人魚の図」は原書が洋書(綴)なので頭部は左側に描かれているものでも、『六物新志』は和綴の本なので、見開きが右側にくるため、頭部は右側に描きなおされている。

さて、その内容についてであるが、俗に「ヘイシムレル」とよばれているのは、人魚の骨が原料であるという。

上述したように、この本に描かれている「人魚」は司馬江漢の模写によるものだが、そのもとになった原図は、オランダの宣教師であったフランス・ファレンタイン(Frans Valentyn・花連的印《ハレンタイン》)著の『東海諸島産物志』とされている。が、さらにファレンタインの描いた人魚の図は、十八世紀の博物学者で、フランス人のルイ・ルナール(Lois Renard ~1745)が著した『モルッカ諸島魚類彩色図譜』から引用したものといわれる。

ところで、妙薬としての人魚のことだが、『六物新志』に、「且ッ、コノ物奇品ニシテ、已ニ薬餌ニ採ラ見ハ《れる》……」(薬餌は薬と食物との意)とあるが、どんな病気をなおすための、いかなる薬であるかはわからない。

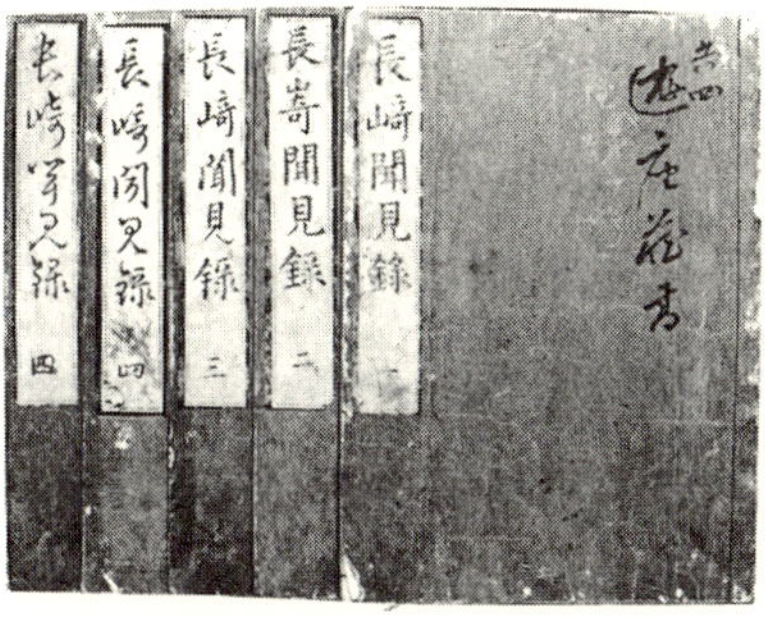

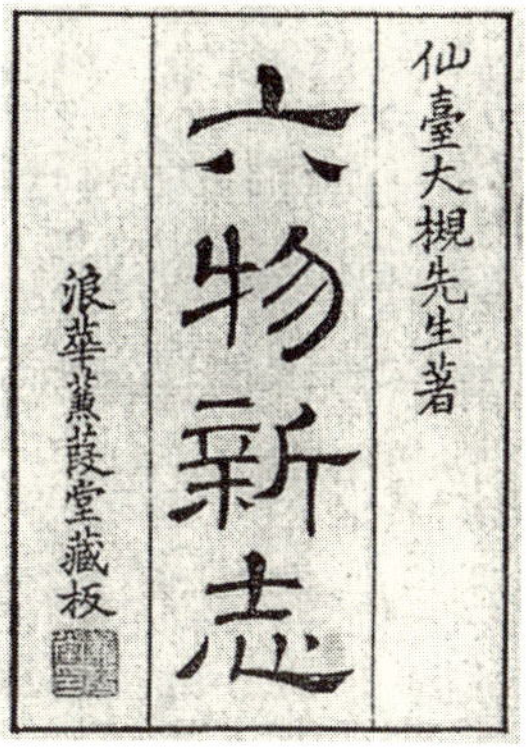

大槻玄沢訳考『六物新志』（天明 6 年跋・刊）

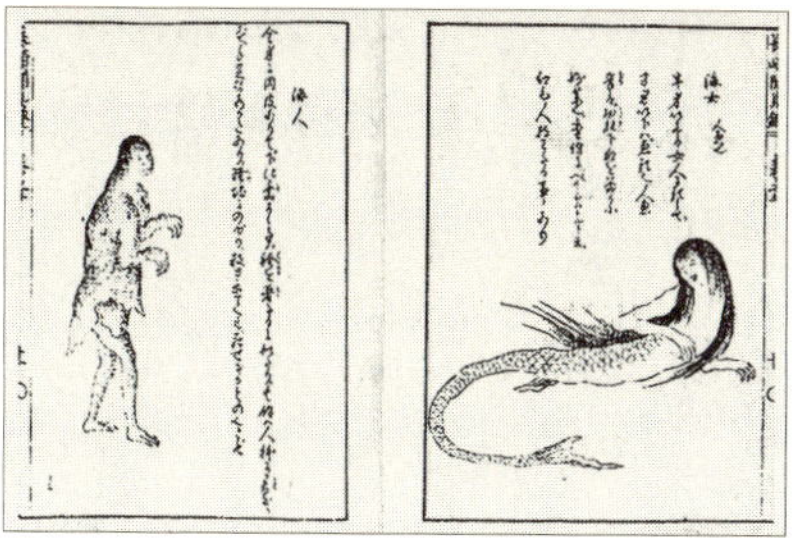

広川獬（捣）『長崎聞見録』（寛政 9 年序，5 冊目に人魚の図あり）。中段の図に「海女　人魚也」とみえる（左頁は海人）。下段は拡大図（寛政 12 年刊）

今日、「痴呆」は「老人性痴呆《アルツハイマー》」と呼ばれ、「惚《ぼけ》」（呆）老人に妙薬はないとされるが、ぜひ「人魚の骨」が妙薬であってほしいと願うのは筆者ばかりではなかろう。

「人魚の骨」が妙薬であることは他書にもある。

李時珍著『本草綱目』（一五九六年）には「……上半身男女形で下半身は魚尾、骨は薬用、雌は更によく効く。止血治一切傷瘀損等症。……」とみえる。

また、南懐仁（一六二三年〜一六八八年）の『神輿図説』では「……上半身は男女の形の如く、下半身は魚尾なり、その骨はよく血病に止む。女人魚は更に効く……」とあることなどから、中国では血止めの薬として古くから知られていたのであろう。

わが国においても、『和漢三才図会』（正徳三年＝一七一三年）に、「……阿蘭陀《オランダ》、人魚ノ骨（倍以之《ヘイシ》牟礼《ムレ》ト名ク）ヲ以テ解毒ノ薬ト為ス、神効有リ。……」（原文は漢文）とみえることから、この時代には「人魚の骨」は妙薬として世に知れわたっていたので、玄沢は、あらたまって、その効能などについて、ことこまかに記載しなかったのであろう。

『六物新志』が刊行された以降の書物は、『六物新志』を引用していることが多い。寛政九年（一七九七年）に出版された『長崎聞見録』には、「海女　人魚也　半身以上は女人に類して　半身以下は魚類也　人魚　骨は功能下血を留るに妙薬也　蠻語にベイシムトルトという」と説明がみえるなどもそれである。

また、巷説では、昔から西洋で「人魚の涙は媚薬になる」と伝えられているという。しかし、そのようなことを書いた原典らしき本は見あたらない。
それは、漢方薬としてサイの角（犀角）が万病の特効薬として伝えられているのに似ているのかも知れない。たぶんこの話は、無責任に流布したにすぎないのであろう。ただし、サイの角（犀角）については上掲した『本草綱目』などにもみられるので、中国の古文献を調べてみると、唐の時代（六一八年—九〇七年、後唐は九二三年—九三五年）の末頃に任昉《じんぼう》なる者が記したとされる『述異記《じゅついき》』（『徂《そ》異記《いき》』とも）に「蛟人」についての記載があり、それを引用している『人魚の系譜』（笹間良彦著、五月書房、八四頁）によると、この「蛟人は南海の海底に棲んでいて、常に機織をしている。その織物は蛟梢紗といい、すこぶる高価なもので、この布で衣服を作ると、水にはいっても濡れないのだという。この蛟人が泣いて、涙を流すと涙は真珠になるという。」

著者の笹間良彦氏は、そのようにいわれる理由として、「鮫の皮（鮫肌）に粒状があるために鮫から玉が採れるとも考えられていたので、そこから蛟人（鮫人）の涙が真珠となるという想像にまで発展していったのではないか。機を織ったり真珠を生じるというイメージから人魚は髪の長い女性が想像されていったのであろう」としている。

蛟人の泣く涙が真珠となると記されているところから、真珠もまた、あらゆる病気の特効薬として用いられるので、人魚の涙も薬になるのだということなのであろうか。

『真珠の博物誌』を著した、真珠博物館の松月清郎《きよお》館長によれば、真珠は装飾品として用いられる一方で、薬品としても珍重されてきたという（松月清郎『真珠の博物誌』研成社、二〇〇二年、一一九頁)。「成分は炭酸カルシウムなのだし、それなりの効果は期待できるのだろう。志摩の真珠養殖場に勤める人々の間では、少々の風邪引きなどは真珠の粉を飲めば直るとされていて、実際に土地の薬屋の棚には〈シンジエン〉という名の風邪薬を見かけたりする」という。

そして、「真珠の薬用効果をいうときにかならず引用されるのは十六世紀に明の李時珍があらわした『本草綱目』である。それまで刊行されてきた本草書を集大成したこの書物によれば、真珠の効能は〈心を静め、目を明らかにし、顔を美しくする〉と記されている」とある。

なお、最近の化学的な分析結果による真珠の成分は炭酸カルシウムと微量のタンパク質で、今ではこのコンキオリンタンパクには細胞の賦活《ぶかつ》効果があることが明らかになっているので、肌を美しくするということが科学的に実証されているという。

こうしてみると、「人魚のこぼした涙が真珠になった」ということは、「真珠の涙を流す人魚がいる」という巷説となり、「人魚の骨は薬剤として効果がある」ということから、「人魚のこぼした涙が真珠になれば、それも薬になる」ということになった可能性は高い。

人魚出版物の受難

明治の新政府誕生により、新たな社会体制ができあがると、旧幕府関係の人々による批判や論説を封じこめるために、出版物や新聞に対する発禁処置や言論弾圧もしだいに厳しくなった。あわせて明治時代以降、風俗壊乱の名のもとに受難の輪が広がり、「人魚にかかわりのあるもの」にも及んだ。

ここでは、そのいくつかを紹介する。

『牟婁《むろ》新報』という新聞は、和歌山県西牟婁郡田辺町で明治三三年（一九〇〇年）四月二二日に創刊した地方紙である。

南方熊楠がこの地元紙に投稿した「人魚の話」と題する記事を内務省が発売頒布を禁止し、あわせて警察本部が告発したことがあった。

牟婁新報社は紙面で無罪判決を主張したが、結果はおもわしくなかった。

南方熊楠が明治四三年（一九一〇年）九月二四日、同紙に「人魚の話」として投稿し、掲載された内容は以下の通りである。（部分、前略）

「一六六〇年に出版のナヴァレットの『支那誌』にナンホアンの海に人魚有り、其骨を数珠と做《な》し、邪気を避《さけ》るのは功有りとて喜ぶ事夥《おびただ》し、其地の牧師フランシスコ・ロカより驚き入た事を聞しは、或人、漁して人魚を得、其陰門婦人に異ならざるを見、就て之に淫し、甚快かりしかば翌日又行き見るに、人魚其所を去らず、因て亦交接す。斯の如くして七ヶ月間、一日も欠さず相会せしが、遂に神の怒りを懼《おそ》れ、懺悔《ざんげ》して此事を止たりとあり。

巫來（マレー）人が人魚を多く畜ひ、毎度就て婬し、又其肉を食ふ事屢《しばし》ば聞及べり。

此様な事を書くと読者の内には、心中〈それは己もしたい〉と渇望しながら、外見を装ひ、扨《さて》も野蛮な風など笑ふ奴が有るが、得てして其様な輩《やから》に限り、節穴でも辞退し兼ぬ奴が多い。

已に吾国馬関辺では赤魚の大きなものを漁して、砂上に置くと其肛がふわふわと呼吸に連れて動く處へ漁夫夢中に成て抱き付き、之に婬し畢《おわ》り、又、他の男を呼び歡を分つは一件上の社会主義とも言ふべく、ドウセ売て食て仕舞ふ者故、姦し殺した所が何の損に成らず、情慾さへそれで済めば一同大満足で、別に仲間外の人に見せるでも無ければ、何の猥褻罪も構成せず。」（以下略）

言論および出版物の自由を縛ってきた明治以降、戦前の法令には新聞紙法・出版法はもとより、新聞紙等掲載制限令や新聞紙条例もあった。したがって、南方熊楠の「人魚の話」は厳しい管轄当局の目にふれ、明治四三年（一九一〇年）一〇月、風俗壊乱に問われ、罰金二〇円の判決をうけることになった。

熊楠四四歳の時のことである。


谷崎潤一郎が著した『人魚の嘆き』は大正六年（一九一七年）に『中央公論』に発表された。単行本としての初版は大正八年八月、春陽堂から水島爾保布の装画に飾られて出版された。

この上製本とは別に、大正六年にも小型判の『人魚の嘆き』が出されたようで、挿絵の二葉が風俗に悪影響を与えるということで削除されたとされている。もちろん人魚の装画である。（『別冊・太陽』

橘小夢筆「人魚」
(『別冊太陽』より)

谷崎潤一郎『人魚の嘆き』挿絵
の一葉(『別冊太陽』より)

南方熊楠の「人魚の話」にかかわる絵図
(勝川春英,273 頁参照)

片岡鉄平著『続花嫁学校』
(『別冊太陽』より)

「発禁本」平凡社、一九九九年による）

同誌によると、昭和五年（一九三〇年）八月に、東京小石川に藤沢衛彦が創立した日本風俗研究会刊の研究誌『猟奇画報』終刊号口絵で橘小夢の筆になる「人魚」と題する作品も、発売禁止においこまれている。

またあわせて、昭和一六年（一九四一年）に出版された片岡鉄兵著『続花嫁学校』（昭森社）の表紙も人魚の絵で飾られていたが、著作内容の警告をうけて昭和一八年には絶版となった。

人魚を愛したシェークスピア

文芸作品ではあるが、西洋の人魚にかかわる書物には、忘れてはならない作品がある。イギリスのウイリアム・シェークスピア（一五六四年―一六一六年）はエリザベス朝、ルネッサンス文学の代表者ともいえる劇作家であり詩人。

作品（戯曲）はおよそ三七編におよぶとされるが、四大悲劇の「ハムレット」・「リア王」・「マクベス」・「オセロ」の他、悲劇の「ロミオとジュリエット」、喜劇の「夏の夜の夢」・「ベニスの商人」など、知らない人はいないといっても過言ではない。

シェークスピアの研究家として知られる英文学者の菊川倫子《りんこ》氏によれば、ストラトフォード・アボン・エイボンの手袋業者（羊毛も扱う）の家に生まれた彼は、若い頃ロンドンで暮らしていた。

ロンドンではチープサイドにあったといわれる「マーメイド・タバーン」（人魚亭・パブとよばれる居酒屋）でベン・ジョンソンや他の詩人たちと酒を楽しんだといわれているが、「人魚亭」のことは伝説の域をでない話のようだという。

しかし、「人魚好き」であることは事実で、作品中の九か所についてご教示を得た。紙幅の関係で全てを掲げることができないのは残念だが、その中でもよく知られているものを以下に紹介する。なお、和訳はすべて小田島雄志氏による。（『シェイクスピア全集Ⅲ』白水社、一九七七年）（傍点は筆者）

「夏の夜の夢」

オーベロン——
ええい、勝手に行くが良い。
だがこの侮辱に対し仕返しをするまでは、
この森から一歩も出さぬぞ。
おい、おとなしいパック、ここに来てくれ。
おまえも覚えているだろう、いつだったかおれは、岬の出ばなに腰をおろし、
人魚がイルカの背で歌うのを聞いていた、
その美しいなごやかな歌声にさしもの荒海もおだやかに静まりかえり、
星も海の乙女の音楽に心をひかれ、

イルカに乗った人魚（テラコッタ，個人蔵）

狂おしく天から流れ落ちたものだった。

（二幕一場）

この劇で注目すべきことは、シェークスピアが、人魚をイルカの背に乗せていることである。

地中海世界ではギリシア文明以前のクレタ文明の頃からイルカを大切にしてきた。その理由は、海中で暮らすイルカが空中（海面上）に飛び跳ねるため現世（この世）と来世（あの世）を行ったり来たりできる動物に見立てたからだ。ようするに水平線（海面）はその界《さかい》（境目）にあたる。

クレタ島クノッソスのミノスの宮殿跡の王妃の間の壁画に描かれている紀元前一六〇〇年の五匹のイルカはその代表作。

後に、ギリシア時代になると、イルカに少年が乗り、コインのデザインをはじめ、数々の芸術作品のモチーフとしてイルカは登場する。

しかし、ヨーロッパの人魚がイルカに乗って表現される様子が多いことは、シェークスピアの「夏の夜の夢」の影響が大きいといえよう。誇張して表現すれば「イルカに人魚を乗せた」のはシェークスピアだともいえようか。ヴィック・ド・ドンデもその著『人魚伝説』の中で、J・ギルバート（一八五六年）とA・ラッカム（一九〇八年）の二人の描いた人魚がイルカに乗っている作品を紹介している。

「ハムレット」

王妃──
小川のほとりに柳の木が斜めに立ち、
白い歯（ママ）裏を流れに映しているところに、
オフィーリアがきました。
キンポウゲ、刺草、雛菊、それに口さがない羊飼いは卑しい名で呼び、
清純な乙女たちは死人の指と名付けている紫蘭の花などを編み合わせた花冠を手にして。
あの子がしだれ柳の枝にその花冠をかけようとよじ登ったとたんに、
つれない枝は一瞬にして折れ、
あの子は花を抱いたまま泣きさざめく流れにまっさかさま。
もすそは大きく広がってしばらくは人魚のように川面に浮かびながら古い歌をきれぎれに口ず

イギリスのストラトフォード・アボン・エイボンにあるシェークスピアの生家と取材中の筆者

さんでいました。
まるでわが身に迫る死を知らぬげに、
あるいは、水の中に生まれ、水の中で育った
もののように。
だがそれもわずかなあいだ、身につけた服は
水をふくんで重くなり、
あわれにもその美しい歌声をもぎとって、
川底の泥の中へ引きずり込んでいきました。
（四幕七場）

「ハムレット」は、デンマーク王子の名前。内容は父王を毒殺した叔父や不倫な母に対して復讐することを父の亡霊に誓う。しかし、思索的な性格の王子は悩む。

結果、恋人オフェリアを棄て、苦悩の末に復讐を遂げることはできたが、自分も死の道をえらぶ。

作者は作品中で、人魚に歌を唄わせているが、同じように後に掲げる「間違いの喜劇」の中でも歌を唄わせる。これは人魚サイレンが、『オデュッセイア』以来、美しい声で歌うという伝統を引き継いでいるためである。

「間違いの喜劇」

アンティフォラス弟——
ああ、美しい人魚サイレン、あなたの美しい歌で私を誘い、
お姉さんの涙の海に私を溺れさせないで下さい。
ご自分のために歌えば、疑いなく私は聞き惚れます。
白銀の波の上にその黄金なす髪をひろげれば、
それを臥所に私はきがねなくあなたを抱きしめ、横たわります。
そういう素晴らしい想像をしながら、
こういう死に方が出来る男は死ぬのが幸せと思います。
恋する心は浮き浮きと、と申しますが、
浮くか沈むか、
さあ、沈むものなら溺れ死にさせて下さい。

（三幕二場）

「アントニーとクレオパトラ」

イノバーバス——
侍女たちは一人一人が人魚だ、

それがニンフのように女王の前にかしずき、腰をかがめ、女王をいっそう美しく見せる飾りとなっていた。
舳先《へさき》にはその人魚の一人が舵を取る、
たおやかな花の手があざやかな綱さばきを見せると、それにつれて絹の帆が誇らしげに鵜《(ママ)》くらんでいく。
舟からはえもいわれぬ香りがただよい出て、
近くの岸に立ち見物しているものの鼻をうつ。
みんな見に来たので町はからっぽになったので、
アントニーはただ一人広場に取り残され、
空に向かって口笛を吹いていた。
だがその空気にしても、真空を作っていいものなら、
やはりクレオパトラを見に出かけ、
自然界に大きな穴をあけたろう。

（二幕二場）

「ヘンリー六世」

リチャード——
そう、俺はほほえみながら人を殺すことができる、

胸底では悲しみながら「嬉しい」と叫ぶことができる、
いつでも空涙で両頬をぬらすことができる、
どんな場合にも応じて顔つきを変えることができる。
人魚以上に船乗りたちを溺れさせもしよう、
バジリスク以上にこの目で人を殺しもしよう、
ネスター以上に弁舌の才をふるいもしよう、
ユリシーズ以上に巧みに人を欺きもしよう、
シノンのように木馬を使ってトロイを落としもしよう。

（三幕二場）

「アントニーとクレオパトラ」や「ヘンリー六世」の中では、人魚と船を結びつけたり、その乗組員と結びつけているのは、前述したように、ホメロスの叙事詩『オデュッセイア』の影響とみることができる。作品中にも「ユリシーズ」が登場する。

こうしてみると、ホメロスの叙事詩はシェークスピアに大きな影響を与えているというより、シェークスピアは、ホメロスの叙事詩を大いに引用しながら作品をつくりあげているといった方がよいのかも知れない。

人魚を唄う歌

本書の参考文献にも記したが、『人魚の歌を聞かせて』という本がある。また、「人魚の歌」と題する伝説も紹介した。

それらは人魚自身が歌を唄っているのである。多くの人々が、人魚たちの奏でる甘く美しい旋律や歌声に聴き惚れ、船乗りたちは船の舵を取るのを忘れて遭難してしまうという『オデュッセイア』のセイレンや「ローレライ」などがその代表であろう。

しかし、ここでは人魚の美声や竪琴（リラ）を奏でたりの音色についてではなく、「人魚を唄う歌」や人魚にかかわりのある歌を紹介していきたい。

交響詩「人魚姫」はアレクサンダー・ツェムリンスキー作曲によるもので、広く知られている。また、アンデルセン童話による劇的組曲「人魚」が鈴木静一により作曲されている。第一楽章の前奏曲（人魚の主題）にはじまり、第八楽章のバッカナーレ（酒宴）まで、暮れる海・水夫の踊り・嵐の海・人魚と魔女・人魚と王子・海の囁《ささやき》とつづく。ここでは数ある作詩・作曲の中から歌劇「オベロン」の「人魚の歌」を紹介しよう。

歌劇「オベロン」を解説すると、次のような内容の展開となる。

魔王（妖精の王）のオベロンと妻のテイタニアは愛しあっていたが、ささいなことが原因で別れることになってしまう。

別れる時、オベロンは「すべての苦悩や誘惑に打ちかって、死を共にしようとするほどに相思相愛の仲というほどの二人の男女に出会うまでは、妻と再び和合することはできない」と誓う。

しかし彼は、やがて、このような誓いをしたことを後悔するようになった。そこで、バックなる者を人間世界につかわし、そのような一対の男女を探させたがみつからない。

同じ時、ボルドーにいるユオンという若い騎士がシャーレマンの一族を殺した罪により、バグダッドの太守の左側に座った男を殺し、さらに、太守の娘レチアと結婚することを命じられる。もし、この命令を首尾よく遂行することができれば、ユオンの罪は赦されるのであった。

オベロンは、その魔術をもって、ユオンに、レチアの美しい姿を幻に見せ、同時にレチアにはユオンの凛々しい姿を見せ、二人の胸中に恋の焔を燃えたたせようとする。

そして、ユオンに角笛を与える。この角笛は、弱く吹くと危難からのがれ、強く吹くとオベロン自身の出現と救助とを得ることができる不思議な笛であった。また、ユオンには楯持ちのシェラスミンという従者《ずさ》をつけ、二人をバクダッドへ出発させる。

目的地に到着した二人は、魔法の角笛の力で太守の宮殿に入りこみ、太守の左側に座っていた太子ババカンを殺し、娘レチアに対して花嫁への接吻を与える。この時、従者のシェラスミンは、レチアの侍女ファティマと恋に落ちてしまう。

ユオンたちは、それぞれが愛する女性をつれて共に船出をしたが、あいにく船が遭難してしまう。

歌劇「オベロン」の楽譜（1920年刊）

歌劇「オベロン」
人魚の歌

ウェーベル作曲
妹尾幸陽譯詞

□海《うみ》に浮《うか》ぶはたのし
波《なみ》のねむれる時《とき》
日《ひ》の光《ひかり》とほくさりて
星《ほし》の空《そら》に輝《かゞや》くとき
遠《と》つ國《くに》の香《かをり》のせて
夜《よ》風《かぜ》なごみふくとき
浮《うか》びて唄《うた》ふは樂《たの》し
うなじ滴《したゝ》る髮《かみ》を絞《しぼ》りて。

□海《うみ》に浮《うか》ぶはたのし
物《もの》みな靜《しづ》まるとき
古《こ》塔《たふ》の壁《かべ》に見《み》張《はり》の者《もの》は
曉《あか》光《つき》をながめつゝ
十字《じ》を切《き》りて祈禱《いのり》捧《さゝ》げ
天《そら》の御《み》聲《こゑ》うかがふ時《とき》
浮《うか》びて唄《うた》ふは樂《たの》し
うなじ滴《したゝ》る髮《かみ》を絞《しぼ》りて。

ウェーベル作曲の「人魚の歌」の歌詞
（ウェーベル＝ウェーバー作曲のオベロン〈Oberon〉は1826年にロンドンで初演。シェークスピアのほかにもチョーサー，スペンサー，ウィーランドなどの作にもでてくる。）

明治大学マンドリン・コンサートのシンボル・マーク

その後、レチアは海賊に捕えられ、テュニスに送られ、その地の太守の奴隷として売られてしまう。ところが、侍女のファティマも、また同じく太守の奴隷になっていた。それと共にシェラスミンも来たのである。

ユオンはオベロンの魔法によって、この地に送られる。

レチアは、このテュニスの太守の邸で種々の誘惑にであったけれど、あくまでもユオンに対する愛情をひるがえさない。

それと共に、ユオンは太守の妻ロシヤナから極端な誘惑を受けた。しかし彼もレチアに対する愛はかわらない。

これがため、ロシヤナはユオンのことを、その夫の太守に誣告《ふこく》（しいて人を罪におとしいれようとして告訴する）。

その結果、レチアとユオンは遂に生埋めの刑に処せられることになる。

その時、シェラスミンは失われていた魔法の角笛をみつけだし、それを高く吹き鳴らした。

魔王オベロンは、すぐさま現場にかけつけ、レチアとユオンは救い出される。

そして、その不変の愛はオベロンとテイタニアとを再び和合させた。それと共にユオンの罪は赦されたのである。こうして歌劇はめでたい終局をむかえる。

「人魚の歌」は、第二幕の終局の歌。美しい旋律のなかに、船唄らしいゆったりとした気持をかもし出させる魔力と魅力をもっている。

竹久夢二の「人魚の歌」（七〇頁参照）の項でもふれたが、「歌劇オベロン　人魚の歌」はセノオ音楽出版社が大正九年（一九二〇年）に発刊したもの。本稿はウェーベル作曲、妹尾幸陽訳詞による「人魚の歌」をもとにしている。「セノオ楽譜」は「妹尾楽譜」のことである。

また、音楽あるいは音楽会、オペラなどといえば、楽譜はもとより出演者のプロフィールを紹介するプログラム、パンフレット、チケットと共にポスターも印刷される。

そうした中で一役かうのが人魚で、上述したように、美声の持ち主であり、竪琴（リラ・ハープなど）をはじめ、楽器を手にするポーズも多くのポスターの主役をはたしてきた。筆者の暮らしている街には、明治大学校友会横須賀地域支部があり、その会が主催する明大マンドリン・コンサートのポスターには、毎回同じシンボル・マークとして、人魚がリラを奏でている図柄が使用されている。
（二九九頁図参照）

人魚映画・紙上鑑賞――銀幕を飾った人魚たち

人魚を主人公にした映画が話題をよんだ年があった。それは一九八四年（昭和五九年）のことで、二本の人魚映画が同じ年に上映された。めずらしいことである。

一本はアメリカ映画「スプラッシュ」であり、もう一本は日本映画で、池田敏春監督による「人魚伝説」。

映画「スプラッシュ」の入場券　美しい海中撮影も人気を呼んだ

「スプラッシュ」は、タッチ・ストーン・フィルムズの第一回作品で、ロン・ハワード監督による。ニューヨークを舞台に、美しい人魚と大都会で暮らす純情な若者とのロマンス。アンデルセンも驚く、ロマンチック・ファンタジーと評されたほどで、美しい海中シーンも画面に多く、人気の高い作品であった。

この映画の面白さは、可愛らしい人魚が陸にあがると人間に変身するが、水につかると再び人魚にもどってしまうという発想。したがって陸にいても浴槽に入ると下半身が人魚に変身してしまう。

日本映画「人魚伝説」の原作は宮谷一彦（竹書房刊）によるもの。当時、テレビ・ドラマでデビューした女優、白都真理の主演ということで評判になった。

海を舞台にくりひろげられる、美しく妖しいロマン・サスペンス。ストーリーはアワビ採取をおこなう海女の鬼気迫る情念の世界、復讐劇。エロティシズム。最愛の夫殺し。

双葉十三郎氏によると、人魚の映画は、この二本以前にもあり、一九四八年の作品はアメリカ映画の「彼と人魚」。アーヴィング・ピシェル監督によるもので、原作はガイ・コンスタンス・ジョーンズ夫妻によるベストセラー『ピーボディ氏と人魚』の映画化。

ボストンに住む老紳士がカリブ海へバカンスに出かけ、釣りを楽しんでいる時に人魚を釣りあげる。

人魚をボストンにつれ帰るが、あまりにも可愛らしいし、色気があるので奥さんとのトラブルがもちあがるというストーリー。

なぜか一九四八年にも二本の人魚映画が上映されており、他の一本はイギリスのケン・アナキン監督による「恋の人魚」という作品。こちらの映画も、一人の医師が釣りに出かけると人魚が現われ、釣り人を海底へひきずり込んでしまう。そして、人魚は堅物医師に、ロンドンを見物させると約束しなければ地上へ帰さないとせまる。しかたなく医師は人魚のいうとおりにロンドン見物をさせるのだが、トラブルが続出し、苦労がたえない。

この他にも一九六六年には、フランク・タシュリン監督による「マーメイド作戦」が上映された他、一九八九年にはディズニー・アニメーションの「リトル・マーメイド」、一九九六年には日本映画「ＡＣＲＩ」（石井竜也監督・岩井俊二原作）、二〇〇〇年にはディズニーの「リトル・マーメイド(Ⅱ)」などの作品も上映され、人魚ファンを喜こばせた。

キリスト教会と人魚像——二股の人魚

ドイツの「ニュールンベルグの人魚」や、トルコの「古代遺跡と人魚」の項でもふれたが、ここで、さらに立ち入ってキリスト教会と人魚像とのかかわりを含めて述べてみたい。

ヨーロッパ中世のロマネスクとよばれる様式は、古代ローマ時代の建築・彫刻・絵画などの諸要素

「アカンサスの夢と有翼のプット」（ポンペイ，室内装飾，スタッコ。尾形希和子『イメージの解読・怪物』河出書房新社，1991年より）

次頁右：1379年に完成した「二股の人魚のレリーフ」
次頁左：ジョヴァンニ・アントニオ・タリェンテ著『オペラ・ヌオヴァ』（動物誌の部分，1528年。同図は『人魚伝説』にもみえる）

を復活させつつ、東洋的な趣きも加味したもので、一一世紀から一二世紀の中葉にかけて、はじめはフランス南部からイタリア北部にかけて広まりはじめた。

その様式は後にヨーロッパ諸国全体に広がったが、その後、一二世紀後半になると、ロマネスク様式に代わってゴシック様式が流行し、ルネッサンス期まで続く。

さきに紹介したニュールンベルグのザンクト（聖）セバルトス教会は一三七九年に完成したので、後期ロマネスクとゴシックの両様式が建物のいたるところにみられるという特色をもっている。

この教会の外壁に「二股の人魚像」あるいは「二本の尾をもつ人魚像」の彫刻があることはさきに述べた通りである。（写真参照）

もとより、ギリシア神話の中にでてくるセイレンは、美しい歌声で船乗りたちを誘惑し、やがては死に至らしめる妖怪的存在で、悪評が高い。中世初頭頃に描かれた

アカンサスを脚にみたてて

ニュールンベルグの聖セバルトス教会を飾る「二股の人魚のレリーフ」(205頁参照)

り、彫刻されているセイレンの中には人面鳥身もいるが、装飾的には魅力がない。

しかも、教会が社会的、政治的な力を増し、人々に色欲や快楽は罪であると説き、戒めのためにセイレンを登場させるのであれば、人面鳥身よりは人面魚身の方が好奇心をそそる結果となったとみられよう。文字を読み書きできる人がほとんどいない当時のことを思えば、絵解きのように、その姿を具象化する必要もあったであろう。そのためには人面魚身となったセイレン(人魚)が受け入れられたとみてよい。

人魚は人間的(上半身に乳房がつく女性)で、性的魅力をアピールしつつも、他方で罪を戒める教会の意図がはたらき、建物の柱頭などに、その姿を多く現わすようになったとみられよう。逆に、人面鳥身のセイレンは乳房なども もたず、性的魅力を欠いて教会からしだいに姿を消したとみられる。

ここで強調しなければならないことは、ヨーロッパにおける中世の、キリスト教会柱頭などの装飾に人面鳥身のセイレンがしだいに姿を消し、半人半魚の人魚が増えていくという事実である。

ヨーロッパ世界で、半人半魚の人魚はギリシア時代の神話にみられるようにグルーミー（暗鬱）な存在として誕生した運命を背負ってきたし、その一面があることはみのがせない。

それは海神ポセイドン（ネプチューン）の性格にもよくあらわれている。好みが広く、気が多かったことに起因していたといえよう。

ポセイドンには、トリトンという名の息子がおり、ギリシア神話の中では人気者で、よく絵画や彫刻のモチーフとしても登場する。

勇ましく法螺貝を吹き鳴らし、海に嵐をおこしたり、鎮めたりして父親を助けるが、「半人半魚」であるということは、人間社会からすれば、あまり好ましいことではないのである。異人、異教的とみられたりもする。

ポセイドンの子供たちの中には、乱暴者や怪物が多く、特に数多くの愛人関係から生まれる子供にそれが多い。翼のある天馬ペガソスもメドゥサ（「トルコの古代遺跡と人魚」の項二〇九頁を参照）とのあいだに生まれた子供である。よく考えてみれば、ペガソスもグルーミーな存在であるにはちがいない。同じように、ギリシア神話に登場する上半身が人間で、下半身が馬の形をしているケンタウロスも怪しい。

このようにみると、中世ヨーロッパのキリスト教世界にあって、聖堂や修道院などの祈りの場に装飾を兼ねて存在する人魚は、その姿を見る人々に無言で、「信仰心が足りないと、このような姿に再生するしかない……」とか、「来世は、このような姿になってしまうので救済のしようがないから、もっと信仰を深めるように……」とかいうことを暗示するのに役立ってきた。

キリスト教を信仰しないと、その罰として、人魚のように、見るにたえない姿としてしか再生できないということなのである。

また、神話の中に登場する魅惑的なセイレンと同様に、色欲のシンボルとして、教会や修道院でキリスト教のあるべき立場や主張を示し、布教のために一役かったのである。

なにしろ、文字の読み書きができない人々が多かった時代に、民衆にキリスト教の精神を教える方法としては、絵解きや教会内部の絵画はもとより、聖堂全体にほどこされた彫刻で、教会の立場を知らしめることは重要なことであった。また、このように視覚にうったえることが最良であったといえよう。ようするに、信仰心が足りないと、まともな人間になれないばかりか、「人魚みたいになってしまうぞ」という警鐘であった。

「二股の人魚」もまた、人間に近い存在であり、逆に人間でない存在として、あるいは異郷の世界を想わせた。

聖堂の中に、柱頭をはじめ、あらゆる空間にさまざまな動物や怪物が配されているのは現世でなく、異教的なイメージを連想させるのに役立つ。

キリスト教における再生や救済の精神の前提には、よりよい人間になるために必要な条件は信仰心を深めることであるという戒めがある。

神の救済をうけるべき、この世とあの世という現世と来世・生死の輪廻《りんね》を表現しているのが怪物の登場であったり、「二股の人魚」であったりするのだ。

人間が両足を左右に高く広げている姿を連想させるエロティックな意味あいの「二股の人魚」（二本の尾をもつ人魚）は、グルーミーな怪物であっても、より人間的で親近感のもてるものとして一般民衆に受け入れられて今日に至っている。

人魚が、その両尾を高く揚げているのは、人間に共通したエロティシズムに通ずるが、他方においては戒めでもあろう。

「二股の人魚」の誕生と、その意味、解釈については諸説あるが、筆者は別項で述べたように、その発生（誕生）は、植物などによるデザイン的な図柄が原型にあると考えている。左右対称の安定した構図は、古代の建築物のデザインとして好まれた。均整のとれた図柄は心に安らぎを与え、建物そのものの安定につながる。したがって、プラス思考を生みだす原点にもなるといえよう。

なお、「二股の人魚像」についてヴィック・ド・ドンデは、「エミーリア（イタリア北部）のセイレーンには、上向きに立った二本の尾がある。その起源はエトルリアの伝統にあるが、驚くべきことに、このタイプは、すでにローマの貨幣に姿を見せている」という。この件については、筆者はまだ確認できていない。

ヘミングウェイ・ホームの人魚

アメリカの文豪、アーネスト・ヘミングウェイ（Ernest Hemingway, 1899–1961）はネコ好きで知られているが、海や釣りも好きで、人魚をも愛でていたことは、あまり知られていない。『老人と海』や『海流の中の島々』の作品で知られる彼は、フロリダ半島の南端の島「キー・ウェスト」に住んでいたことがある。現在は博物館になっており、見学できる。家は赤レンガの塀と熱帯植物などにおおわれたコロニアル・スタイルの建物。ヘミングウェイは、この家で二人目の妻と二人の息子、それに猫たちと九年間（三二歳から四一歳まで）を過ごし、釣りや著作をつづけた。（次頁写真参照）

部屋の戸棚の上には、ピカソから贈られたネコの置物などがあるため、他の飾り物や家具などに眼がむかないが、食器棚の上には、さりげなく人魚の陶磁器らしい可愛らしいキューピットを思わせる作品が置かれている。貝殻を頭の上にかかげているので燭台かも知れない。案内人に聞いたが、今になっては、「人魚」のことについての詳細は、わからないとの返事であった。残念だがしかたがない。

海底地名になった人魚——「人魚のハエ」

「ハエ」という言葉を、最近はあまり耳にしなくなったが、「ハエ」には二通りある。昆虫や魚名の

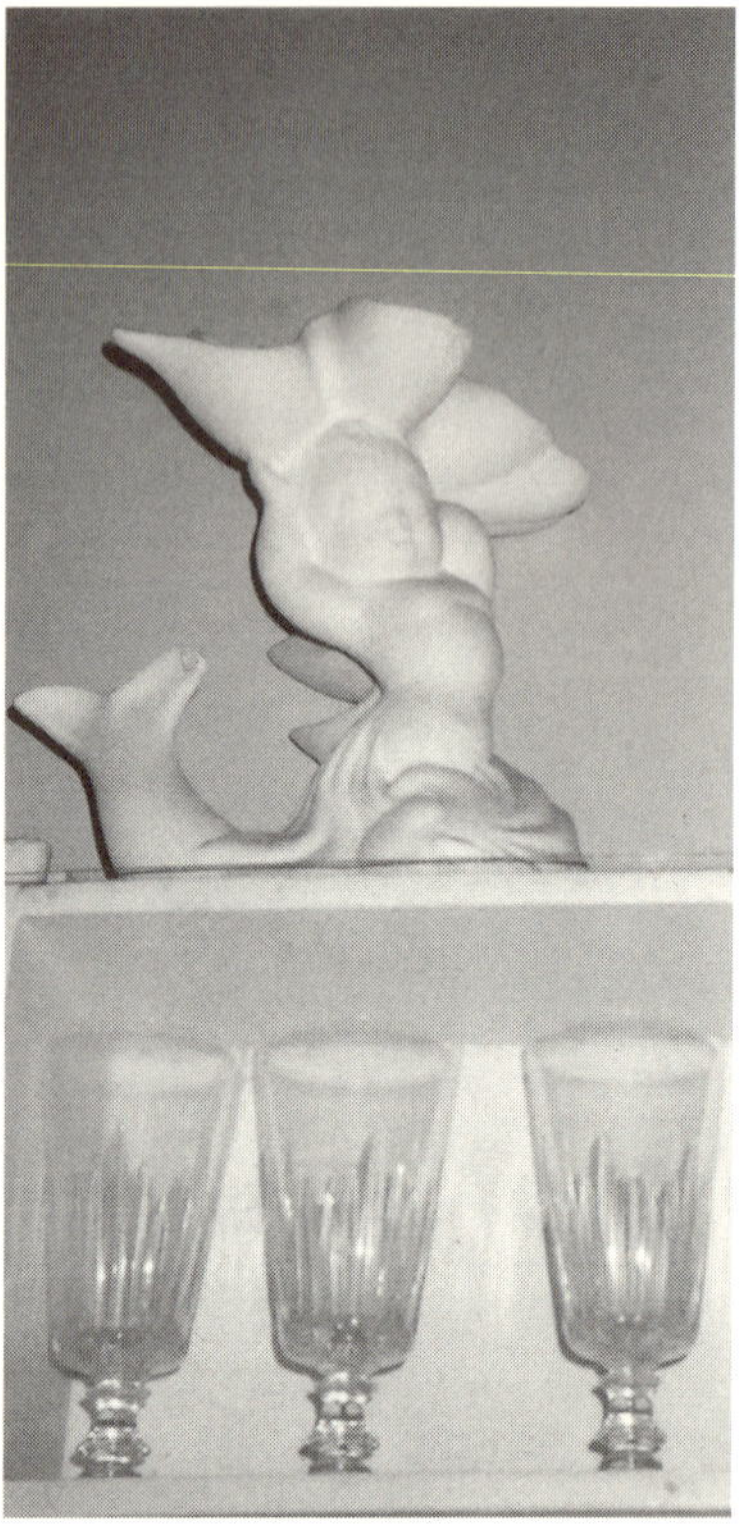

（上）ヘミングウェイ・ホームの入口
（右）ヘミングウェイの愛でた人魚
（下）フロリダ，キー・ウェストのヘミングウェイ・ホーム

「ハエ」のことではなく、ここでいう「ハエ」は地名を指す呼び方で、「海中・海底の岩礁」という意味である。西日本で多く使われてきた語彙だが、徳島県あたりでは「碆《はえ》」の字をあてている。蒲生田岬の「ゼニバエ」（銭碆）は地元の海女《あま》（海士）さんたちのアワビ漁場として有名である。

『広辞苑』（岩波書店）では「波石《はえ》」と表記しており、「海中の暗礁」という説明がある。あわせて「クリ」も「海中のかくれた岩」とみえる。「クリ」は日本海側の広い範囲で使われてきた言葉でもある。他方、「ハエ」は「風名」方言の呼び方で、沖縄地方をはじめ、西日本一帯で「南風」を意味する語彙として使われてきた。

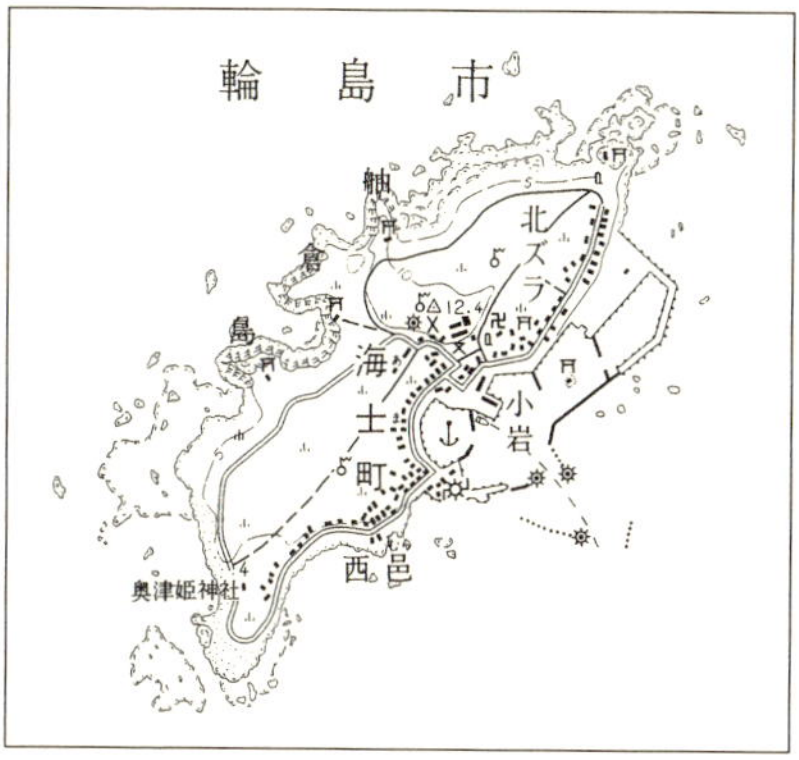

舳倉島（国土地理院　1: 25000）

ところで、主題の人魚にまつわる「人魚のハエ」というのは、海女さんたちのアワビ漁場に付けられた海底の地名で、「海女さんの島」として知られる「舳倉島《へぐらじま》」にある。

この島は石川県の輪島市の沖（真北）、およそ五〇キロにあり、定期船で約二時間を要する場所にある。島の周囲は約六キロ、面積約六〇ヘクタール、最高海抜一二・五メートルと、低い。現在は約一〇〇戸の家がある。

周囲の海に潜ってみると、海底は比較的平らな岩盤がつづき、ゆるやかに深くなっていくが、場所によっては溝のような岩礁の割れ目もあり、アワビや海藻の漁場となっている。

やや広い、そのような海底の溝にそって潜っていくと、人魚が海底で横になって休憩しているように見える岩場があることから、この「人魚岩」のある海底のアワビ漁場を海女さんたちは「人魚のハエ」と名付けた。

はじめは誰れ言うともなく呼ばれていたのであろうが、現在はこの島に「人魚のハエ」と呼ばれる海底地名が二か所あり、「北の人魚のハエ」とか「西の人魚のハエ」と呼ばれ、今では島の人たち以外の人々にも歴《れっき》とした海底地名として通用するようになっている。

舳倉島に出かけるといつもお世話になる大角《おおかど》しのぶさんによると、「北の人魚のハエ」は、港や集落とは反対側の観音堂や龍神池のある方向で、「ホソバナ」と呼ばれる場所と、「ナマコノワダ」と呼ばれるアワビ漁場のあいだにある。「ホッコリ」とばれる漁場にも近い。

この漁場の名前は海底の岩礁の様子が人魚のように見えることから付けられたことは、上述の通りだが、その場所は、浅いところで四メートルから六メートル、深いところは一〇メートルから一二メートルほどはあるという。

また、「西の人魚のハエ」と呼ばれるアワビ漁場は「ニシノヒラセ」、「オドリバ」と呼ばれるところから「沖のシンバエ」と呼ばれる中間に位置するところで、陸（岡）からややはなれた場所にあり、水深二〇メートル以上、深い場所では三〇メートルにもおよぶところであるという。

筆者も以前、取材のために「北の人魚のハエ」周辺を朝日新聞社の水中カメラマンと潜ったことがあった。

　こうした場所で海女さんたちと一緒に潜っていると、朝の淡い陽光が海中にさし込んで乱反射し、ブルーの海底が大きくうねっているような錯覚におちいったりする。それは、アラメ・ホンダワラ・モズクといった海藻が速い潮流のために、ゆらゆらゆれているためでもあろう。

　そのような海況や精神状態にある時、海底でアワビ採取をしている海女さんに出逢うと、海女さん自身のシルエットが「人魚岩」とオーバーラップし、人魚を見ているように思われたりする。


　ところで、陸上における「地名としての人魚」のことだが、有名な伝説にライン川中流（ドイツ）の右岸に「ローレライ」の巨岩がある。岩上に憩う妖女《ようじょ》の歌声にききほれて、漕ぎ行く舟人が岩にぶつかり、舟もろとも川底に呑み込まれてしまうという伝説だが、他に同じような「人魚岩」とか伝説の舞台になった地名など、今のところ筆者はその存在を聞いていない。

人魚出現の年代記

　次に、日本における人魚出現の歴史や伝説について述べてみたい。

　以下に示す「人魚出現年表」は、⑴花咲一男著『江戸の人魚たち』（一九七八年）、⑵松井魁《いさお》著『伝説と幻を秘めた人魚』（一九八三年）、⑶吉岡郁夫著『人魚の動物民俗誌』（一九九八年）を参考にして、人魚の出現記録や出典・史的背景をまとめたものである。本項においては、その一覧を示すにとどめ、具体的かつ詳細な事例の内容に関しては別項であつかうことにした。

人魚出現年表——記録にみえる人魚

年代	場所	様子	出典・その他
推古天皇二七年（六一九）四月	近江国蒲生河	出現	『日本書紀』・『太子伝』
推古天皇二七年（六一九）七月	摂津国堀江	捕獲	『日本書紀』
推古天皇御代（五九三―六二八）	近江国神崎郡石場村	出現	『観音霊場記図会』（巻五）・図参照
天平勝宝八年（七五六）五月二日	出雲国安来浦	出現	史籍集覧『嘉元記《かげんき》』
宝亀九年（七七八）四月三日	能登国珠洲岬	出現	史籍集覧『嘉元記』
弘仁年中（八一〇―八二三）	近江国琵琶湖	捕獲	『廣大和本草』別編・下巻
正暦五年（九九四）一一月七日	伊豫国ハシラの海	出現	史籍集覧『嘉元記』
崇徳《すとく》・近衛天皇の御代（一一二三―一一五四）	伊勢国別保浦	捕獲	『古今著聞集』巻二〇
文治五年（一一八九）夏	陸奥国そとの浦	漂着	『北條五代記』巻七

文治五年（一一八九）八月一四日	安岐（芸）国イエツの浦	出現	史籍集覧『嘉元記』
建仁三年（一二〇三）四月	陸奥国津軽の浦	漂着	『北條五代記』巻七
建保元年（一二一三）四月	陸奥国津軽の海	出現	『吾妻鏡』巻三八
建保元年（一二一三）夏	出羽国秋田の浦	漂着	『北條五代記』巻七
貞応元年（一二二二）四月	福岡・那珂川河口・龍宮寺	漂着	『福岡の伝説』
宝治元年（一二四七）三月一一日	陸奥国津軽の浦	漂着	『北條五代記』
宝治元年（一二四七）三月二〇日	陸奥国津軽浦	死体漂着	『吾妻鏡』・『分類本朝年代記』・『武道伝来記』・図参照
宝治二年（一二四八）九月	陸奥国津軽の浦	漂着	『北條五代記』
同年秋	陸奥国外カ浜	漂着	『北條五代記』・『鎌倉志』
宝治年間（一二四七―一二四八）	陸奥国の海	捕獲	『鎌倉志』
正応五年（一二九二）一一月七日	伊與（豫）国ハシラの海	出現	史籍集覧『嘉元記』
延慶三年（一三一〇）四月一一日	若狭国オハマノツ（小浜津）	出現	史籍集覧『嘉元記』

正平一二年・延文二年（一三五七）四月三日	伊勢国フタミノウラ（二見浦）	出現	史籍集覧『嘉元記』
長禄四年・寛正元年（一四六〇）六月二八日	東の海	出現	『碧山日録《へきさんにちろく》』
天文一九年（一五五〇）四月二一日	豊後国大野郡の海	出現	『江源武鑑』
天正七年（一五七九）春	若狭国	捕獲	『当代記』
延宝五年（一六七七）一〇月	肥前国唐津の海	捕獲	『遠碧軒記』（随筆）
元禄元年（一六八八）七月二〇日	陸奥国津軽野内浦	捕獲	『津軽一統志』
宝永年中（一七〇四—一七一一）	若狭国大飯《おおい》郡乙見《おとみ》村	捕獲	『諸国里人談』
天文二年（一七三七）	能登国鳳至《ふげし》郡海中	出現	『廣大和本草』
元文年中（一七三六—一七四一）	越後国の海	出現	『廣大和本草』
延享元年（一七四四）	静岡・浜松・米津浜	捕獲	『浜松の伝説』
延享年中（一七四四—一七四八）	玄海灘	出現	『甲子夜話《かっしやわ》』二〇
延享年中（一七四四—一七四八）	能登国鳳至郡海中	出現	『廣大和本草』
宝暦八年（一七五八）三月	陸奥国津軽石崎村湊	出現	『津軽日記』

宝暦年中（一七五一―一七五九）八月上旬	陸奥国津軽野内浦	出現	『六物新志《ろくぶつしんし》』
天明年中（一七八一―一七八八）	出羽国秋田男鹿郡	出現	『六物新志』
文化二年（一八〇五）五月	越中国放生淵四方浦《よものうら》	出現	『街談文々《（ママ）》集要』「瓦版」・図参照
文政元年（一八一八）春	讃岐国四嶋	出現	『未刊甲子夜話』第一・巻一七の一六
文政年間（一八一八―一八二九）	陸奥国津軽夏泊半島田沢村野田沖	出現	『平内志』

なお、ここに掲げた「人魚出現年表」に示した一覧表のうち、出典に示した『嘉元記』は、鎌倉時代末期の嘉元三年（一三〇五年）から貞治四年（一三六四年）にかけての約六〇年間にわたり、奈良法隆寺の僧侶が継続的に記載したとされているものである。

エピローグ——蘇る人魚たち

「人魚」といえば、上半身が人で、下半身が魚という、人と魚が合体した、不思議きわまりない空想上の生き物のこと。

だが今日、この架空の生き物の絵図や彫刻をはじめ造形美術、映像など、あらゆる分野において、その不思議なモノをみても、驚くヒトはいない。商標やシンボルになっているものもいくつかある。

しかも、怪獣映画やそれに似たテレビ番組からの影響で、「合体」といえば、幼稚園児のあいだでも通用する。

それ故、人魚の出現を驚くこともなく、むしろ喜んだり、親しみを感じたりと、歓迎ムードになっている世の中である。

しかし、翻って、筆者がこどもの頃を想えば、こんなに奇妙で恐しいモノの姿は、あまりみかけなかったように思う。それがわずかな年月を経て、確固たる現存の社会的地位ともいえる想像上の生き物としての市民権を確保したのであるから、今や人魚は妖怪国に国籍を持つ住民ではなく、他の妖怪紳士・淑女であるドラゴン氏をはじめ、ヒドラ（ギリシア神話にでてくる九つの頭を持った大蛇）・フェニックス（エジプト神話の霊鳥）、和風にいえばカルラ（迦楼羅）、河童・龍・牛鬼・三面相などの怪しい仲間とは一線を画したと思うのは筆者だけではないであろう。

人類史上、科学が最も進歩・発展した今日にあって、人魚が素直に人の世に受け入れられるまでになったのは、そのイメージアップに努められた多くの人々のおかげであるといえようか。

文化のとらえ方にもいろいろあるが、筆者は、人間が自分たちの理想をそれぞれ実現するために努力する営みやプロセスそのものが文化であり、その蓄積が文化財であり、文化遺産であると思う。したがって、人魚が二十一世紀にあって、今日のような立場におかれるに至った過程そのものが文化史であると考えたい。

人魚はたしかに、違和感を感じさせることなく現代人の心の中に蘇り、生きつづけ、より親近感をかもしだしている。そして今後も同じように生きつづけるとともに、新しいキャラクターの人魚も誕生するであろう。

比較的新しい人魚姫の像やリトル・マーメイド、キティー・マーメイドの登場、敷島紡績や葉山ビール、スターバックの商標もさることながら、これまでにもレストラン、喫茶店、居酒屋や宿屋の他、ヨットの名前にもなってきた経緯、実績もある。

限りない海への憧憬やロマン、ファンタジックな心情等が人魚をより身近な存在にしてきたのかもしれない。

また、これまでのように、人魚は「いた」とか「いる」とか、「いない」とか、「昔はいたが今はいない」とかいう詮索や議論をすることも、これからは必要がないであろう。

人々は、ひたすら先人たちから引き継がれた伝承的真実を語りつぎ、古い時代の人魚を蘇らせ、そしてまた、好感をもって時代に受け入れられるあらたな人魚を誕生させていくにちがいない。

人魚の光と影

ヨーロッパ諸国の中でも特にキリスト教の伝統がある社会には、街角や教会、修道院などの建物に、今でも多くの人魚が健在である。

それにひきかえ、仏教の影響を強く受けた歴史のある日本では、人魚伝説はあっても、寺社やその境内に人魚の姿を見かけることは皆無にちかい。このことは隣国の朝鮮（韓国）や中国などについても同じことがいえる。

韓国にも人魚伝説はある。「一人の漁師が出漁した際、海上で美女に誘われ、龍宮城へ招かれて一日を過ごす。帰りに土産に〈食べると不老長寿の薬になる〉という〈人魚の肉〉（高麗人参とも）をもらい持ち帰ったが、その土産をそのままにしておくと、娘の浪奸がそれを食べてしまう。そのため、娘は美貌をたもちつづけ、長寿をもてあまし、三百歳をこしてから、山の中に入って行方不明になってしまった」という。

この伝説の内容は、わが国における浦島伝説と八百比丘尼の人魚伝説が一緒になっている。そして、共通して重要なことは、特定の信仰心に結びついていないことである。

わが国における人魚は、人魚のミイラなどが信仰の対象となったり、信仰に結びついてきたことはあるが、ヨーロッパ諸国における、特に、キリスト教会や修道院の造形美術的装飾のように信仰に結びついた造形物にはなっていない。

それ故に、人魚自身が宗教的に、あるいは道徳的に独立自尊の精神をつらぬいて、しかも中立化しているところに光りがみられ、親しまれてきたといえよう。

キリスト教社会では、信仰心が足りなかったり、人のあるべき道をはずしたりすると、来世はこんな姿で再生しなければならないとか、次世代は、人魚のような姿になるなど、戒めのための役割をはたしてきたといえるのである。また、色欲や姦淫をいましめる宗教的な役割をはたしてきたこともたしかである。

こうした史的事実は、人魚の出現が吉兆であったり凶兆であったりするのと同じく、人間に光と影をあたえずにはおかなかった。

人魚のコレクション

コレクションは、モノと人間の文化史の出発点であり、終着点であるといえよう。あるいは、コレクションはヒトとモノの原点であるといった方がよいのかも知れない。

ヒトがモノを収集する目的、理由はさまざまだが、人魚のコレクションもつきるところをしらない。古文献・写本・書籍・古地図などの古書一般はもとより、素描画（木炭画・デッサン）・絵画（油彩画・水彩画）・彫刻（木彫・貴金属彫刻・卑金属彫刻など）・陶磁器（陶芸品）・ガラス工芸・宝飾品・コイン・切手・時計・その他の工芸品はもとより、暮らしの中にある、あらゆるモノの中に人魚はデザインされており、息づいており、愛されているため、それらを収集すれば、一大コレクションとして収蔵・保管することができる。

また、そのコレクションを資料化して、展示・教育普及活動・調査研究などがともなえば「人魚の美術館」の誕生も夢ではない。したがって拙著は、こうした人魚たちを写真や図版におこし、できるだけ多くの人魚たちを掲載することでビジュアライゼーションし、「紙上・人魚の美術館」的役割をもはたせるようにと意図・工夫し、この方面の嚆矢となるように努めた。

これまで、時代を超越して生きてきた人魚たちにとっても、あるいは誕生したばかりの人魚にとっても、コレクションの存在は、終の住み家を提供し、安心して次世代に引き継がれる機会と場所を提供するであろう。

さらにこれからも、人魚たちを探し求めて収集をおこなったり、美術館や街の中をめぐり歩く旅を読者の皆様と共に楽しみ、その情報を交換することなども、人魚の美術館があれば、そこを拠点としての活動は可能になろう。

人生の短い時間を読者諸氏と共に、そのような楽しみ方を共有できる日が一日もはやく来ることを願いたい。

また、コレクションの誕生、集積は、収集したモノが散逸しない、あるいは散佚《さんいつ》させないための手段としても有効である。モノは個々で存在するより、まとまって存在するほうが残りやすく、保管されやすい。美術館や博物館はモノを収蔵し、保管する等のための専門の機関であることを考えれば、コレクションの存在理由、存在価値もさらに高まるのである。

人魚と書物（参考文献・引用文献）

ここではまず、本書で引用文献あるいは、参考文献として活用させていただいた以外の創作童話等を含めた人魚に関する書物、表題・装幀にかかわるものをみることにする。

なお、紙幅との関係で、書物の内容までは紹介することができないので省略したが、書物の作者名・表題・出版者・刊行年月の他、必要に応じて注釈を加えた。

以下は、創作童話・小説等を含めた人魚にかかわる書物を年代順に掲げた。引用あるいは参考にしたものは後に掲げる。

〈参考文献〉

谷崎潤一郎『人魚の嘆き』「中央公論」一月号　大正六年（一九一七年）

大正六年に初版本として刊行された『人魚の嘆き』は、名越国三郎が描いた二葉の挿絵により、風俗に害ありということで発禁処分となったとされる。だが、この挿絵は人魚の図柄に関わるものではないという。それに、実際は二葉の挿絵を削除して、発行が認められた。その後、大正八年に水島爾保布《におう》によって

右：『人魚の嘆き』（大正六年、初版本の表紙、春陽堂）
左：『ラ・ヴィ・パリジェンヌ』一九二二年一〇月一日号表紙（ジョルジュ・レオネック画、荒俣宏『セクシーガールの起原』二〇〇〇年、朝日新聞社より、次頁も）

描かれた挿絵があり、その方が過激な図柄だと思われるが、これは発禁にならなかった。また、大正八年八月、春陽堂から水島爾保布の装画に飾られ、単行本として刊行された。（中公文庫　挿絵・水島爾保布、一九七八年）

堀口大学『砂の枕』（詩集）長谷川潔装幀　第一書房　大正一五年（一九二六年）表紙に長谷川による人魚のデザインあり（七三頁参照）

土俗玩具研究会編『人魚の家』（創刊号・表紙は川崎巨泉による人魚の畫彫）ちどりや（京都）刊　内容に古看板・小絵馬等も　一九二六年（七三頁参照）

阪田英一『人魚の結婚』（短編小説）松しま書房（東京）一九四七年

ばれん会編『ばれん』（第二号・涼号・版画書・阿部　貢方ばれん会・表紙は川合喜二郎による人魚の版画、一九四九年）（七五頁参照）

城昌幸『人魚鬼』（「若さま侍捕物手帖」の内）ロマン・ブックス　講談社（東京）一九五六年

永岡千鶴子『夜の人魚』（付・旅人と人魚・短編・詩）静岡豆本（第九集）随筆同人社（静岡県藤枝）一九六一年（三二八頁図参照）

庄野英二『人魚と星』（「メルヘン諸島」）角川書店　一九六九年

安部公房『人魚伝』「安部公房全作品」(8)　新潮社　一九七二年　初出誌は『文学界』六月号　文藝春秋社　一九六二年

左：『ラ・ヴィ・パリジェンヌ』一九二一年七月一六日号「パラソルのつくる日陰／シレーヌのたくらみ」（シャルル・ルアール画）
右：同一九二七年六月二五日号「美しいユリシーズ」（シャルル・ルアール画）

太宰治『新釈諸国噺』生活社　一九四五年（初出「人魚の海」『新潮』一〇月号　一九四四年）

長崎源之助『人魚がくれたさくら貝』（童話）偕成社　一九七四年

小川未明『赤い蠟燭と人魚』いわさきちひろ画　童心社（東京）一九七五年

『小川未明童話全集』第一巻　講談社

古川薫『人魚は満月の夜になく』（カッパマガジン）光文社　一九七六年

池田和《かず》『ニライから来た人魚』（童話）小峰書店　一九七六年

米倉斉加年『人魚物語』角川書店　一九七七年

澁澤龍彦「人魚の進化」『幻想博物誌』所収　角川書店　一九七八年　「人魚の進化」の初出は一九七五年の発表

神戸《かんべ》淳吉『にんぎょの　ゆびわ』（童話）小峰書店　一九七七年

船木枳《し》郎《ろう》『人魚のクーさん』（アイルランド昔話）日本書房　一九七九年

豊田有恒『マーメイド戦士』（SFジュブナイル）角川文庫　一九七九年

内田恵太郎「人魚考」『私の魚博物誌』所収　立風書房　一九七九年

Russell Ash / Windward: MERMAIDS Beatrice Phillpots, First Published 1980. The Origin of Harp, 1842.

永岡千鶴子著『夜の人魚』（静岡豆本〔第9集〕随筆同人社，1961年）

ランダル・ジャレル『陸にあがった人魚のはなし』（出口保夫訳）　評論社　一九八一年

アンデルセン「人魚姫」『完訳・アンデルセン童話集』(1)（大畑末吉訳）　岩波文庫　一九八四年

洲之内徹『人魚を見た人』（気まぐれ美術館）　新潮社　一九八五年（『芸術新潮』一九八二年一一月号初出）

立松和平『人魚の骨』　六興出版　一九九〇年

ローラ・レオーネ『人魚の歌を聞かせて』（青野一麦《かずみ》訳）　ハーレクイン（東京）　一九九三年

メイ・サートン『ミセス・スティーヴンズは人魚の歌を聞く』（大社淑子《おおこそよしこ》訳）　みすず書房　一九九三年

ダナ・ジェイムズ『人魚の家を探して』（広木夏子訳）　ハーレクイン（東京）　一九九三年

岩井俊二『ウォーレスの人魚』　角川書店　一九九七年

J・M・スコット『人魚とビスケット』（清水ふみ訳）　創元推理文庫　二〇〇一年　田中西二郎訳『世界大ロマン全集』(27)所収

池部良『人魚のニキビ』　文藝春秋　二〇〇二年

〈引用文献〉（五〇音順）

アポロドーロス『ギリシア神話』（高津春繁訳）　岩波書店　一九八六年

呉茂一『ギリシア神話』上・下　新潮社　一九七九年

安里武信『新城島』（パナリ）　自費出版　六三頁　一九七六年

朝倉治彦校注『人倫訓蒙図彙』東洋文庫　平凡社　一九九〇年

荒俣宏『セクシーガールの起原』朝日新聞社　二〇〇〇年

井原西鶴『武道伝来記』谷脇理史校注「新日本古典文学大系」(77)　岩波書店　一九八九年

伊波南哲編『新編　日本の民話』(45)「人魚の歌　沖縄」未來社　一九八五年

稲葉新右衛門『装劒奇賞』（七巻）附録「根付師名譜并図」大坂鹽町筋心斎橋西へ入　天明元年（一七八一年）

岩田準一『鳥羽志摩の民俗』二二六頁　鳥羽志摩文化研究会刊（鳥羽水族館内）一九七〇年

岩橋哲也『人魚考』（正・続）学文路苅萱堂　一九九二年・二〇〇〇年

岩橋哲也『石童丸』学文路苅萱堂保存会　二〇〇一年

岩橋哲也・保田穂『石童丸苅萱物語』学文路苅萱堂保存会　一九九六年

ヴィック・ド・ドンデ『人魚伝説』（知の再発見双書32）（富樫瓔子訳）創元社　一九九三年

ヴェンエル（G）・ワウス（A）『人魚の研究』ハンブルグ　一九六二年（独文）原書名『海の乙女』
Bennwell (G) & Waugh (A): Töchter des Meeres von Nixen. Nereiden, Sirenen und Tritonen. 276 p, 1962.

オケリー・他『人魚（カッパ）のクー』（片岡広子訳）岩波書店　一九五二年
船木枳《し》郎《ろう》訳『人魚のクーさん』アイルランド昔話　日本書房　一九七九年
Glassie, Henry (ed.): Irish Folktales. (pantheon)—us— 1985.『アイルランド民話集』

尾形希和子「海の豊穣・二叉の人魚像をめぐって」『イメージの解読・怪物』河出書房新社　一九九一年

大槻玄沢『六物新誌』天明六年（一七八六年）

大槻玄沢校・馬場貞由訳『人魚訳説』（別名『海人訳説』）文化六年（一八〇九年）

小野蘭山述『重修本草綱目啓蒙』梯南洋校訂　弘化元年（一八四四年）

大阪朝日新聞社編『海の傳説と情話』初版は盛文館・岸本貫次郎・著作兼発行・大正一三年（一九二四年）

五版発行・一九三二年
大島建彦「八百比丘尼の伝説」『日本の昔話と伝説』八一―一〇九頁　三弥井書店　二〇〇四年
片平幸三編「人魚と漁師　福島」『新編　日本の民話』(6)　未來社　一九八五年
金井紫雲『東洋花鳥図攷《こう》』人魚考　五六―六九頁　大雅堂（京都）一九四三年
神谷敏郎『人魚の博物誌―海獣学事始』思索社　一九八九年
川崎巨泉『人魚の家』ちどりや（京都）大正一五年（一九二六年）
斉藤正編『新編　日本の民話』(1)「青森」未來社　一九八五年
笹間良彦『海と山の裸女』人魚と山姥物語　雄山閣　一九九五年
笹間良彦『人魚の系譜』五月書房（東京）一九九九年
山東京伝『龍宮羶鉢木《せんはちのき》』（羶《せん》は羊の肉がなまぐさいの意）寛政五年（一七九三年）
山東京伝『箱入娘面屋《めんや》人魚』歌川豊国画　蔦屋重三郎刊　寛政三年（一七九一年）
George Frederick Kunz and Charles Hugh Stevenson: The Book of The Pearl, New York Thecentury co, 1908.
Silvia Malaguzzi: The Pearl Rizzoli, New York 2001.
「史籍集覧」（本）『嘉《か》元記《げんき》』底本とした書物の奥書に「元禄九年　西園院権少都　都良尊」とあり、内容は嘉元三年（一三〇五）から貞治三年（一三六四）の間の雑史的な記事を主とする。本書は『西園院記』（西園院は法隆寺の別称）ともよばれる。
司馬遷『史記』前漢　岩波文庫『史記列伝』小川環樹他訳　岩波書店　一九七五年
黄帝から前漢の武帝までの事を記した紀伝体の中国史書。二十四史のひとつにかぞえられる。
ジョン・アシュトン『奇怪動物百科』（高橋宣勝訳）博品社（東京）一九九二年
John Ashton: Curious Creatures in Zoology, London. 1890
志水未央「唐子意匠と肥前磁器における人形の位置付け」紀要『さがの人形の家』5号　博物館さがの人

形の家（京都） 一九九八年
余葆光《じょほうこう》『中山傳信録』完訳（原田禹雄訳注）（康熙六十年＝一七二一年の作） 言叢社 一九八二年
常光徹「奇事異聞」(二)「人魚の予言」 近世庶民『藤岡屋日記』（編集のしおり） 三一書房 一九八九年
島田荘司『溺れる人魚』 一三六頁 原書房 二〇〇六年
末広恭雄《やすお》『魚と伝説』 二二四頁 新潮社 一九六四年
雪蕉斎『絵《え》本国見山《ほんくにみやま》』 寺井重房画 宝暦七年（一七五七年）
創元社編集部編『ギリシア神話ろまねすく』 創元ＯＭ事典シリーズ 一九八三年
田辺悟『母系の島々――ミクロネシアの民具を探る』「酋長と人魚」 太平洋学会 創造書房 一九八二年
田辺穣《ゆたか》『船主像』（フィギュア・ヘッド） 平凡社カラー新書（一二三） 平凡社 一九八〇年
高橋晴美「八百比丘尼伝説研究」 東洋短期大学論集『日本文学論』(18) 九二―一一四頁 一九八一年
高畠《たかばたけ》華宵《かしょう》『少女画報』「海の幻想」 大正一四年（一九二五年）
高馬三良訳『山海経《せんがいきょう》』 平凡社ライブラリー(34) 平凡社 一九九四年
滝沢馬琴『南総里見八犬伝』 小池藤五郎校訂 岩波文庫 岩波書店 一九七七年
竹久夢二「人魚の歌」 セノオ楽器 版元セノオ 大正九年（一九二〇年）
武田幸有『新島炉ばなし』 新島観光協会刊 初版・一九六二年 増補改訂版・一九七四年
Text by Eve Grey: Legends of Micronesia（『ミクロネシアの伝説』） Book one.
High Commissioner Pacific IsLands Department of Education. Illustration by Tambi Larsen, 1951
David Delamare: Mermaids and Magic Shows, Dragon's World, Great Britain, 1994.
寺島良安『和漢三才図会』 正徳三年 東京美術 一九七〇年
中田祝夫編『倭名類聚鈔』 元和三年（一六一七） 古活字版（二十巻本） 勉誠社文庫(23) 一九七八年
中村惕斎『訓蒙図彙』 寛政六年 山形屋刊 国会図書館所蔵 復刻版 早稲田大学出版部 一九七五年

ベアトリーチェ・ヒルポッツ『マーメイド』
ルーシェル・アッシュ・ウインドワード,
1980年

『訓蒙図彙集成』 中村惕斎編の『訓蒙図彙』とその類書を集成したもの 大空社（東京） 一九九八年

『日本書紀』（坂本・家永・井上・大野校注）「日本古典文学大系」 岩波書店 一九六七年

日本美術院編『芋《う》銭《せん》遺作画』 作品「沈鐘」の中に河童にまじり「人魚図」あり 小川修一（自費）刊 一九三九年

日本風俗研究会・藤沢衛彦『獵奇畫報』（終刊号口絵）「人魚・海の幻想・発禁本 橘《たちばな》 小《さ》夢《ゆめ》」 昭和五年（一九三〇年）

野上飛雲「磯巾着のつれづれ咄」(22)（「人魚・マーメイド・さまざま」（俳句雑誌『笛』一九九〇年六月号）

芳賀徹・太田理恵子校注『江漢西遊日記』 東洋文庫（四六一） 六二―六三頁 平凡社 一九八六年

萩原龍夫校注『北条五代記』「北条史料集」 人物往来社 一九六六年

花咲一男『江戸の人魚たち』 太平書屋 一九七八年

ピーター・ヘイニング編著『深夜画廊』「妖精異郷」 芳賀倫夫訳 「アイルランドの妖精」 国書刊行会 一九八三年
Peter Haining: The Leprechaun's Kingdom, Night Gallry, 1979.
（アイルランド地方でレプレカーンは妖魔や小びとの老人の王国を意味する）『妖魔の王国』

ビクター・ハリス『根付』 フル・グランディー・コレクション 大英博物館刊 一九八七年 （英文）
Victor Harris: NETSUKE, The Hull Grundy Collection in the British Museum, 1987, British Museum.

土方久功《ひじかたひさかつ》『パラオの神話伝説』 大和書房 一九四二年 再版・三一書房 一九八五年

廣川獬《かい》『長崎聞見録』 寛政一二年（一八〇〇年） 京都書林

蕗谷《ふきや》虹児《こうじ》『令女界』 表紙（「真珠」） 第一巻六号 大正一一年（一九二二年）

福田清人編『日本の伝説』(50)「離島の伝説 新島」 角川書店 一九八〇年

藤沢衛彦編『日本の神話伝説』（II）『世界神話伝説大系』(9) 初版・一九二八年 改訂版・名著普及会 一九七九年「人魚のこと」より引用

フランス・ファレンタイン（花連的印《ハレンテイン》）『新旧東インド諸島』「東海諸島産物志」
Frans Valentyn: Oud en Nieum Oost-Indién, 1724-26.

堀田吉雄『海神信仰の研究』（下巻）「人魚雑考」 光書房（三重県松坂市） 一九七九年 （沖縄のジュゴンについて。税として出す）

前野直彬（編）『山海経』「全釈漢文大系」(33) 集英社 一九七五年

松井魁《いさお》『伝説と幻を秘めた人魚』 条例出版㈱（山口県宇部市） 一九八三年

松月清郎《きよお》『真珠の博物誌』 一一九頁 研成社（東京） 二〇〇二年

松本弥『古代エジプト美術手帳』 ㈱弥呂久 一九九六年

南方熊楠「人魚の話」 河出書房新社 一九九一年・「浄のセクソロジー」第三巻 中沢新一編集・『南方熊楠全集』第六巻 三〇五―三一一頁 平凡社

源順（撰）『倭名類聚抄（鈔）』（復刻版）『和名抄』（九三七年） 元和三年古活字版・二十巻本 勉誠社 一九七八年

J. M. スコット『人魚とビスケット』
創元推理文庫，2001年

宮武外骨『スコブル』奇抜雑誌社　大正五年（一九一六年）
森崎和江『海路残照』　朝日新聞社　一九八一年
山田安栄他校訂『吾妻鏡』（吉川本）　図書刊行会　大正四年（一九一五年）
山村昌永『西洋雑記』　享和元年　（一八〇一年）
著者は大槻玄沢の弟子。「セヰレデネン」（セイレーン）及び一四〇三年にオランダのハーレムで暮らしていた人魚について紹介。同人魚は『和訓栞』の後編（八八七年）、南方熊楠の「人魚の話」（一九一〇年）、ボルヘス『幻獣辞典』（一九六七年）に言及ありとされる。
横須賀史学研究会『相州三浦郡太田和村　浅葉家文書』第二集　浜浅葉日記(二)　横須賀市立図書館刊　一九八一年
吉岡郁夫『人魚の動物民俗誌』　新書館　一九九八年
Lisa A. Edwards and Margie M.Krebs: Netsuke, The Netsuke Collection of the Peaboay Museum of Salem, 1980.
Raymond Bushell: Collectors' NETSUKE, Published by John Weatherhill Inc., of New York and Tokyo, 1971.
ルイ・ルナール『モルッカ諸島魚類彩色図譜』　一七四五年
Lois Renard: Poissons écrévisses et crabes de divers coleurs···, 1718-19.

あとがき

かつて、わが国には、人文科学の九つの学会が集まり、学際的な共同研究をおこなうための組織があった。九学会連合会である。

その目的は、各学問領域の壁や溝をできるだけなくし、研究を幅広くおこなっていくことをはじめ、互いに隣接しあう諸科学の研究成果や動向などの情報交換、特定地域や共同課題の共同研究等をおこなうことであった。

会は各学会より代表者を二人ずつ選出し、研究の成果は『人類科学』誌上で公表するほか、研究業績等はそのつど発刊してきた。

筆者はその頃、日本民俗学会を代表して石川純一郎氏と二人、九学会で学際的な調査や研究をおこなったことがある。その時のテーマは「日本の風土」であった。(『日本の風土』弘文堂、一九八五年)学会の代表者に推薦された理由は石川氏が「山の民俗学」(山村民俗・口承文芸)、筆者が「海の民俗学」(海村民俗・漁撈文化)を標榜してきたので、日本の風土に結びつけて、この方面の研究を発展させることができるであろうという日本民俗学会の目論見があった。

したがって当時、日本民俗学会の会員諸氏からは「海彦・山彦」の二人を九学会におくりだしたといわれた経緯がある。

その時、筆者たちは、せっかく学会から推薦されたのだから「海彦・山彦」として、お互いの専門分野の研究成果や、研究を集大成することは当然であるが、その他に、海にかかわりのある「人魚の世界」や、山にかかわりの深い「河童の世界」をも見定めてみたいと話しあい、「互いに水商売だ…」と笑いあったことが想い出される。

その後、口承文芸等が専門の石川氏は、早々に『河童の世界』を上梓するに至ったが、筆者は、取材が世界各地におよぶなどと、自己弁護の理由をならべるしかできなかった。

だが幸いなことに、平成二年（一九九〇年）、拙著『日本蜑人《あま》伝統の研究』（法政大学出版局、一九八八年）が第二九回柳田国男賞を受賞するという僥倖に恵まれ、同書の編集でお世話になっていた法政大学出版局の松永辰郎氏に「人魚の世界」にかかわる構想を話したところ、授賞式の記念パーティー前に、松永氏から松井魁《いさお》著『伝説と幻を秘めた人魚』（条例出版、一九八三年）の恵贈を受けた。同年十月のことである。松井魁氏の同著書を拝読し、類書が多いことを知ったが、あわせて、これまでの「人魚の本」は、人魚のことが「あの本にでてくる」、「この資（史）料にのっている」といった程度の紹介にとどまっていることがわかった。そこで筆者は具体的に、時間をかけてでもできるだけ現地調査・取材を重視した内容の「人魚の本」をまとめたいものだと考えるようになった。

しかし、こうした考えが現実のものになるまでには、さらに年月を要した。正式には、本シリーズの拙著『網』を刊行した後のことであるから、平成一四年（二〇〇二年）からのことである。

また本書は、単なる記録や伝承的事実、想像の羅列だけでなく、フィールド・ワークによる記述を主軸にした。デスク・ワークによる研究にとどまらず、今後、読者諸氏が人魚の伝承される故郷や人魚塚などの現地におもむくこともあろうかと思い、所在地が明確になるように配慮した。それ故、現地の情景などを盛り込んだ紀行文的な記述も加えてある。

上述したように、本書は脱稿するまでの時間が長かったため、その間に資料収集の数量が増加したという得もあり、「人魚の館」は家族でいっぱいになった。「人魚コレクション」の誕生である。それ故、『人魚図譜（説）』や『人魚の写真集』も夢ではないと思っている。

今日のように、ビジネスライク優先の社会は、近い将来、人間の健全な精神を蝕み、ヒトの本来の暮らしに暗い影を残し、悪影響を与えることになろう。

主題の「人魚」はこうした世の中にあって、警鐘を鳴らすべく躍りでたテーマである。

今後、人魚ファンが共有すべき、人魚にかかわる知的財産は、第一に『人魚辞典（事典）』を一日もはやく完成させること、第二に、人魚にかかわる世界のデータを集積して、文献目録をデータベース化することであろう。それによって、瞬時に世界中に点在する人魚に関する、あらゆる情報を入手し、活用することができるようになる。ぜひ、人魚国の知的共有財産にしたいものである。そして最後は、これまでのあらゆる分野、範囲の人魚をまつりあげ、信仰の対象にすることであるかもしれない。そこに、新しい人魚の世界が誕生し、永遠にひきつがれていくであろう。その時、「人魚観音」か「人魚菩薩」が信仰されようか。しかし、このことは夢の話にすぎない。

そして将来、これまでにない新しいキャラクターの人魚が誕生したり、人魚を観光資源とした新名所なども生まれるであろう。美しく、柔和《にゅうわ》にしてロマンチックな人魚たちは、これからも多くの人々に愛されつづけるであろう。

いつまでも、ヒトに夢とロマン、若さと元気を与えつづけてくれる人魚たちに幸あれと、祈らずにはいられない。

本書『人魚』の誕生にあたっては、その産婆役を務めていただき、編集・出版に終始お世話をいただいた松永辰郎氏、出版局理事で編集代表の秋田公士氏に深甚なる謝意を表するしだいである。また、拙著の取材にあたっては、川上真里氏をはじめ、直接、間接に多くの方々のご助力をたまわった。ここにあらためて、お礼を申しあげるしだいである。

平成一九年一二月一日　　渚の小さな白い家で

田辺　悟

著者略歴

田辺　悟（たなべ　さとる）

1936年神奈川県横須賀市生まれ．法政大学社会学部卒業．海村民俗学，民具学専攻．横須賀市自然博物館・人文博物館両館長，千葉経済大学教授を経て，千葉経済大学客員教授．文学博士．日本民具学会会長，文化庁文化審議会専門委員などを歴任．著書：『海女』『網』（ものと人間の文化史・法政大学出版局），『日本蜑人（あま）伝統の研究』（法政大学出版局・第29回柳田国男賞受賞），『観音崎物語』（暁印書館），『近世日本蜑人伝統の研究』（慶友社），『潮騒の島――神島民俗誌』（光書房），『母系の島々』（太平洋学会），『現代博物館論』（暁印書館），『相州の海女』（神奈川県教育委員会）ほか．平成20年春叙勲旭日小授章を受章．

ものと人間の文化史　143・人魚（にんぎょ）

2008年7月15日　初版第1刷発行

発行所　財団法人　法政大学出版局

〒102-0073　東京都千代田区九段北3-2-7
電話 03(5214)5540／振替 00160-6-95814
印刷・三和印刷　製本・誠製本

Printed in Japan

ISBN 978-4-588-21431-8

ものと人間の文化史

★第9回梓会出版文化賞受賞

人間が〈もの〉とのかかわりを通じて営々と築いてきた暮らしの足跡を具体的に辿りつつ文化・文明の基礎を問いなおす。手づくりの〈もの〉の記憶が失われ、〈もの〉離れが進行する危機の時代におくる豊穣な百科叢書。

1 船　須藤利一編

海国日本では古来、漁業・水運・交易はもとより、大陸文化も船によって運ばれた。本書は造船技術、航海の模様の推移を中心に、漂流、船霊信仰、伝説の数々を語る。四六判３６８頁 '68

2 狩猟　直良信夫

人類の歴史は狩猟から始まった。本書は、わが国の遺跡に出土する獣骨、猟具の実証的考察をおこないながら、狩猟をつうじて発展した人間の知恵と生活の軌跡を辿る。四六判２７２頁 '68

3 からくり　立川昭二

〈からくり〉は自動機械であり、驚嘆すべき庶民の技術的創意がこめられている。本書は、日本と西洋のからくりを発掘・復元・遍歴し、埋もれた技術の水脈をさぐる。四六判４１０頁 '69

4 化粧　久下司

美を求める人間の心が生みだした化粧―その手法と道具に語らせた人間の欲望と本性、そして社会関係。歴史を遡り、全国を踏査して書かれた比類ない美と醜の文化史。四六判３６８頁 '70

5 番匠　大河直躬

番匠はわが国中世の建築工匠。地方・在地を舞台に開花した彼らの造型・装飾・工法等の諸技術、さらに信仰と生活等、職人以前の独自で多彩な工匠的世界を描き出す。四六判２８８頁 '71

6 結び　額田巌

〈結び〉の発達は人間の叡知の結晶である。本書はその諸形態および技法を作業・装飾・象徴の三つの系譜に辿り、〈結び〉のすべてを民俗学的・人類学的に考察する。四六判２６４頁 '72

7 塩　平島裕正

人類史に貴重な役割を果たしてきた塩をめぐって、発見から伝承・製造技術の発展過程にいたる総体を歴史的に描き出すとともに、その多彩な効用と味覚の秘密を解く。四六判２７２頁 '73

8 はきもの　潮田鉄雄

田下駄・かんじき・わらじなど、日本人の生活の礎となってきた伝統的はきものの成り立ちと変遷を、二〇年余の実地調査と細密な観察・描写によって辿る庶民生活史　四六判２８０頁 '73

9 城　井上宗和

古代城塞・城柵から近世代名の居城として集大成されるまでの日本の城の変遷を辿り、文化の各領野で果たしてきたその役割を再検討。あわせて世界城郭史に位置づける。四六判３１０頁 '73

10 竹　室井綽

食生活、建築、民芸、造園、信仰等々にわたって、竹と人間との交流史は驚くほど深く永い。その多岐にわたる発展の過程を個々に辿り、竹の特異な性格を浮彫にする。四六判３２４頁 '73

11 海藻　宮下章

古来日本人にとって生活必需品とされてきた海藻をめぐって、その採取・加工法の変遷、商品としての流通史および神事・祭事での役割に至るまでを歴史的に考証する。四六判３３０頁 '74

12 **絵馬** 岩井宏實
古くは祭礼における神への献馬にはじまり、民間信仰と絵画のみごとな結晶として民衆の手で描かれ祀り伝えられてきた各地の絵馬を豊富な写真と史料によってたどる。四六判302頁 '74

13 **機械** 吉田光邦
畜力・水力・風力などの自然のエネルギーを利用し、幾多の改良を経て形成された初期の機械の歩みを検証し、日本文化の形成における科学・技術の役割を再検討する。四六判242頁 '74

14 **狩猟伝承** 千葉徳爾
狩猟には古来、感謝と慰霊の祭祀がともない、人獣交渉の豊かで意味深い歴史があった。狩猟用具、巻物、儀式具、またけものたちの生態を通して語る狩猟文化の世界。四六判346頁 '75

15 **石垣** 田淵実夫
採石から運搬、加工、石積みに至るまで、石垣の造成をめぐって積み重ねられてきた石工たちの苦闘の足跡を掘り起こし、その独自な技術の形成過程と伝承を集成する。四六判224頁 '75

16 **松** 高嶋雄三郎
日本人の精神史に深く根をおろした松の伝承に光を当て、食用、薬用等の実用の松、祭祀・観賞用の松、さらに文学・芸能・美術に表現された松のシンボリズムを説く。四六判342頁 '75

17 **釣針** 直良信夫
人と魚との出会いから現在に至るまで、釣針がたどった一万有余年の変遷を、世界各地の遺跡出土物を通して実証しつつ、漁撈によって生きた人々の生活と文化を探る。四六判278頁 '76

18 **鋸** 吉川金次
鋸鍛冶の家に生まれ、鋸の研究を生涯の課題とする著者が、出土遺品や文献・絵画により各時代の鋸を復元・実験し、庶民の手仕事にみられる驚くべき合理性を実証する。四六判360頁 '76

19 **農具** 飯沼二郎／堀尾尚志
鍬と犂の交代・進化の歩みとして発達したわが国農耕文化の発展経過を世界史的視野において再検討しつつ、無名の農民たちによる驚くべき創意のかずかずを記録する。四六判220頁 '76

20 **包み** 額田巖
結びとともに文化の起源にかかわる〈包み〉の系譜を人類史的視野において捉え、衣・食・住をはじめ社会・経済史、信仰、祭事などにおけるその実際と役割とを描く。四六判354頁 '77

21 **蓮** 阪本祐二
仏教における蓮の象徴的位置の成立と深化、美術・文芸等に見る人間とのかかわりを歴史的に考察。また大賀蓮はじめ多様な品種とその来歴を紹介しつつその美を語る。四六判306頁 '77

22 **ものさし** 小泉袈裟勝
ものをつくる人間にとって最も基本的な道具であり、数千年にわたって社会生活を律してきたその変遷を実証的に追求し、歴史の中で果たしてきた役割を浮彫りにする。四六判314頁 '77

23-I **将棋Ⅰ** 増川宏一
その起源を古代インドに、我国への伝播の道すじを海のシルクロードに探り、また伝来後一千年におよぶ日本将棋の変化と発展を盤、駒、ルール等にわたって跡づける。四六判280頁 '77

23-Ⅱ 将棋Ⅱ 増川宏一
わが国伝来後の普及と変遷を貴族や武家・豪商の日記等に博捜し、遊戯者の歴史をあとづけると共に、中国伝来説の誤りを正し、将棋宗家の位置と役割を明らかにする。四六判３４６頁 '85

24 湿原祭祀 第２版 金井典美
古代日本の自然環境に着目し、各地の湿原聖地を稲作社会との関連において捉え直して古代国家成立の背景を浮彫にしつつ、水と植物にまつわる日本人の宇宙観を探る。四六判４１０頁 '77

25 臼 三輪茂雄
臼が人類の生活文化の中で果たしてきた役割を、各地に遺る貴重な民俗資料・伝承と実地調査にもとづいて解明。失われゆく道具のなかに、未来の生活文化の姿を探る。四六判４１２頁 '78

26 河原巻物 盛田嘉徳
中世末期以来の被差別部落民が生きる権利を守るために偽作し護り伝えてきた河原巻物を全国にわたって踏査し、そこに秘められた最底辺の人びとの叫びに耳を傾ける。四六判２２６頁 '78

27 香料 日本のにおい 山田憲太郎
焼香供養の香から趣味としての薫物へ、さらに沈香木を焚く香道へと変遷した日本の「匂い」の歴史を豊富な史料に基づいて辿り、我国風俗史の知られざる側面を描く。四六判３７０頁 '78

28 神像 神々の心と形 景山春樹
神仏習合によって変貌しつつも、常にその原型＝自然を保持してきた日本の神々の造型を図像学的方法によって捉え直し、その多彩な形象に日本人の精神構造をさぐる。四六判３４２頁 '78

29 盤上遊戯 増川宏一
祭具・占具としての発生を『死者の書』をはじめとする古代の文献にさぐり、形状・遊戯法を分類しつつその〈進化〉の過程を考察。〈遊戯者たちの歴史〉をも跡づける。四六判３２６頁 '78

30 筆 田淵実夫
筆の里・熊野に筆づくりの現場を訪ねて、筆匠たちの境涯と製筆の由来を克明に記録しつつ、筆の発生と変遷、種類、製筆法、さらには筆塚、筆供養にまで説きおよぶ。四六判２０４頁 '78

31 ろくろ 橋本鉄男
日本の山野を漂移しつづけ、高度の技術文化と幾多の伝説とをもたらした特異な旅職集団＝木地屋の生態を、その呼称、地名、伝承、文書等をもとに生き生きと描く。四六判４６０頁 '79

32 蛇 吉野裕子
日本古代信仰の根幹をなす蛇巫をめぐって、祭事におけるさまざまな蛇の「もどき」や各種の蛇の造型・伝承に鋭い考証を加え、忘れられたその呪性を大胆に暴き出す。四六判２５０頁 '79

33 鋏（はさみ） 岡本誠之
梃子の原理の発見から鋏の誕生に至る過程を推理し、日本鋏の特異な歴史的位置を明らかにするとともに、刀鍛冶等から転進した鋏職人たちの創意と苦闘の跡をたどる。四六判３９６頁 '79

34 猿 廣瀬鎮
嫌悪と愛玩、軽蔑と畏敬の交錯する日本人とサルとの関わりあいの歴史を、狩猟伝承や祭祀・風習、美術・工芸や芸能のなかに探り、日本人の動物観を浮彫りにする。四六判２９２頁 '79

35 鮫　矢野憲一

神話の時代から今日まで、津々浦々につたわるサメの伝承とサメをめぐる海の民俗を集成し、神饌、食用、薬用等に活用されてきたサメと人間のかかわりの変遷を描く。四六判292頁 '79

36 枡　小泉袈裟勝

米の経済の枢要をなす器として千年余にわたり日本人の生活の中に生きてきた枡の変遷をたどり、記録・伝承をもとにこの独特な計量器が果たした役割を再検討する。四六判322頁 '80

37 経木　田中信清

食品の包装材料として近年まで身近に存在した経木の起源を、こけら経や塔婆、木簡、屋根板等に遡って明らかにし、その製造・流通に携った人々の労苦の足跡を辿る。四六判288頁 '80

38 色　染と色彩　前田雨城

わが国古代の染色技術の復元と文献解読をもとに日本色彩史を体系づけ、赤・白・青・黒等におけるわが国独自の色彩感覚を探りつつ日本文化における色の構造を解明。四六判320頁 '80

39 狐　陰陽五行と稲荷信仰　吉野裕子

その伝承と文献を渉猟しつつ、中国古代哲学＝陰陽五行の原理の応用という独自の視点から、謎とされてきた稲荷信仰と狐との密接な結びつきを明快に解き明かす。四六判232頁 '80

40-I 賭博I　増川宏一

時代、地域、階層を超えて連綿と行なわれてきた賭博。——その起源を古代の神判、スポーツ、遊戯等の中に探り、抑圧と許容の歴史を物語る。全III分冊の〈総説篇〉。四六判298頁 '80

40-II 賭博II　増川宏一

古代インド文学の世界からラスベガスまで、賭博の形態・用具・方法の時代的特質を明らかにし、夥しい禁令に賭博の不滅のエネルギーを見る。全III分冊の〈外国篇〉。四六判456頁 '82

40-III 賭博III　増川宏一

聞香、闘茶、笠附等、わが国独特の賭博を中心にその具体例を網羅し、方法の変遷に賭博の時代性を探りつつ禁令の改廃に時代の賭博観を追う。全III分冊の〈日本篇〉。四六判388頁 '83

41-I 地方仏I　むしゃこうじ・みのる

古代から中世にかけて全国各地で作られた無銘の仏像を訪ね、素朴で多様なノミの跡に民衆の祈りと地域の願望を探る。宗教の伝播、文化の創造を考える異色の紀行。四六判256頁 '80

41-II 地方仏II　むしゃこうじ・みのる

紀州や飛驒を中心に草の根の仏たちを訪ねて、その相好と像容の魅力を探り、技法を比較考証して仏像彫刻史に位置づけつつ、中世地域社会の形成と信仰の実態に迫る。四六判260頁 '97

42 南部絵暦　岡田芳朗

田山・盛岡地方で「盲暦」として古くから親しまれてきた独得の絵解き暦を詳しく紹介しつつその全体像を復元する。その無類の生活暦は、南部農民の哀歓をつたえる。四六判288頁 '80

43 野菜　在来品種の系譜　青葉高

蕪、大根、茄子等の日本在来野菜をめぐって、その渡来・伝播経路、品種分布と栽培のいきさつを各地の伝承や古記録をもとに辿り、畑作文化の源流とその風土を描く。四六判368頁 '81

44 **つぶて** 中沢厚
弥生投弾、古代・中世の石戦と印地の様相、投石具の発達を展望しつつ、願かけの小石、正月つぶて、石こづみ等の習俗を辿り、石塊に託した民衆の願いや怒りを探る。 四六判338頁 '81

45 **壁** 山田幸一
弥生時代から明治期に至るわが国の壁の変遷を壁塗＝左官工事の側面から辿り直し、その技術的復元・考証を通じて建築史・文化史における壁の役割を浮き彫りにする。 四六判296頁 '81

46 **簞笥**（たんす） 小泉和子
近世における簞笥の出現＝箱から抽斗への転換に着目し、以降近現代に至るその変遷を社会・経済・技術の側面からあとづける。著者自身による簞笥製作の記録を付す。 四六判378頁 '82

47 **木の実** 松山利夫
山村の重要な食糧資源であった木の実をめぐる各地の記録・伝承を集成し、その採集・加工における幾多の試みを実地に検証しつつ、稲作農耕以前の食生活文化を復元。 四六判384頁 '82

48 **秤**（はかり） 小泉袈裟勝
秤の起源を東西に探るとともに、わが国律令制下における中国制度の導入、近世商品経済の発展に伴う秤座の出現、明治期近代化政策による洋式秤受容等の経緯を描く。 四六判326頁 '82

49 **鶏**（にわとり） 山口健児
神話・伝説をはじめ遠い歴史の中の鶏を古今東西の伝承・文献に探り、特に我国の信仰・絵画・文学等に遺された鶏の足跡を追って、鶏をめぐる民俗の記憶を蘇らせる。 四六判346頁 '83

50 **燈用植物** 深津正
人類が燈火を得るために用いてきた多種多様な植物との出会いと個々の植物の来歴、特性及びはたらきを詳しく検証しつつ「あかり」の原点を問いなおす異色の植物誌。 四六判442頁 '83

51 **斧・鑿・鉋**（おの・のみ・かんな） 吉川金次
古墳出土品や文献・絵画をもとに、古代から現代までの斧・鑿・鉋を復元・実験し、労働体験によって生まれた民衆の知恵と道具の変遷を蘇らせる異色の日本木工具史。 四六判304頁 '84

52 **垣根** 額田巌
大和・山辺の道に神々と垣との関わりを探り、各地に垣の伝承を訪ねて、寺院の垣、民家の垣、露地の垣など、風土と生活に培われた生垣の独特のはたらきと美を描く。 四六判234頁 '84

53-Ⅰ **森林Ⅰ** 四手井綱英
森林生態学の立場から、森林のなりたちとその生活史を辿りつつ、産業の発展と消費社会の拡大により刻々と変貌する森林の現状を語り、未来への再生のみちをさぐる。 四六判306頁 '85

53-Ⅱ **森林Ⅱ** 四手井綱英
森林と人間との多様なかかわりを包括的に語り、人と自然が共生するための森や里山をいかにして創出するか、森林再生への具体的な方策を提示する21世紀への提言。 四六判308頁 '98

53-Ⅲ **森林Ⅲ** 四手井綱英
地球規模で進行しつつある森林破壊の現状を実地に踏査し、森と人が共存する日本人の伝統的自然観を未来へ伝えるために、いま何が必要なのかを具体的に提言する。 四六判304頁 '00

54 海老《えび》 酒向昇
人類との出会いからエビの科学、漁法、さらには調理法を語り、めでたい姿態と色彩にまつわる多彩なエビの民俗を、地名や人名、詩歌・文学、絵画や芸能の中に探る。四六判428頁 '85

55-Ⅰ 藁《わら》Ⅰ 宮崎清
稲作農耕とともに二千年余の歴史をもち、日本人の全生活領域に生きてきた藁の文化を日本文化の原型として捉え、風土に根ざしたそのゆたかな遺産を詳細に検討する。四六判400頁 '85

55-Ⅱ 藁《わら》Ⅱ 宮崎清
床・畳から壁・屋根にいたる住居における藁の製作・使用のメカニズムを明らかにし、日本人の生活空間における藁の役割を見なおすとともに、藁の文化の復権を説く。四六判400頁 '85

56 鮎 松井魁
清楚な姿態と独特な味覚によって、日本人の目と舌を魅了しつづけてきたアユ――その形態と分布、生態、漁法等を詳述し、古今のアユ料理や文芸にみるアユにおよぶ。四六判296頁 '86

57 ひも 額田巌
物と物、人と物とを結びつける不思議な力を秘めた「ひも」の謎を追って、民俗学的視点から多角的なアプローチを試みる。『結び』、『包み』につづく三部作の完結篇。四六判250頁 '86

58 石垣普請 北垣聰一郎
近世石垣の技術者集団「穴太」の足跡を辿り、各地城郭の石垣遺構の実地調査と資料・文献をもとに石垣普請の歴史的系譜を復元しつつ石工たちの技術伝承を集成する。四六判438頁 '87

59 碁 増川宏一
その起源を古代の盤上遊戯に探ると共に、定着以来二千年の歴史を時代の状況や遊び手の社会環境との関わりにおいて跡づける。逸話や伝説を排して綴る初の囲碁全史。四六判366頁 '87

60 日和山《ひよりやま》 南波松太郎
千石船の時代、航海の安全のために観天望気した日和山――多くは忘れられ、あるいは失われた船舶・航海史の貴重な遺跡を追って、全国津々浦々におよんだ調査紀行。四六判382頁 '88

61 篩《ふるい》 三輪茂雄
臼とともに人類の生産活動に不可欠な道具であった篩、箕(み)、笊(ざる)の多彩な変遷を豊富な図解入りでたどり、現代技術の先端に再生するまでの歩みをえがく。四六判334頁 '89

62 鮑《あわび》 矢野憲一
縄文時代以来、貝肉の美味と貝殻の美しさによって日本人を魅了し続けてきたアワビ――その生態と養殖、神饌としての歴史、漁法、螺鈿の技法からアワビ料理に及ぶ。四六判344頁 '89

63 絵師 むしゃこうじ・みのる
日本古代の渡来画工から江戸前期の菱川師宣まで、時代の代表的絵師の列伝で辿る絵画制作の文化史。前近代社会における絵画の意味や芸術創造の社会的条件を考える。四六判230頁 '90

64 蛙《かえる》 碓井益雄
動物学の立場からその特異な生態を描き出すとともに、和漢洋の文献資料を駆使して故事・習俗・神事・民話・文芸・美術工芸にわたる蛙の多彩な活躍ぶりを活写する。四六判382頁 '89

65-Ⅰ 藍（あい）Ⅰ 風土が生んだ色 竹内淳子

全国各地の〈藍の里〉を訪ねて、藍栽培から染色・加工のすべてにわたり、藍とともに生きた人々の伝承を克明に描き、風土と人間が生んだ〈日本の色〉の秘密を探る。四六判416頁 '91

65-Ⅱ 藍（あい）Ⅱ 暮らしが育てた色 竹内淳子

日本の風土に生まれ、伝統に育てられた藍が、今なお暮らしの中で生き生きと活躍しているさまを、手わざに生きる人々との出会いを通じて描く。藍の里紀行の続篇。四六判406頁 '99

66 橋 小山田了三

丸木橋・舟橋・吊橋から板橋・アーチ型石橋まで、人々に親しまれてきた各地の橋を訪ねて、その来歴と築橋の技術伝承を辿り、土木文化の伝播・交流の足跡をえがく。四六判312頁 '91

67 箱 宮内悊

日本の伝統的な箱（櫃）と西欧のチェストを比較文化史の視点から考察し、居住・収納・運搬・装飾の各分野における箱の重要な役割とその多彩な文化を浮彫りにする。四六判390頁 '91

68-Ⅰ 絹Ⅰ 伊藤智夫

養蚕の起源を神話や説話に探り、伝来の時期とルートを跡づけ、記紀・万葉の時代から近世に至るまで、それぞれの時代・社会・階層が生み出した絹の文化を描き出す。四六判304頁 '92

68-Ⅱ 絹Ⅱ 伊藤智夫

生糸と絹織物の生産と輸出が、わが国の近代化にはたした役割を描くと共に、養蚕の道具、信仰や庶民生活にわたる養蚕と絹の民俗、さらには蚕の種類と生態におよぶ。四六判294頁 '92

69 鯛（たい） 鈴木克美

古来「魚の王」とされてきた鯛をめぐって、その生態・味覚から漁法、祭り、工芸、文芸にわたる多彩な伝承文化を語りつつ、鯛と日本人とのかかわりの原点をさぐる。四六判418頁 '92

70 さいころ 増川宏一

古代神話の世界から近現代の博徒の動向まで、さいころの役割を各時代・社会に位置づけ、木の実や貝殻のさいころから投げ棒型や立方体のさいころへの変遷をたどる。四六判374頁 '92

71 木炭 樋口清之

炭の起源から炭焼、流通、経済、文化にわたる木炭の歩みを歴史・考古・民俗の知見を総合して描き出し、独自で多彩な文化を育んできた木炭の尽きせぬ魅力を語る。四六判296頁 '93

72 鍋・釜（なべ・かま） 朝岡康二

日本をはじめ韓国、中国、インドネシアなど東アジアの各地を歩きながら鍋・釜の製作と使用の現場に立ち会い、調理をめぐる庶民生活の変遷とその交流の足跡を探る。四六判326頁 '93

73 海女（あま） 田辺悟

その漁の実際と社会組織、風習、信仰、民具などを克明に描くとともに海女の起源・分布・交流を探り、わが国漁撈文化の古層としての海女の生活と文化をあとづける。四六判294頁 '93

74 蛸（たこ） 刀禰勇太郎

蛸をめぐる信仰や多彩な民間伝承を紹介するとともに、その生態・分布・捕獲法・繁殖と保護・調理法などを集成し、日本人と蛸との知られざるかかわりの歴史を探る。四六判370頁 '94

75 **曲物**（まげもの） 岩井宏實
桶・樽出現以前から伝承され、古来最も簡便・重宝な木製容器として愛用された曲物の加工技術と機能・利用形態の変遷をさぐり、手づくりの「木の文化」を見なおす。四六判３１８頁 '94

76-I **和船I** 石井謙治
江戸時代の海運を担った千石船（弁才船）について、その構造と技術、帆走性能を綿密に調査し、通説の誤りを正すとともに、海難と信仰、船絵馬等の考察にもおよぶ。四六判４３６頁 '95

76-II **和船II** 石井謙治
造船史から見た著名な船を紹介し、遣唐使船や遣欧使節船、幕末の洋式船における外国技術の導入について論じつつ、船の名称と船型を海船・川船にわたって解説する。四六判３１６頁 '95

77-I **反射炉I** 金子功
日本初の佐賀鍋島藩の反射炉と精錬方＝理化学研究所、島津藩の反射炉と集成館＝近代工場群を軸に、日本の産業革命の時代における人と技術を現地に訪ねて発掘する。四六判２４４頁 '95

77-II **反射炉II** 金子功
伊豆韮山の反射炉をはじめ、全国各地の反射炉建設にかかわった有名無名の人々の足跡をたどり、開国か攘夷かに揺れる幕末の政治と社会の悲喜劇をも生き生きと描く。四六判２２６頁 '95

78-I **草木布**（そうもくふ）**I** 竹内淳子
風土に育まれた布を求めて全国各地を歩き、木綿普及以前に山野の草木を利用して豊かな衣生活文化を築き上げてきた庶民の知られざる知恵のかずかずを実地にさぐる。四六判２８２頁 '95

78-II **草木布**（そうもくふ）**II** 竹内淳子
アサ、クズ、シナ、コウゾ、カラムシ、フジなどの草木の繊維から、どのようにして糸を採り、布を織っていたのか——聞書きをもとに忘れられた技術と文化を発掘する。四六判２８２頁 '95

79-I **すごろくI** 増川宏一
古代エジプトのセネト、ヨーロッパのバクギャモン、中近東のナルド、中国の双陸などの系譜に日本の盤雙六を位置づけ、遊戯・賭博としてのその数奇なる運命を辿る。四六判３１２頁 '95

79-II **すごろくII** 増川宏一
ヨーロッパの鵞鳥のゲームから日本中世の浄土双六、近世の華麗な絵双六、さらには近現代の少年誌の附録まで、絵双六の変遷を追って時代の社会・文化を読みとる。四六判３９０頁 '95

80 **パン** 安達巖
古代オリエントに起ったパン食文化が中国・朝鮮を経て弥生時代の日本に伝えられたことを史料と伝承をもとに解明し、わが国パン食文化二〇〇〇年の足跡を描き出す。四六判２６０頁 '96

81 **枕**（まくら） 矢野憲一
神さまの枕・大嘗祭の枕から枕絵の世界まで、人生の三分の一を共に過す枕をめぐって、その材質の変遷を辿り、伝説と怪談、俗信と民俗、エピソードを興味深く語る。四六判２５２頁 '96

82-I **桶・樽**（おけ・たる）**I** 石村真一
日本、中国、朝鮮、ヨーロッパにわたる厖大な資料を集成してその豊かな文化の系譜を探り、東西の木工技術史を比較しつつ世界史的視野から桶・樽の文化を描き出す。四六判３８８頁 '97

82-Ⅱ 桶・樽（おけ・たる）Ⅱ 石村真一

多数の調査資料と絵画・民俗資料をもとにその製作技術を復元し、東西の木工技術を比較考証しつつ、技術文化史の視点から桶・樽製作の実態とその変遷を跡づける。 四六判372頁 '97

82-Ⅲ 桶・樽（おけ・たる）Ⅲ 石村真一

樹木と人間とのかかわり、製作者と消費者とのかかわりを通じて桶樽と生活文化の変遷を考察し、木材資源の有効利用という視点から桶樽の文化史的役割を浮彫にする。 四六判352頁 '97

83-Ⅰ 貝Ⅰ 白井祥平

世界各地の現地調査と文献資料を駆使して、古来至高の財宝とされてきた宝貝のルーツとその変遷を探り、貝と人間とのかかわりの歴史を「貝貨」の文化史として描く。 四六判386頁 '97

83-Ⅱ 貝Ⅱ 白井祥平

サザエ、アワビ、イモガイなど古来人類とかかわりの深い貝をめぐって、その生態・分布・地方名、装身具や貝貨としての利用法などを豊富なエピソードを交えて語る。 四六判328頁 '97

83-Ⅲ 貝Ⅲ 白井祥平

シンジュガイ、ハマグリ、アカガイ、シャコガイなどをめぐって世界各地の民族誌を渉猟し、それらが人類文化に残した足跡を辿る。参考文献一覧／総索引を付す。 四六判392頁 '97

84 松茸（まつたけ） 有岡利幸

秋の味覚として古来珍重されてきた松茸の由来を求めて、稲作文化と里山（松林）の生態系から説きおこし、日本人の伝統的生活文化の中に松茸流行の秘密をさぐる。 四六判296頁 '97

85 野鍛冶（のかじ） 朝岡康二

鉄製農具の製作・修理・再生を担ってきた農鍛冶の歴史的役割を探り、近代化の大波の中で変貌する職人技術の実態をアジア各地のフィールドワークを通して描き出す。 四六判280頁 '98

86 稲 品種改良の系譜 菅 洋

作物としての稲の誕生、稲の渡来と伝播の経緯から説きおこし、明治以降主として庄内地方の民間育種家の手によって飛躍的発展をとげたわが国品種改良の歩みを描く。 四六判332頁 '98

87 橘（たちばな） 吉武利文

永遠のかぐわしい果実として日本の神話・伝説に特別の位置を占めて語り継がれてきた橘をめぐって、その育まれた風土とかずかずの伝承の中に日本文化の特質を探る。 四六判286頁 '98

88 杖（つえ） 矢野憲一

神の依代としての杖や仏教の錫杖に杖と信仰とのかかわりを探り、人類が突きつつ歩んだその歴史と民俗を興味ぶかく語る。多彩な材質と用途を網羅した杖の博物誌。 四六判314頁 '98

89 もち（糯・餅） 渡部忠世／深澤小百合

モチイネの栽培・育種から食品加工、民俗、儀礼にわたってそのルーツと伝承の足跡をたどり、アジア稲作文化という広範な視野からこの特異な食文化の謎を解明する。 四六判330頁 '98

90 さつまいも 坂井健吉

その栽培の起源と伝播経路を跡づけるとともに、わが国伝来後四百年の経緯を詳細にたどり、世界に冠たる育種と栽培・利用法を築いた人々の知られざる足跡をえがく。 四六判328頁 '99

91 珊瑚（さんご）　鈴木克美

海岸の自然保護に重要な役割を果たす岩石サンゴから宝飾品として知られる宝石サンゴまで、人間生活と深くかかわってきたサンゴの多彩な姿を人類文化史として描く。四六判370頁 '99

92-Ⅰ 梅Ⅰ　有岡利幸

万葉集、源氏物語、五山文学などの古典や天神信仰に表れた梅の足跡を克明に辿りつつ日本人の精神史に刻印された梅を浮彫にし、梅と日本人の二〇〇〇年史を描く。四六判274頁 '99

92-Ⅱ 梅Ⅱ　有岡利幸

その植生と栽培、伝承、梅の名所や鑑賞法の変遷から戦前の国定教科書に表れた梅まで、梅と日本人との多彩なかかわりを探り、桜との対比において梅の文化史を描く。四六判338頁 '99

93 木綿口伝（もめんくでん）第2版　福井貞子

老女たちからの聞書を経糸とし、厖大な遺品・資料を緯糸として、母から娘へと幾代にも伝えられた手づくりの木綿文化を掘り起し、近代の木綿の盛衰を描く。増補版　四六判336頁 '00

94 合せもの　増川宏一

「合せる」には古来、一致させるの他に、競う、闘う、比べる等の意味があった。貝合せや絵合せ等の遊戯・賭博を中心に、広範な人間の営みを「合せる」行為に辿る。四六判300頁 '00

95 野良着（のらぎ）　福井貞子

明治初期から昭和四〇年までの野良着を収集・分類・整理し、それらの用途と年代、形態、材質、重量、呼称などを精査して、働く庶民の創意にみちた生活史を描く。四六判292頁 '00

96 食具（しょくぐ）　山内昶

東西の食文化に関する資料を渉猟し、食法の違いを人間の自然に対するかかわり方の違いとして捉えつつ、食具を人間と自然をつなぐ基本的な媒介物として位置づける。四六判292頁 '00

97 鰹節（かつおぶし）　宮下章

黒潮からの贈り物・カツオの漁法から鰹節の製法や食法、商品としての流通までを歴史的に展望するとともに、沖縄やモルジブ諸島の調査をもとにそのルーツを探る。四六判382頁 '00

98 丸木舟（まるきぶね）　出口晶子

先史時代から現代の高度文明社会まで、もっとも長期にわたり使われてきた刳り舟に焦点を当て、その技術伝承を辿りつつ、森や水辺の文化の広がりと動態をえがく。四六判324頁 '01

99 梅干（うめぼし）　有岡利幸

日本人の食生活に不可欠の自然食品・梅干をつくりだした先人たちの知恵に学ぶとともに、健康増進に驚くべき薬効を発揮する、その知られざるパワーの秘密を探る。四六判300頁 '01

100 瓦（かわら）　森郁夫

仏教文化と共に中国・朝鮮から伝来し、一四〇〇年にわたり日本の建築を飾ってきた瓦をめぐって、発掘資料をもとにその製造技術、形態、文様などの変遷をたどる。四六判320頁 '01

101 植物民俗　長澤武

衣食住から子供の遊びまで、幾世代にも伝承された植物をめぐる暮らしの知恵を克明に記録し、高度経済成長期以前の農山村の豊かな生活文化を愛惜をこめて描き出す。四六判348頁 '01

102 **箸**（はし）　向井由紀子／橋本慶子

そのルーツを中国、朝鮮半島に探るとともに、日本人の食生活に不可欠の食具となり、日本文化のシンボルとされるまでに洗練された箸の文化の変遷を総合的に描く。　四六判３３４頁　'01

103 **採集**　ブナ林の恵み　赤羽正春

縄文時代から今日に至る採集・狩猟民の暮らしを復元し、動物の生態系と採集生活の関連を明らかにしつつ、民俗学と考古学の両面から山に生かされた人々の姿を描く。　四六判２９８頁　'01

104 **下駄**　神のはきもの　秋田裕毅

古墳や井戸等から出土する下駄に着目し、下駄が地上と地下の他界を結ぶ聖なるはきものであったという大胆な仮説を提出、日本の神々の忘れられた側面を浮彫にする。　四六判３０４頁　'02

105 **絣**（かすり）　福井貞子

膨大な絣遺品を収集・分類し、絣産地を実地に調査して絣の技法と文様の変遷を地域別・時代別に跡づけ、明治・大正・昭和の手づくりの染織文化の盛衰を描き出す。　四六判３１０頁　'02

106 **網**（あみ）　田辺悟

漁網を中心に、網に関する基本資料を網羅して網の変遷と網をめぐる民俗を体系的に描き出し、網の文化を集成する。「網に関する小事典」「網のある博物館」を付す。　四六判３１６頁　'02

107 **蜘蛛**（くも）　斎藤慎一郎

「土蜘蛛」の呼称で畏怖される一方「クモ合戦」など子供の遊びとしても親しまれてきたクモと人間との長い交渉の歴史をその深層に遡って追究した異色のクモ文化論。　四六判３２０頁　'02

108 **襖**（ふすま）　むしゃこうじ・みのる

襖の起源と変遷を建築史・絵画史の中に探りつつその用と美を浮彫にし、衝立・障子・屏風等と共に日本建築の空間構成に不可欠の建具となるまでの経緯を描き出す。　四六判２７０頁　'02

109 **漁撈伝承**（ぎょろうでんしょう）　川島秀一

漁師たちからの聞き書きをもとに、寄り物、船霊、大漁旗など、漁撈にまつわる〈もの〉の伝承を集成し、海の道によって運ばれた習俗や信仰の民俗地図を描き出す。　四六判３３４頁　'03

110 **チェス**　増川宏一

世界中に数億人の愛好者を持つチェスの起源と文化を、欧米における膨大な研究の蓄積を渉猟しつつ探り、日本への伝来の経緯から美術工芸品としてのチェスにおよぶ。　四六判２９８頁　'03

111 **海苔**（のり）　宮下章

海苔の歴史は厳しい自然とのたたかいの歴史だった——採取から養殖、加工、流通、消費に至る先人たちの苦難の歩みを史料と実地調査によって浮彫にする食物文化史。　四六判１７２頁　'03

112 **屋根**　檜皮葺と柿葺　原田多加司

屋根葺師一〇代の著者が、自らの体験と職人の本懐を語り、連綿として受け継がれてきた伝統の手わざを体系的にたどりつつ伝統技術の保存と継承の必要性を訴える。　四六判３４０頁　'03

113 **水族館**　鈴木克美

初期水族館の歩みを創始者たちの足跡を通して辿りなおし、水族館をめぐる社会の発展と風俗の変遷を描き出すとともにその未来像をさぐる初の〈日本水族館史〉の試み。　四六判２９０頁　'03

114 **古着**（ふるぎ）　朝岡康二

仕立てと着方、管理と保存、再生と再利用等にわたり衣生活の変容を近代の日常生活の変化として捉え直し、衣服をめぐるリサイクル文化が形成される経緯を描き出す。　四六判２９２頁　'03

115 **柿渋**（かきしぶ）　今井敬潤

染料・塗料をはじめ生活百般の必需品であった柿渋の伝承を記録し、文献資料をもとにその製造技術と利用の実態を明らかにして、忘れられた豊かな生活技術を見直す。　四六判２９４頁　'03

116-Ⅰ **道Ⅰ**　武部健一

道の歴史を先史時代から説き起こし、古代律令制国家の要請によって駅路が設けられ、しだいに幹線道路として整えられてゆく経緯を技術史・社会史の両面からえがく。　四六判２４８頁　'03

116-Ⅱ **道Ⅱ**　武部健一

中世の鎌倉街道、近世の五街道、近代の開拓道路から現代の高速道路網までを通観し、道路を拓いた人々の手によって今日の交通ネットワークが形成された歴史を語る。　四六判２８０頁　'03

117 **かまど**　狩野敏次

日常の煮炊きの道具であるとともに祭りと信仰に重要な位置を占めてきたカマドをめぐる忘れられた伝承を掘り起こし、民俗空間の壮大なコスモロジーを浮彫りにする。　四六判２９２頁　'04

118-Ⅰ **里山Ⅰ**　有岡利幸

縄文時代から近世までの里山の変遷を人々の暮らしと植生の変化の両面から跡づけ、その源流を記紀万葉に描かれた里山の景観や大和・三輪山の古記録・伝承等に探る。　四六判２７６頁　'04

118-Ⅱ **里山Ⅱ**　有岡利幸

明治の地租改正による山林の混乱、相次ぐ戦争による山野の荒廃、エネルギー革命、高度成長による大規模開発など、近代化の荒波に翻弄される里山の見直しを説く。　四六判２７４頁　'04

119 **有用植物**　菅　洋

人間生活に不可欠のものとして利用されてきた身近な植物たちの来歴と栽培・育種・品種改良・伝播の経緯を平易に語り、植物と共に歩んだ文明の足跡を浮彫にする。　四六判３２４頁　'04

120-Ⅰ **捕鯨Ⅰ**　山下渉登

世界の海で展開された鯨と人間との格闘の歴史を振り返り、「大航海時代」の副産物として開始された捕鯨業の誕生以来四〇〇年にわたる盛衰の社会的背景をさぐる。　四六判３１４頁　'04

120-Ⅱ **捕鯨Ⅱ**　山下渉登

近代捕鯨の登場により鯨資源の激減を招き、捕鯨の規制・管理のための国際条約締結に至る経緯をたどり、グローバルな課題としての自然環境問題を浮き彫りにする。　四六判３１２頁　'04

121 **紅花**（べにばな）　竹内淳子

栽培、加工、流通、利用の実際を現地に探訪して紅花とかかわってきた人々からの聞き書きを集成し、忘れられた〈紅花文化〉を復元しつつその豊かな味わいを見直す。　四六判３４６頁　'04

122-Ⅰ **もののけⅠ**　山内昶

日本の妖怪変化、未開社会の〈マナ〉、西欧の悪魔やデーモンを比較考察し、名づけ得ぬ未知の対象を指す万能のゼロ記号〈もの〉をめぐる人類文化史を跡づける博物誌。　四六判３２０頁　'04

122-Ⅱ **もののけⅡ**　山内昶
日本の鬼、古代ギリシアのダイモン、中世の異端狩り・魔女狩り等々をめぐり、自然＝カオスと文化＝コスモスの対立の中で〈野生の思考〉が果たしてきた役割をさぐる。　四六判280頁 '04

123 **染織**（そめおり）　福井貞子
自らの体験と厖大な残存資料をもとに、糸づくりから織り、染めにわたる手づくりの豊かな生活文化を見直す。創意にみちた手わざのかずかずを復元する庶民生活誌。　四六判294頁 '05

124-Ⅰ **動物民俗Ⅰ**　長澤武
神として崇められたクマやシカをはじめ、人間にとって不可欠の鳥獣や魚、さらには人間を脅かす動物など、多種多様な動物たちと交流してきた人々の暮らしの民俗誌。　四六判264頁 '05

124-Ⅱ **動物民俗Ⅱ**　長澤武
動物の捕獲法をめぐる各地の伝承を紹介するとともに、全国で語り継がれてきた多彩な動物民話・昔話を渉猟し、暮らしの中で培われた動物フォークロアの世界を描く。　四六判266頁 '05

125 **粉**（こな）　三輪茂雄
粉体の研究をライフワークとする著者が、粉食の発見からナノテクノロジーまで、人類文明の歩みを〈粉〉の視点から捉え直した壮大なスケールの〈文明の粉体史観〉　四六判302頁 '05

126 **亀**（かめ）　矢野憲一
浦島伝説や「兎と亀」の昔話によって親しまれてきた亀のイメージの起源を探り、古代の亀卜の方法から、亀にまつわる信仰と迷信、鼈甲細工やスッポン料理におよぶ。　四六判330頁 '05

127 **カツオ漁**　川島秀一
一本釣り、カツオ漁場、船上の生活、船霊信仰、祭りと禁忌など、カツオ漁にまつわる漁師たちの伝承を集成し、黒潮に沿って伝えられた漁民たちの文化を掘り起こす。　四六判370頁 '05

128 **裂織**（さきおり）　佐藤利夫
木綿の風合いと強靭さを生かした裂織の技と美をすぐれたリサイクル文化として見なおす。東西文化の中継地・佐渡の古老たちからの聞書をもとに歴史と民俗をえがく。　四六判308頁 '05

129 **イチョウ**　今野敏雄
「生きた化石」として珍重されてきたイチョウの生い立ちと人々の生活文化とのかかわりの歴史をたどり、この最古の樹木に秘められたパワーを最新の中国文献にさぐる。　四六判312頁〔品切〕'05

130 **広告**　八巻俊雄
のれん、看板、引札からインターネット広告までを通観し、いつの時代にも広告が人々の暮らしと密接にかかわって独自の文化を形成してきた経緯を描く広告の文化史。　四六判276頁 '06

131-Ⅰ **漆**（うるし）**Ⅰ**　四柳嘉章
全国各地で発掘された考古資料を対象に科学的解析を行ない、縄文時代から現代に至る漆の技術と文化を跡づける試み。漆が日本人の生活と精神に与えた影響を探る。　四六判274頁 '06

131-Ⅱ **漆**（うるし）**Ⅱ**　四柳嘉章
遺跡や寺院等に遺る漆器を分析し体系づけるとともに、絵巻物や文学作品の考証を通じて、職人や産地の形成、漆工芸の地場産業としての発展の経緯などを考察する。　四六判216頁 '06

132 **まな板**　石村眞一
日本、アジア、ヨーロッパ各地のフィールド調査と考古・文献・絵画・写真資料をもとにまな板の素材・構造・使用法を分類し、多様な食文化とのかかわりをさぐる。　四六判372頁　'06

133-Ⅰ **鮭・鱒**（さけ・ます）Ⅰ　赤羽正春
鮭・鱒をめぐる民俗研究の前史から現在までを概観するとともに、原初的な漁法から商業的漁法にわたる多彩な漁法と用具、漁場と社会組織の関係などを明らかにする。　四六判292頁　'06

133-Ⅱ **鮭・鱒**（さけ・ます）Ⅱ　赤羽正春
鮭漁をめぐる行事、鮭捕り衆の生活等を聞き取りによって再現し、人工孵化事業の発展とそれを担った先人たちの業績を明らかにするとともに、鮭・鱒の料理におよぶ。　四六判352頁　'06

134 **遊戯**　その歴史と研究の歩み　増川宏一
古代から現代まで、日本と世界の遊戯の歴史を概説し、内外の研究者との交流の中で得られた最新の知見をもとに、研究の出発点と目的を論じ、現状と未来を展望する。　四六判296頁　'06

135 **石干見**（いしひみ）　田和正孝編
沿岸部に石垣を築き、潮汐作用を利用して漁獲する原初的漁法を日・韓・台に残る遺構と伝承の調査・分析をもとに復元し、東アジアの伝統的漁撈文化を浮彫りにする。　四六判332頁　'07

136 **看板**　岩井宏實
江戸時代から明治・大正・昭和初期までの看板の歴史を生活文化史の視点から考察し、多種多様な生業の起源と変遷を多数の図版をもとに紹介する〈図説商売往来〉。　四六判266頁　'07

137-Ⅰ **桜Ⅰ**　有岡利幸
そのルーツと生態から説きおこし、和歌や物語に描かれた古代社会の桜観から「花は桜木、人は武士」の江戸の花見の流行まで、日本人と桜のかかわりの歴史をさぐる。　四六判382頁　'07

137-Ⅱ **桜Ⅱ**　有岡利幸
明治以後、軍国主義と愛国心のシンボルとして政治的に利用されてきた桜の近代史を辿るとともに、日本人の生活と共に歩んだ「咲く花、散る花」の栄枯盛衰を描く。　四六判400頁　'07

138 **麴**（こうじ）　一島英治
日本の気候風土の中で稲作と共に育まれた麴菌のすぐれたはたらきの秘密を探り、醸造化学に携わった人々の足跡をたどりつつ醱酵食品と日本人の食生活文化を考える。　四六判244頁　'07

139 **河岸**（かし）　川名登
近世初頭、河川水運の隆盛と共に物流のターミナルとして賑わい、船旅や遊廓などをもたらした河岸（川の港）の盛衰を河岸に生きる人々の暮らしの変遷としてえがく。　四六判300頁　'07

140 **神饌**（しんせん）　岩井宏實／日和祐樹
土地に古くから伝わる食物を神に捧げる神饌儀礼に祭りの本義を探り、近畿地方主要神社の伝統的儀礼をつぶさに調査して、豊富な写真と共にその実際を明らかにする。　四六判374頁　'07

141 **駕籠**（かご）　櫻井芳昭
その様式、利用の実態、地域ごとの特色、車の利用を抑制する交通政策との関連から駕籠かきたちの風俗までを明らかにし、日本交通史の知られざる側面に光を当てる。　四六判294頁　'07

142 追込漁（おいこみりょう） 川島秀一

沖縄の島々をはじめ、日本各地で今なお行なわれている沿岸漁撈を実地に精査し、魚の生態と自然条件を知り尽した漁師たちの知恵と技を見直しつつ漁業の原点を探る。 四六判３６８頁 '08

143 人魚（にんぎょ） 田辺悟

ロマンとファンタジーに彩られて世界各地に伝承される人魚の実像をもとめて東西の人魚誌を渉猟し、フィールド調査と膨大な資料をもとに集成したマーメイド百科。 四六判３４２頁 '08